GETTYSBURG COLLEGE LIBRARY
GETTYSBURG, PA 17325

CIENCIAS NATURALES

ROSA CHACEL

CIENCIAS NATURALES

Seix Barral ⚑ Biblioteca Breve

Primera edición: mayo 1988

© Rosa Chacel, 1988

Derechos exclusivos de edición en castellano
reservados para todo el mundo:
© 1988: Editorial Seix Barral, S. A.
Córcega, 270 - 08008 Barcelona

ISBN: 84-322-0588-5

Depósito legal: B. 15.063 - 1988

Impreso en España

Ninguna parte de esta publicación, incluido el diseño de la cubierta, puede ser reproducida, almacenada o transmitida en manera alguna ni por ningún medio, ya sea eléctrico, químico, mecánico, óptico, de grabación o de fotocopia, sin permiso previo del editor.

En este relato del exilio, no hay una sola línea que sea testimonio de hechos reales. No hay más que un esbozo de almas perdidas en el laberinto de la libertad.

R. Ch.

Prohibido rasgar un fósforo en cubierta; una orden lacónica y trivial, pero forzosa. Se prohíbe y, por la simple orden, se posesiona del barco la oscuridad. Haber navegado unas cuantas veces da algo que puede afincarse en la mente como hábito dilecto, como una certeza de ser navegante, de haber vivido los modos habituales del marinero: el más genuino, la pipa. ¿Cómo sentirse marinero sin poder encender la pipa en cubierta? La presencia de la oscuridad intrusa, anuladora de la contemplación, competidora de la dimensión suprema... Porque eso es lo que no se puede admitir, que la oscuridad sea también inmensa, que cubra o envuelva milagrosamente, la excelsa pleamar —*leit motiv* que no me canso de glosar a lo largo de toda mi vida— no es tolerable y, claro que reflexionando, es patente, pero impide la entrega al bienestar que se experimenta al sentirse en alta mar. Cuando se conoce ese encuentro —ajeno a todo racional conocimiento: constatación de la infinitud—, cuando se siente haber llegado a lo máximo, a lo total, la mar inmensa, y nada alrededor... Que alrededor del mar hay tierra ya lo sabemos, pero en la alta mar eso desaparece. Hay una súbita y no pensada —pensarla sería un juicio— desestimación de las bellezas, de las visiones o imágenes del mar con sus costas: nada, nada de eso, la plenitud es la entrega a ese «nada más». Y de pronto aparece la intrusa, hostil, detentadora de lo inmenso; aparece de pronto la envolvente, encapuchadora —lo que quiere decir superadora en dimensión—, la oscuridad que abarca a la alta mar y al que está en ella como su pez; porque el adorador de la alta mar se siente poseedor y poseído, algo así como único en su misterio... Bueno, secreto, ocurrencia del pensamiento, que vive sus iluminaciones rebelde a la oscuridad, la rebeldía es la que le lleva a la reflexión «esto tiene que terminar», es decir, el mar tiene orillas y estamos cruzando el mar; pero, ¿la oscuridad?... El terror es lo que el yo constata al entrar en la oscuridad que no tiene principio ni fin... Bueno, no, no es tan vergonzosa la cobardía, porque no es el terror ante los posibles aconteceres; es el terror ante la oscuridad volitiva, ante lo que vulgarmente se llama no saber qué hacer ni qué querer... El terror ha surgido ante la noche cerrada porque también la noche tiene su alta oscuridad no mensurable en grados de luz, y ha sido la conjunción de sus dimensiones máximas lo que me ha hecho verlas detenidas eternamente —en mi módica eternidad personal—: eso fue lo que me indujo a dedicarme a reconocer la prisión. Pero es el caso que, puesto que es inevitable que hacia esa oscuridad hay que ir, surge en el acto la pregunta sobre la niebla de donde partimos, y no se alcanza a verla, no, no se alcanza.

Claro que hubo otra noche, en otro mar —el mar, la mar, ¿puede ser otro u otra?—, la alta mar, en aquel mar, en aquella noche... No es que la oscuridad fuese más o menos, es que era —o que servía— como el paño negro en que se exhibe el diamante. Corrían las venas ardientes del Stromboli, *dello* Stromboli, y todo estaba tan claro... La mar, el Mare Nostrum estaba iluminado por la profunda oscuridad, que se despedía —nos despedía— con las venas de fuego como la rúbrica terminante de una carta que nos sabíamos de memoria. También había sido una orden la que nos había lanzado —a pleno sol— hasta el confín. Las tierras que habían sido libros, que habían sido vida vivida dramáticamente en los libros, que nos habían dado una soberbia, petulante firmeza de conocedores, vividores más dueños y señores que los de antaño... Eso es, llegar a aquellas tierras que, para nosotros —los nutridos de libros—, no tenían secreto. No había piedra que no conociésemos, que no nos mostrase las huellas —eso es, en las piedras quedan más limpiamente impresas que en la nieve o el barro, o más fragantes para el rastreador las pisadas de aquellos que vimos pisar —vivir— cuando los vivimos, leyendo. Pero llegó la orden y fuimos; claro que íbamos a cumplirla, pero ¿íbamos?... Porque ésta es la cuestión: ¿por qué íbamos nosotros? Porque nosotros éramos los conocedores, y eso, eso precisamente, ¿era un acierto? Se trataba ¿de qué?... Se trataba, como en cualquier juego de feria, de ganar o perder. ¿Es que nosotros no queríamos ganar? Claro que queríamos... que ganasen. Que ganase aquello que no queríamos porque eso —aquello— es lo que no podíamos —ni podemos— querer. Por lo tanto, no era un acierto mandarnos a nosotros: un viejo maestro y una secretaria —el secreto era el no querer—. ¡Un despropósito, en fin! Claro que había motivos y su resultante una guerra que había que ganar. Había que publicarla ante la faz del mundo y recabar. ¿Qué aportaciones prácticas, fríamente, racionalmente extraídas de algunos —álguienes— que sentían el hálito de la justicia con el mismo fervor que los antiguos luchadores pero que ahora no podían hacer algo tan fácil como es matar o morir? Ahora había que intentar manejos bancarios —¡tan dudosos!— y había que abordar a los pudientes... ¿Qué tiene que ver con la lucha, cómo se puede llamar lucha a la faena de entrar con llave falsa en una conciencia —en su aspecto exterior de gran tinaja u odre— que tal vez... aventurar un discurso hasta ver cómo resuena, porque ir sobre seguro, hablar con los convencidos, con los que en cualquier lugar de la tierra —o del tiempo— saben lo que es pedir justicia?... A ésos no había más que acompañarles en el sentimiento. En resumidas cuentas, ganar la guerra ¿era un caso de justicia? Toda guerra... nosotros, los de ahora, ¿podemos comprender la antigua justicia de las guerras? ¡Qué pregunta imbécil! Comprendamos o no, en este caso, ahora, hágase la justicia, aunque, en todo caso, nos da asco.

Parecería, parecerá, parece a ese interlocutor ante el cual repaso mi programa, repito, corrijo, enmiendo, insisto y le parece —me parece— que el asco que ostento es como una nostalgia de bellezas, ¡sería demasiado idiota! Es, simplemente, asco. Sin adecuarnos a comprender su justicia, salta a la vista que el triunfo —de aquéllos, los leídos— era, podríamos decir, su tierra prometida, pero no, no es eso: el triunfo es algo más yoístico, más mísmico con su sí mismo con lo que cada uno se promete, se proyecta, y eso es lo que da o no da... da fe, da fuerzas y cuando no, da asco... Porque el triunfo, ¿hay algún viviente que crea que ha habido triunfo? Si lo hay, ¿qué especie de marciano será el que se considere íntegro? ¿Qué triunfador será el que no se sienta descalabrado, maculado?... «*De les premiers moments, d'un coup inattendu, le guerrier qui seulement sur son bras a conté gît sur la terre froide traîtreusement vaincu...*» ¿*Qui seulement sur son bras?*... No, eso no dice nada: *d'un coup inattendu...* Eso sí, eso sí, eso sí dice: el porrazo fue inesperado... Pero, ¿por qué fue inesperado?... ¡Ahí le duele! ¿Indiferencia hacia el porvenir? No, pura y simple torpeza —esto de pura y simplemente torpe era lo de los que pensaban en el porvenir: los otros (nosotros) los que no pensábamos, pero nos permitíamos sentir— con sensación de sabuesos que van siguiendo el rastro, seguros de llegar a la presa... Pero es que nuestra avidez olfatoria aspiraba a oler sillares, columnas, capiteles, y ¿qué es lo que quedó?... El montón de escombros de un castillo de naipes... ¿Esto está claro? Perfectamente claro. Si me propongo definir —definirme— la realidad de lo irreal, que la tiene, ¡cómo la tiene!, ahí están los escombros. ¿A dónde fueron a parar los naipes? A las chamarilerías, en grandes fajos de papeles viejos, de esos que a veces el viento ciñe a los tobillos de los viandantes —y papeles secundarios, los que representamos nosotros—, y tantos otros —los lanzados como botellas al mar en la lenta y fatal consunción en que se quemaron los papeles diplomáticos y hubo que buscar algún barco —algún gran nombre francés, de El Cairo a Marsella— y se afrontó el viento de marzo en el que las maletas corren por los pasillos y los vasos por las mesas —el viento que retrata Byron en costas helénicas— y luego la calma nocturna y el ¡lo!, *lo Stromboli!* Erasmo no comprendió —no quiso comprender— que la culpa de todo la tiene el artículo —nuestro artículo— y Marsella, ya convulsionada por la cosa que da asco —la misma cosa, la única cosa—, la muerte que nos da asco amontonada... Qué impureza, qué lujuria la del espíritu amontonar tanta materia que da asco por el desperdicio, porque es el espíritu —talento de constructores teóricos— el que se alimenta... Y el poeta americano clamando por la muerte de miles de patitos y cerditos sacrificados... Sólo se llora en poesía imagen —por la muerte de perros heroicos que salvan niños perdidos o combatientes sitiados: bichos que fueron distinguidos por la caricia de la mano humana, pero los miles que se matan para que miles de hombres coman... Todo eso debería... ¿podría?... estar perfectamente organizado; pero el espíritu, que anda con los números, generalmente lo desorganiza.

Y de Marsella a Burdeos, no en línea recta, no: guerra silenciosamente mantenida. Edificante, admirable repugnancia que no alteraba el concierto, que apretaba con el pie el pedal en sordina y hacía posible el tránsito por la tierra en guerra, que negaba la guerra haciendo la guerra. Y por entre su silencio, los adioses... Adioses oficiales, forzosos, solemnes y verdaderamente graves —verdaderamente íntimos, los predilectos, los que fueron claves de innumerables horas de contemplación en años... Polifemo absorto, y en el estanque las carpas gordas, pasando como sombras... ¿Llegará la guerra repugnante a comerse las carpas? Es bien posible, ¿por qué no?... Aquellas que aprendieron nuestros hombres, aquellas que cruzaban como sombras por entre nuestra imagen reflejada en el agua... Tal vez la guerra pueda llegar a comérselas, ante Polifemo, impasible. Los adioses eran interminables porque no eran simplemente dramáticos como los de la partida de la tierra natal: eran adioses —arrancamientos de innúmeros lugares—, miembros, rasgos, rostros de una extensión —aneja la tierra natal— tan propia, tan recorrida en excursiones —exactamente lo excursivo como propiedad que se desgarra. Y se hacía por prolongar el desgarramiento cruzando la tierra en guerra hasta que al fin el mar... Despedida de la tierra y salutación del mar.

Son tan reales, tan imborrables como los de la tierra los rostros del mar que conocemos. Saludar, inaugurar la travesía significa esperar el reencuentro con tal luz clara o tal plomo de fondo oscuro o tal leve esmeralda o tal espuma. Tan evidente como la de un mármol es la forma de la ola que sale de sí misma, se levanta y se derrumba y prosigue... Reencuentro, repetición como constatación de la constancia —lo que no olvidamos nos espera— y, sobre todo, la plenitud cuando el rostro del mar sobrepasa la forma, cuando el ojo humano se queda como un pájaro inmóvil. Ésa fue la esperanza frustrada. No, arrebatada por el imperio de la sombra. No, no tan bonito porque la sombra también podía ser uno de los rostros, una de las dádivas. La frustración fue la orden impuesta a los fugitivos. La oscuridad, especie de acusación —la verdad asumida: la huida. ¿Desde qué altura se podría ver la escapada? Tal vez desde un globo cautivo a la debida altura en que se distingan tanto los hechos en su hacer, como el no hacer por no poder, querer, saber... La visión desde el globo que ha visto, a pleno sol, los actos de los valientes y luego ve en la sombra —no, no es que vea en la sombra: es que ve la sombra— ve el incalificable hecho —o acto— de la huida y lo vigila inquisitivamente. Ve lo que cruza el piélago, lo ve avanzar vulnerable —¡tan vulnerables sus defensas!— cuanto más grande el cuerpo, más vulnerable. La extensión del convoy manteniéndose —juego infantil, las naves avanzando cogidas de las manos, —ligazón de miembros magnéticos, que guardan las debidas distancias— y así, en la impenetrable oscuridad, cruzando el piélago de una orilla a otra y una vez en la orilla de llegada, la oscuridad sin orillas.

I

Llegan al puerto de la ciudad porteña un viejo profesor y su secretaria. Esta relación, creada por la guerra, inviste de rango oficial un antiguo afecto: viejo profesor —no tan viejo— y discípula desde la infancia. En la paz de un país en paz, llegando ya sin cargo de especie alguna, queda cada uno en la categoría de sus títulos, que van a separarlos como corresponde. Profesor Manuel Falcón, destinado y ya esperado en la Universidad de San Juan. Elena Moreno, discípula —título ni justificado ni remunerado— lanzada a la exploración de Buenos Aires. Las razones o motivos que desunen —de acto, pero jamás de hecho— sus dos vidas son harto simples, son esa especie de forzosidad climática que da la profesión: cada mochuelo a su olivo. Un profesor, que llega con su prestigio de profesor y su gloria —o desdicha— de combatiente pasivo, va —como la bola del snooker a su tronera— a la cátedra provinciana, donde su magisterio de las letras y su real presencia —influjo ejemplar— nutrirán a las generaciones incipientes. Una muchacha joven —no demasiado joven— artista sin prestigio, sin ejercicio, disipada o dilapidada su inteligencia en conatos que la autocrítica implacable estrangula en su primer respiro... Pero bueno, el hecho es que llegan y afrontan la nueva vida. Para eso tienen que dejarse conducir por los introductores; ya de antemano establecido un conocimiento que garantiza seguridad: la relación existente entre los afectos a la causa... común, digamos. A la causa por la que lucharon —los que lucharon— y los que un día u otro lucharán. Están todos en el puerto, con su fisonomía transoceánica, la que los designaba *allá* como los amigos de *acá*. Ahora, en el muelle, sus nombres definen rostros, inauguran miradas, sonrisas —afirmaciones o titubeos de la promesa— constatación del contacto. ¿Por qué, por qué razón no especificada previamente, son intensos o vagos o laxos los abrazos? No es el momento de dilucidarlo, pero sí el de subrayar los primeros barruntos (temas a desarrollar en larga convivencia: calzada interminable de humanos entrechoques, que se estrecharán o diluirán vagorosos).

Está, simplemente, en el puerto el profesor Salces, filólogo ex marxista —levemente apóstata por amor, pasión científica, a la ciencia de la palabra— que acapara a Falcón. Urgencia de comunicación en el *métier* dilecto. Está también María Constancia, profesora, escritora, que abraza a Elena fraternamente, con firmeza camarada. El caso es que un coche los conduce a una calle, Rivadavia. ¿Rivadavia?, pregunta Elena y le aclaran: un gran patricio... (Elena ha creído entender algo así como riba d'agua y presiente un lugar por donde corrió el agua, pero no: es una gran calle.) Llegan a una casa. Una casa más, una nueva cama, después de las innumerables camas de un día o dos. Casa grande, de pisos de alquiler: fealdad que se disculpa por precaria. Puesta, expresamente para el que pasa... Refugio siempre abierto para la extranjería trashumante, pero con algo especial. Algo particularísimo, en fin, cierta predestinación a huéspedes que ostentan raigambre ancestral. Para presentarla —así la presentó el que la hizo— con fisonomía patria: viejo estilo español que trata de anular distancias y que, por su misma genuinidad, levanta polvaredas, concretando, solidificando en la conciencia el hecho o el estado, de hecho... Llegan, pues, a la casa en Rivadavia, calle que se dilata a través de la ciudad —con sus innumerables travesías. Ahí va a dividirse la cooperación que fue —mientras era, el ara de un recuerdo en el que los años, los lugares, los amores, mantenían su llama contra el huracán y ahora, en la bonanza, la separación —benigna como mero aseo doméstico— se lleva a Manuel hacia el norte. Y antes de partir, el profesor Falcón deja lazos profesionales en el Instituto en que los trabajadores de las letras ofrecerán a Elena amistad, ayuda y naturalmente, trabajo. Elena no ha trabajado en su vida. La etapa del secretariado... Ya en el plano inclinado del desastre, el gabinete de urgencia había organizado los S.O.S., lanzados en ondas vagas, de imprecisa potencia y aquellos dos —¿sujetos, criaturas?— escogidos por su consistencia sustancial, personal: quilates de veracidad, contrastados por el —largo uno, otro corto— vivir; habían tenido que levantar el vuelo hacia el Oriente. Quedaron vagando por las costas del Egeo donde andan desparramados los primeros grandes sembradores; al sol, junto a los mármoles de sus dioses y los que —consecuencias residuales de arduas gestas— quedan como lejanos parientes aljamiados, con enormes llaves que les sirven para guardar la prosperidad inoxidable y no para servir a la dudosa recuperación —quirúrgico rejuvenecimiento— de la beldad «imperial, imperiosa, imperativa».

Nada entre dos platos. Nada, en resumen, el resultado de un trabajo que había sido nada —que había sido, simplemente, estar al pie del cañón; claro que en el lugar adonde el cañón no alcanzaba, excepto rebotes como la incertidumbre, el temor de no obrar bien, de no saber si el fallo o nulidad consiste en el tiro, en el que tira o en el que esfuma el blanco. Todo eso y mucho más es lo que había sido, y lo que no había sido nunca era trabajo. Después de aquel juego —muy raras veces puesta en juego la vida, expuesta, claro está, al accidente, al virus, al asaltante— ahora, en cambio, quedaba puesta, cara a cara, al trabajo.

La preparación de Elena era pésima; no sólo por no haber manejado nunca papeles con cierta disciplina —ni oficial ni universitaria—, sin ella había llegado a sus manos lo oficial: revisado previamente por el maestro, sin necesitar más que sobre y sellos. Pero todavía había algo peor y eso sí que era una verdadera preparación. Antes de desencadenarse el exilio, ellos dos lo habían vivido como horizonte inesquivable y habían ido urbanizándolo con propósitos, mutuas promesas de conservarse unidos —unido cada uno a sí mismo, íntegro ante el otro—, fidelidad capaz de afrontar distancias, por haber estado su unión siempre basada en distancias vitales, en diferencias. Elena tenía que seguir siendo la adolescente, pretenciosa artista, inhábil —dosis de inteligencia inabarcable—, inacabada, en fin —como dos mil palillos que la encajera no desenreda y enmaraña el encaje... Manuel tenía que vivir su extraviada esclavitud —a su ciego magnetismo— independiente, flotando sobre ella, flotando a mil metros el pensamiento —como el movimiento del fuelle que aspira y expulsa el aire, sin saber— así, el pensar, sin saber, por el flujo de imágenes alrededor —a todo alrededor... Sus diferencias que creaban la mutua estimación —el mutuo amor que, por ellas, consistía en la distancia, en mantener lo que los unía y separaba. Porque, si se hubiera practicado el mutuo apoyo, habrían tenido que endosar el exilio y eso no. No podían ser un viejo —no tan viejo— que mantiene a una muchacha, sin parentesco, por circunstancia social, ambigua. Les era fácil afrontar la pluralidad de sus destinos que habían ido modificándose al adaptarse. Manuel recobraba en Elena no todo lo que la vida le había quitado, pero sí el punto de apoyo —testimonio en el recuerdo, comprobación de que la magnitud del dolor no es locura—; Elena obtenía seguridad en las viejas pretensiones y ante los aparentes —y evidentes— fracasos, escepticismo radical: una especie de rencor —destrucción de lo que vulgar y certeramente se llama sentimiento—; sentimientos, presencias de la piedad —los muertos matados por la torpeza y la turpitúdine, lo torpe de ánima ¡tan hábil! y lo torpe de mente, de raciocinio práctico ¡tan torpe!... Rencor, escepticismo como residuo, equipaje para la inminente instalación. ¿En la calle, en la casa estereotipada? Eso es lo más fácil, pero en el continente humano que se pretende invadir arrastrando el desamor —desamando lo que se creía amar, cuando no se conocía esta fuerza —forzosidad— que ata los pies al suelo: cuando el suelo era aquello a lo que se podía llegar... Manuel partía para el norte, Elena quedaba, lo que se le ofrecía era lo que los otros —todos los que aparecían como otros conduciendo, administrando la realidad de lo que, dividiéndose, era tan uno. Proposiciones, ofertas improvisadas sobre lo que parecía fácil, y lo era para cualquier ser que no tuviese el hábito de la ensoñación —no, en absoluto, naturaleza soñadora, nada de eso. Elena, con su tendencia al mando, a la claridad racional, podía fluctuar en la inercia de su brújula fija en lo seguro y, sin llegar —viendo a los que llegaban, viéndolos generosamente y sin afanarse en llegar ella... Ahora llegaba, sin generosidad al afanarse forzoso y no había nada que hacer, es decir, había que hacer, hacer sin la largueza de la ascensión difícil... Había que aceptar la tarea, la jornada bien medida entre saltar de la cama —el pan nuevo, el café nuevo, la luz nueva de una fría caminata y libros... Desamor a los libros, vender libros sin tocarlos con el pensamiento: entregarlos como a enemigos, como a prisioneros que no se puede ejecutar, que hay que dejar correr, sin beber porque ya se bebió tanto que el residuo de increencia ¡absurdo!, la increencia sin residuo, sin siquiera residuo... Decepción al vacío: pompa de vacío en el elemento rencor... Rencor es la palabra.

* * *

No hay que tocarlo, ni siquiera con manos asépticas. No hay que tocar y basta. Porque uno, maquinalmente, echa la mano a lo que está próximo o a lo lejano o a lo lateral y no: hay que tener agallas para no tocar. El mero hecho de coger un bolígrafo con determinada intención ya significa acercarse al lugar ulcerado, intocable: es evidente. No tocar sería ejecutar movimientos normales con los miembros aptos para ello —manos y pies, ligeramente encallecidos por el uso— y así, el bolígrafo recolectaría los burdos, simples hechos que se van —que se vayan— dando, libres y llenos de su razón de ser. Con una simple fecha quedarían patentes y harían inútil la advertencia «No hay que tocar»... Porque ¿a quién se le advierte? El que se dice a sí mismo «No hay que tocar» puede o no puede llevarlo a cabo: lo que es imposible —y por imposible, deseable— es ostentar la negación, patentizar que no se toca... Porque fue muy fácil —bueno, es un decir— rebuscar el tiempo perdido, pero demostrar que se perdió, que se eliminaron hasta la última huella los escombros, porque el resto es silencio... esto ¿cómo se demuestra, sin mostrarlo? Es tan limpia, tan leve, tan exenta de toda ventaja —dinero, vanidad— la gloria de esos que mueren en silencio. Se me ocurre una cosa completamente idiota, pero se me ocurre. Una estupidez que puede ser, sin embargo, lógica. Además puede ser deslumbrante, si aparece como radio o medida de un mito; si señala algo así como el alcance de su poder. Me deslumbra la idea de ese vibrante —musitante más bien, como larva hilando el capullo—, ese paciente, constante silencio, al que fatalmente responderá un eco... Esto es la estupidez, pero no carece de sentido: lo que concuerda con su ser no carece de sentido, si es que su ser lo tiene. Ese silencio vital, es decir, vivido como un clamor, tiene que tener un eco. Que a mí, puesto que lo pienso, me parezca muy pura la gloria del silencioso y muy leve puesto que a él, anonadado en su silencio no puede pesarle, bien está. Lo que yo percibo como un eco efectivo es el hecho de que el remoto silencio rebota al chocar con los muros conscientes, vigilantes, y ¿qué es lo que hacen los muros conscientes con ese rumor?... Se lo apropian como si fuese efecto de su vigilancia y lo someten al sistema en que enhebran todos los rumores, es decir que le suministran una gloria como todas las glorias. Bueno, no todas las glorias son iguales —¿o sí lo son?—, diferentes, verdaderamente diferentes sólo lo son para el glorioso al que le sientan como hechas a medida. Ahora, esta gloria que se me ocurre como muy pura y leve, como aquella de «Los que murieron amando en silencio»... ¡Maldición! ¡Horror! ¡Náusea!... ¿Por qué tocar lo miserable, envuelto en telarañas? ¿Por qué Mnemosina se empeña en sobar lo viscoso, lo espinoso, lo candente?... y ¿cómo evitar que lo toque?, y ¿cómo lograr que se toque lo que no se toca, es decir, que se toque el no tocar, como resultante gloriosa?... No será pura ni leve esa gloria para el que la desee de antemano. Deseo estúpido que se debate con su imposibilidad esencial, cuando lo recto sería vivir yendo al grano, sin dejar memoria, sin dejar espacio a la memoria, vetando con rigor su intervención, dejando paso sólo a lo que vivimos día a día, sin horizonte. Eso es, claro que la gloria, ¿por qué será tan imposible no desearla?... porque, pensándolo bien, la gloria tiene su revés de anatema... «Admirable, sublime aquel que no dijo nada»... «Execrable, inhumano el que pasó sin decir nada»... Los dos silencios tienen ese eco que rebota en los diversos taludes y se difunde como un ¡Ah!... inextinguible sobre los oceános... En fin de cuentas, ¡hechos, hechos! arriesgados en un parco riesgo en el que no se alcancen ni la gloria gloriosa ni su revés, aunque ¿quién sabe?... Adoptarlos, inaugurar su sucesión metódicamente requiere poner fechas... Un día del año de mil novecientos cuarenta y tantos... ¿Qué día? ¿Cómo elegir uno verdaderamente limpio, desnudo?... Tiene que ser uno en el que al saltar de la cama no aparezca el oso blanco del cuento fatídico... Proponerse no recordar al oso blanco, si se quiere que la mezcla dé el oro puro, es olvidar que Mnemosina es incoercible, que no hay medio de reprimirla, que sólo cabe esperar el día en que cualquier presencia —ente o cosa, viva o inane— invada las tres dimensiones de la mente con una especie de exigencia, de urgencia, algo así como el timbre de la ambulancia que hace apartarse a todos, que produce un vacío por donde ella —la eficaz, la solícita— pasa sin parar, derecha al caso, a lo acontecido... Hay que esperar con paciencia hasta que algo avance, hasta que a la mente, detenida en el blanco absoluto, algo se le ocurra: aunque sea banal... ¡mejor! Más seguro si lo es porque las cosas profundas no saben andar sueltas: siempre avanzan tirando de las manos paternas, arrastrando consigo hasta el más remoto progenitor y no, no es eso lo que hace falta para empezar. Hay que empezar algo tan sorprendente como el círculo mágico de los hongos... ¡Qué burrada! ¡Qué esclavitud!... El círculo mágico, arrastrando a toda su parentela poética, mítica... Bueno, tiene que ser algo en lo que nadie —hasta ahora— se haya fijado, algo que no merezca que nadie se fije y que ponerlo bajo un fanal —una fecha— sea como prohijar a un huérfano, desvalido... sea un movimiento hecho, simplemente, porque si no...

* * *

Buenos Aires
Junio de mil novecientos cuarenta y tantos

Frío, no demasiado, no sorprendente por la idea ya aceptada —el hecho era sabido desde siempre, pero la idea tarda en instalarse—, aceptada la idea del frío en junio, un contacto muy particular se impone en la casa, cotidiano: todo picaporte o falleba: el del cuarto de baño, el de la cocina, todos, en fin, pero fue el de la ducha y los que están al servicio de la higiene los que al llegar me transportaron a un país de inconcebible extranjería: hierro forjado, azulejos... Pero ¿en qué país estamos?, me dije; cuando debía haberme dicho ¿en qué tiempo?... Un tiempo que nunca existió... El gas suelta una llamita azul en la cocina, el agua sale caliente de los grifos —son pocas las manivelas niqueladas. Por toda la casa hierro forjado y azulejos —momento detenido en un baile de máscaras, gajo de otro siglo, injertado en la ciudad superactual, futúrica, dinámica —empezaré a conocerla en las primeras horas, en la segunda o tercera de las primeras porque lo que me toca expender no es necesario para el desayuno. Hay quienes lo necesitan desde el amanecer, hay quienes lo tienen en la mano durante toda la noche; el caso es que en las primeras horas de la mañana —las nueve o las diez— es cuando se empieza a envolverlo en un papel y entregarlo a quien lo pida... Eso es, envolverlo y entregarlo, no mirarlo: saber el precio que tiene cada uno, recordar lo menos posible títulos y autores... Recordar lo estrictamente necesario para el comercio porque eso es lo que es: un chisme o chirimbolo comerciable, cuya venta se puede encomendar a conocedores del género, pero los conocedores —algunos, por conocerlo— lo envolvemos, evitando verlo descubierto y lo entregamos, a toda prisa.

Ése es el intríngulis: venimos, pasamos el charco y

«Más allá del Lete»... ¡No, no, abuelo!... Más allá del Lete, nada, nada... Es más acá donde está nuestro nombre en el documento oficial, en el que no se oculta nada. El que llega a la costa tiene que decir quién es y lo que es. Es inútil decir que no se quiere ser lo que se es, porque uno —estúpidamente, como cualquier batracio sacado del agua— quiere vivir y para vivir tiene que expender lo que diga el documento y ¿qué más da, después de todo?... No, eso es lo que no hay que decir jamás, eso es lo que no hay que ser; lo de después, magnificando lo de antes... Nada, antes nada... Este frío de junio, *aquí* siempre fue *así*. Tener en cuenta a todas horas que aquí es *así*. Cuesta un poco de trabajo, sobre todo porque es difícil liberarse del anticipo: el *antes* de la tierra no vista y tan recorrida en lo *antes* imaginario. Cuesta mucho trabajo buscar lo que creíamos que bastaría con descorrer un telón, y no basta: el cuadro tiene el color de lo concreto y la voz el timbre ajeno. Ahí es donde verdaderamente está el intríngulis: lo ajeno... El acento, el tono que tanto imitábamos, la melodía que tanto cantamos, que nos era tan cara en nuestra voz, ahora es la voz ajena. El tono real, con una especial vibración del instrumento, por encima del canto sabido, que canta en la... dentro de la cabeza, cuando uno no canta. La intimidad que llamamos intuición —íntima noción— anda buscando a tientas la otredad, la voz ajena, que no sea nuestra invención.

Un día más

Escribo, ya en las primeras páginas del cuaderno, la palabra *otredad* —vergonzosamente ensayística—, pero el caso es que no está de más. Puedo ponerle un traje de andar por casa porque, en fin, no es de lo otro de lo que se trata, sino del otro... Se trata —por puro azar— de oír cantar al otro, un otro tan otro... Es idiota fabricar sartas de retruécanos... Sencillamente, oímos el canto, el cantar, porque es un cantar —¿una canción?—, no sé qué término es más bravo: una canción pide piano de cola y este cante —¿es cante lo que conviene?— no lo sé, pero digamos, por si acaso, canto... Es un canto que, como los de los pájaros, delata el clima y la hora: se discute sobre si es alondra o ruiseñor; en éste se afirma su nocturnidad: es un canto a lo oscuro a... Bueno, es un canto nocturno, no concibo mayor comprobación que la de haberlo oído en pleno mediodía... Relatando —porque vale la pena— día de fiesta, comercios cerrados, por lo tanto igual la librería y la mañana queda libre para pequeños menesteres. Vengo por Corrientes, hacia el centro —día frío y seco, de sol violento—, las puertas cerradas reflejando la luz tremenda... Del muro mismo, como si saliese de una grieta, una música. Empiezo a percibirla, sin sospechar de dónde puede salir y, a los pocos pasos, veo que sale de entre dos puertas entornadas. Es un bar o tabernucho, resguardado del ajetreo exterior. Además de la música trascendía un murmullo... Miré por la rendija y vi el bar en penumbra con algunos bebedores en las mesas. Bebían y oían en silencio, bebían sus grappas mañaneras. La sala quedaba ajena a la ciudad que, aun en día festivo seguía agitándose por la calle industriosa... Allí dentro había un reposo, una intimidad ociosa y confortable. Sólo al fondo, a la altura de la mitad superior del muro, un pequeño tablado, enmarcado por ligeros bastidores que abrigaban algunos focos. Una luz violenta destellaba en el pequeño escenario, como engastado en la penumbra, y allí cantaba un hombre... ¿Para qué describirlo? ¿Para qué, siquiera, nombrarlo si no es meramente por el propósito —¿no es el propósito mismo una estupidez?, sea o no sea, es un propósito y lo sigo—, por el propósito inicial de anotar todo lo que me pase, y esto es algo que me pasó, al pasar?... Yo iba —más bien venía— por Corrientes, pensando o sin pensar y la musiquita filtrada por entre dos puertas me indujo a mirar. ¡Ésta es la cosa! Lo que vi fue el canto tan oído: siempre oído, aun cuando autocantado... Siempre había sido eso, el canto que se oye; en ese momento se *veía* el canto *de aquel hombre*... Venía atravesando la penumbra como uno de esos focos que en la oscuridad sin que se desdibuje su cuerpo de luz... ¡Maldición!... ¡Cómo caigo en...! Claro que puedo tacharlo, pero lo dejo para demostrarme que no logro verme libre de ella... El canto se destacaba por entre la penumbra como mandado desde el cuadrilátero luminoso donde cantaba el hombre, de negro —sobre el traje negro, un pañuelo blanco al cuello; un punto blanco tan destellante que anulaba la cara, era una violenta afirmación fija, sin más..., la reiteración era el ritmo conocido. Así la cara no vista afirmaba en él su personalidad. El hombre se imponía, o el hombre imponía su mano derecha, que subrayaba —no es que lo acompasase ni lo indicase, sino que lo dejaba escapar de la palma, como se echa a volar un pájaro. El canto era de aquel hombre, vestido de negro —sombrero negro igualmente; sombra del sombrero cooperando a la anulación de la cara y culminando como perfección del garbo o... bueno, el no sé qué del sujeto que cantaba... El hombre se imponía, llevando consigo la voz del bandoneón que otro, acólito o pertiguero, en segundo plano, al fondo —traje negro, sombrero negro, halduðo, inclinado sobre el fuelle... El hombre cantaba, era *tan él* cantando que su canto o cante o canción era eso que es lo que canta uno o, más bien, era *uno que canta*. Sería tonto decir que la personalidad no destellaba en los grandes, cantores acatados por el público: todo lo contrario, de eso estábamos hartos; precisamente era una cierta hartura la que teníamos... ¡Basta!... ¿Cómo salir de esto, cómo cerrarle la puerta?... El hecho es que era uno singular y anónimo —para mí, al menos— el que cantaba y que yo lo percibía de un modo especial, abruptamente eso, uno que canta. Tal vez por no poder ponerme a cantar allí, en Corrientes: tal vez por miedo a no poder volver jamás a cantar... ¡No consigo salir de esto!... Permanecí allí, mirando por la rendija ¿dos minutos o dos siglos? No creo que llegase ni a un minuto entero: pasé y miré —pasé y vi—, el tiempo que estuve allí no tengo medio de registrarlo. Lo probable es que parada no permaneciese más que unos segundos, pero todo el trayecto, desde allí hasta acá, la escena —el canto como escena, el canto de uno que cantaba para sí—, los del bar eran su público —para mí, su fondo—, él me mandaba, con el ritmo de su mano, todo aquello: todo lo que era él.

9 de julio

Bueno, la cosa fue ayer por la mañana y ahora estamos en hoy por la tarde, más bien por la noche. Me puse a anotar esto, con la idea de comentar la penosa caminata, a pleno sol, con zapatos detestables. Eso es lo que quería decir, no tengo por qué someterme a ese tormento: hay que comprar zapatos. ¿Puedo comprarlos?... Lo intentaré y aquí quedará apuntado —porque eso y sólo eso es lo que tengo que apuntar. Si lo intento y lo realizo, aquí quedará apuntado el desequilibrio, y más tarde la recobrada estabilidad —si llego a ella... En resumen, tendré que aceptar alguna traducción, cosa enojosa, si no es voluntaria. Pero todavía hay algo peor: lo grave es traducir el propio idioma, hablando con alguien del mismo idioma, con alguien de la misma patria, que corrió la misma tierra y pasó la misma agua, con alguien que llegó hace tiempo, que llegó y se asentó y medró y se convirtió en un alguien del que todo nos separa fuera de la especie animal... ¡No! No es cosa animal, aunque haya llegado a fábula, *La fourmi n'est pas prêteuse*... La especie animal que, en todo hemisferio, según toca la dificultad... *Quand la bise fut venue*... Por no detenerme en esto, me puse a divagar sobre la preciosa otredad del otro: *uno que cantaba*: ¿perder el tiempo?... Este tiempo, puesto aquí con naftalina, ¿es digno de conservar? Veremos, veremos mañana, cuando me compre los zapatos cómodos, que tal vez no me lleven a levitar como los insufribles.

10 de julio

Hoy creo que merece poner una fecha concreta, día diez, puesto que ayer fue Nueve de Julio, Día de la Patria...

Bueno, todo lo de ayer fue cosa de un orden que estaba determinado de antemano, que llegué a ejecutar tal como me había propuesto. Lo lógico es empezar por el qué y el porqué me lo propuse, pero me urge —en fin, se me pone delante, eclipsando todo lo anterior, el vistoso —o glorioso— final, que no sé si podré apuntar porque no estoy segura de que fuese... de que tuviese una efectividad relatable. Eso es, no quiero empezar dándole crédito, aunque tal vez fuese mejor dárselo y despacharlo de una vez, para hablar de otra cosa. Tal vez fuese mejor ¿para qué o quién?... Para una mediana sensatez del relato. Y el relato, ¿para?... para seguir lo que empezó —lo que empecé... Ésa es la madre del cordero, así que, empezando por el principio del día —por ser ese día— tengo que incluir en la existencia que este cuaderno confiere a los nombres, el de María Constancia, persona, personaje que debió tener más rango por orden de aparición. La de María Constancia es la primera mano que apreté, la primera mejilla que besé al poner el pie en este suelo. Hechos así dan prioridad a ciertos seres que, sin embargo quedan, automáticamente —sin que ningún desdoro los marchite— sumidos en un olvido compatible con la presencia: es más, compatible —y hasta unánime— con la asiduidad. Son personas que no reciben nunca su debido salario de correspondencia vital... Si dijera humana, parecería cosa de valoración, consideración, aprecio, etcétera... Pero no, la no correspondencia es cosa de tono... En fin, la frecuentación se ha ido afincando profesionalmente y, en cierto modo, por la actitud de anfitrión que la gente ¿gente bien? ¿buena gente?, dos cosas diferentes que son —cuando son de verdad— iguales. Por todo esto, María Constancia y los suyos —marido y parentela— me han atendido, me han conducido, aconsejado y todo lo que haya podido necesitar mientras que yo, por mi parte, me he mantenido —sin la menor razón razonable— a una respetuosa distancia. Bueno, llegamos al día de ayer, ahí empezó el asunto. Por ser el Día de la Patria —de su patria... No, no sólo por eso. Claro que por eso ya sería bastante, para portarme decentemente, pero no fue por eso sólo, fue porque esa designación, *Día de la Patria*, siempre me cayó bien. No me sonó como esas consignas patrióticas que me revientan. Me sonó siempre a algo íntimo, en cierto modo casero o... maternal, si acaso. ¡No, no! Se está anticipando la apoteosis, hay que frenar... Por ser el Día de la Patria, me invitaron y yo, por la misma razón, acepté encantada. La invitación fue a pasar un día en Luján: casita familiar, que frecuentan de cuando en cuando. Preciosa mañana, la misa, por suerte, no era habitual a mis anfitriones y yo recorrí la ribera, en cierto modo maculada por puestos y trastos festivos, aunque la misma impureza del festejo acentuaba la inocencia —impureza de la ignorancia parvular—, creencia, fascinación del santuario elevado —eso es, elevado sobre el pueblo, el pueblo elevado por el santuario y así sucesivamente... Abajo la ribera y los tenderetes de todo lo que se bebe y se juega, entre lo que se bebe —lo que embriaga por su simple presencia —presencia móvil e inane—, la Esmeralda, en su garita... La Esmeralda, reminiscencia finisecular, respirando —por una moneda dejada caer en la ranura— alentando, retemblando sus zarcillos al ladear la cabeza y las pulseras resbalando hacia la mano, al alargar el brazo para coger la carta. ¡Fascinación de la Esmeralda!, gitana húngara, tal vez. Creación lujosa, misterio fabricado por algún artífice extranjero —costoso, en su momento—, marchitándose sus rasos rojos y la purpurina de sus oros con el paso de los años... Eso era todo, la carta que nos echase la Esmeralda y la gracia del sol, que se nos concedía desde arriba... La mañana iba llegando a la hora indefinible, diputada por mí, previamente, como insufrible y al fin aceptada como una concesión... No, nada de concesión: fue más bien una captación irracional, a la que cedí, ¡olores! ¿Puede haber un mandato más poderoso?... Lo ya supuesto, una mesa con numerosos comensales, lugar asignado, vecindad parlanchina y profusión de cosas buenas. Fue pasando el tiempo y, después de todo —de engullir todo— terminó el banquete, que no era banquete, sino comida familiar, excesiva, esto es, festiva, pero marcada por el típico olor, enseñoreado sobre las cosas. Claro que el olor despierta a las fuerzas puras y anula o borra las reflexiones y consideraciones. El olor se impone y pasa el rito, con agradable celeridad. Se llega a la sobremesa y entonces lo inesperado... María Constancia se echa al ruedo y me salva, con el quite más airoso... ¿Por qué? No lo entiendo... No comprendo por qué ella me ha comprendido tanto... ¿Por qué la negación, la cerrazón del alma —atropello de cualquier norma—, conducta hostil, proceso arbitrario, ajeno al sentido común... por qué puede, sin embargo, crear vínculos rectos, pulcros, certeros? ¿Basta con que uno... basta con que el que ha de responder responda?... Lo sencillo es decir, María Constancia sorteó los temas enojosos, les salió al paso y los desvió hasta disiparlos... Yo sentí su mirada —la mirada que otras veces, en los primeros días, yo había sentido codiciosa de noticias, estrellándose contra mi mutismo, contra mis negaciones, «¡Eso no!», «¡De eso, ni hablar!»..., y ahora era ella misma quien ponía la barrera contra las preguntas. Ahora, en el fragor —más bien hervidero de olla— de sobremesa, ella defendía mis intereses, ella defendía mi —especie de tesoro— el silencio... ¡Pasmoso! La artificiosa relación mantenida durante el viaje, durante la excursión mañanera y la comida opípara —abundancia investida de propiedad y, por tanto, hermética como todo lo que es propio de alguien, de un alguien—, ámbito legítimo, y yo admitida, sin resignarme a pagar lo debido, la noticia, el alimento que se reparte entre todos un poco... Bueno, la noticia, una paseata por el otro, el vivo que está delante y no quiere hablar... Fue sorprendente el acierto y la adhesión de esa criatura a quien tan mal correspondí.

No conduce a nada este *rapport*. No era nada de esto lo que quería apuntar aquí, pero me disipé hasta que se me acabaron las fuerzas. Otra vez será. Tal vez se me quiten las ganas de seguir contando lo único que merece la pena, pero si se me quitan, ¡qué le vamos a hacer!

11 de julio

Leo lo escrito ayer y me parece idiota. No he conseguido decir nada de lo que me proponía y lo que he dicho no ha sido más que andar por las ramas. Empezando por lo del Día de la Patria, que señalé, pero no explicité por qué sin una causa, sin un intríngulis inconfesable... Ésta es la pretensión estúpida... ¿Por qué, vamos, por qué me cae bien la frase «Día de la Patria» cuando siempre las cosas de ese género me crisparon los nervios? Tengo que confesarlo —confesión que no me costó ningún trabajo hacerme a mí misma: lo vi claramente desde un principio— me cae bien, me cae bien por la misma razón que me cae bien el color de la bandera... ¡Bueno, ya es bastante! Esto es lo intocable: ¡dejémoslo!... Claro que sin llegar al color de la bandera no podía llegar a la apoteosis... Banderitas de papel llevadas por todos los niños —no fue presentimiento sino presión climática, empujando hacia un núcleo sensible; clima es lo justo... Clima extenso, vaga y persistentemente difundido, en el que se entra sin sentir —no, al contrario, se empieza por sentirlo, sin saber que se ha entrado en él— hasta que en un cierto momento, el clima —temperatura, grados de humedad, verticalidad de los rayos del sol y toda la pesca... Puede suceder que la culminación se centre en alguna aparición singular. Hablando en plata, la culminación fue un niño con una banderita de papel.

Me dan ganas de hacer bien lo que en la página anterior hice tan mal: deshice; repartí un cúmulo de estorbos por en medio, dejé trastos, escombros inútiles... La verdad es que quisiera hacerlo mejor, pero me creo incapaz y desisto... Hablando en plata, ignoro el estado de mis finanzas y no sé si, de verdad, soy o no capaz de hacer algo. En una cosa tan fácil como ésta, simplemente, relatar, vamos a ver...

Puedo decir que la luz diurna, la radiante luz de Luján había pasado su hora de esplendor y se difundía en el crepúsculo de la pampa: todo lo campero se rezagaba alrededor y por las calles ciudadanas se iluminaban los bares y cafés. En uno de ellos se continuó el rito de la invitación.

Hora de la merienda, la reunión familiar se unió al festejo del pueblo bullente en las calles. Y allí fue donde culminó el día, como ya llevo dicho, en una imagen trivial, que se destacó imperiosa, excepcional entre lo múltiple... Por no repetir, entre el gentío de las calles, niños con banderitas de papel. ¿Qué es lo que pasó, qué es lo que hubo de extraordinario?... En un café —vasos de cerveza o vermut y patatas fritas en las mesas— un niño con una banderita de papel.

Esto es lo difícil de explicar, porque si alguien hubiese irrumpido con voz o gesto detonante la atención habría sido arrebatada, pero no, nadie irrumpió en el café. Todo, dentro de la sala, tenía el mismo aire de la calle: gente agitada, pandillas de jóvenes, parejas de padres con niños de la mano... y en el café grupos de jóvenes y padres con niños... Uno correteaba por entre las mesas, iba de unas a otras con indecible movilidad. El típico niño insoportable, que no hay medio de obligar a estarse quieto. Ésta es, exactamente, la definición, pero el niño insoportable tenía el poder de fascinar a todos los comensales. Era un pequeño atleta, de unos cuatro o cinco años —las preguntas estúpidas que le obligaban a contestar: «¿Cómo te llamas?» «¿Cuántos años tienes?»; él, rápido y claro: «Tolo», «Cuatro»... Todos quedaban —quedábamos— informados y él seguía llamando la atención de unos y otros... De algunos vasos robó, con rapidez, algún sorbo y su animación fue tomando el tono que no tiene más que un calificativo: el tono orgiástico. La verdad es que me cuesta trabajo describirlo porque no había nada que describir. Lo que el chico hacía no sobrepasaba, andaba por los bordes de lo permitido y los que se lo permitían —permitíamos— llegaban al borde de la concesión —el borde entre dos aguas de lo inaguantable y lo fascinante, y sólo valorizable, es decir de verdad comprensible, si uno se identificaba con él, si le acompañaba o le secundaba en su orgía interna. ¿Que yo, con especial sutileza?... La comprensión fue recíproca, pero no directa; él no me hizo ningún guiño confidencial. Yo me identifiqué, es cierto, sintiendo hasta el fondo sus motivos...

La aquiescencia de todos le daba derecho a todo, y él lo aprovechaba —provecho, aquí, como destreza, como saber sacar partido al momento— sin carácter de ventaja: con la naturalidad de lo elegido y obtenido no por derecho, sino por derechura de intención. Entre todo aquello había —además— una dirección de preferencia... Algo así como en esas bacanales en que la ola placentera se difunde unánime y, sin embargo, se destaca al fin una reina de la fiesta, una favorita —belleza y lujo: todas las perlas del Oriente resbalando por los senos triunfales. Todas las perlas, es decir, los colores orientando el ánimo —el alma— del día. Azul y blanco en la bandera de papel; azul y blanco en la seda de la blusa flexible y pesada en las mangas y tensa —brillante, desafiante de tersura en el busto. Hacia ella la mirada del... maestro: más que ejecutante conductor de la atención, sumisa al ir y venir de su batuta. Su ir y venir era más que suficiente para cualquier reprimenda o protesta y no hubo ni una. Él siguió dirigiendo y ejecutando, en verdad, en estricta verdad, despreocupado de los que le seguían. El concierto, la concordancia de los que le seguían no perturbaba su fija tendencia a un punto. Era un ir y venir ligero, azaroso, pero siempre tendiente a volver hacia un mismo lugar... En las idas y venidas, entre las sonrisas prodigadas, las preguntas tontas contestadas, desde cualquier mesa, a la izquierda o la derecha donde se sonreía —no es que él sonriese, es que se sonreía en todas partes— desde cualquier punto de la sala, la mirada de dedicación —de promesa y de petición correspondidas— convergiendo, reiterándose por parte del juglar —en cierto modo trovero o seductor, mediante gracias y piruetas audaces. Inocencia y decisión hacia el azul celeste (Celeste, dijo Rubén, corrigiendo a Hugo) bueno, aterrizando... El hecho, el que entre todos hicimos, porque yo me pongo ahora a relatarlo y porque la acción fue plural... ¿En qué queda mi falta de aprecio por toda la crónica o relato de simples hechos?... Algo pasó ayer en Luján y yo estaba allí, si no hubiera estado tal vez hubiera ocurrido algo semejante —o idéntico o superior, en autenticidad, digo—, alguna marea o turbión o tromba pudieron *bouleverser* la concurrencia del café, pero si yo no hubiera estado, si yo no me hubiese encontrado en la situación de recoger cualquier cosa, todo lo que me pase, en la situación de encontrar que una cosa así es una cosa que me pasa —si nada de eso se hubiera dado ayer en Luján, la llamarada del instante —instante una o dos horas— se habría consumido sin dejar siquiera cenizas. Esto que trato de relatar ¿es posible?... ¿es necesario?... Es inevitable porque yo estuve allí y escribirlo o no es optativo. Pero el hecho de seguir allí, allí mismo, considerando, manteniendo sin merma de intensidad el momento candente no es optativo, es fatal, como es fatal el tiempo que tarda en consumirse tal materia. Yo estuve allí y ahora lo cuento —me lo cuento, porque sé muy bien que a nadie le importa que yo lo cuente. ¿Por qué lo cuento? Por la ambición —no inconfesable, sino irreprimible— de suscitar en... en sabe Dios en quién... Palabras encerradas en las hojas de este cuaderno, tal vez por años, tal vez por siempre jamás... Esos libros que envuelvo en un papel llevarán dentro páginas ígneas que acaso no lean los que los compran, pero quién sabe... El instante ígneo no se extingue en mi memoria —en mi emoción o tensión. Con esfuerzo puedo dirigir mi mente a otro tema, pero me quedará la frustración —vergüenza de escatimar el esfuerzo— porque el hecho rebosó, consumado... Digamos, relatemos lo que falta... Íbamos diciendo que la mirada —mirada de la sonrisa desde cualquier sitio— riendo con cualquiera —siempre tendía hacia el azul— y también era patente que desde el azul una sonrisa franca —franqueza de superioridad, del poderoso, del que tiene en su poder lo deseado... Desde el azul aumentaba la invitación, crecía con el transcurso del juego, como si la culminación se hiciera inminente, hasta que la aceptación hizo eclosión en un salto sobre las rodillas... Proximidad lograda sin esfuerzo, sin peso, sin dificultad de equilibrio. Quedó el intrépido, el audaz justamente comedido, efectuando, con su soberana inocencia, el acceso al azul... Franca instalación en las rodillas, brazo azul rodeando la cintura y mano —mano del audaz— alargándose hasta el medallón reluciente, entre el azul y el blanco... Aquiescencia de los comensales, expectación aplacada por el final corroborador... De una de las mesas, un hombre joven, maduro —paterno— se levanta y va hacia el triunfador... «Vamos, Tolo, que vos ya estás molestando a la señora»... Protestas, los brazos azules tratan de retener el cuerpo que es paternalmente arrebatado y que no incurrió en la rabieta banal de un chico contrariado. No, no protestó, pero acentuó su arrancamiento de los brazos azules con la persistente sonrisa —risa o leve carcajada— dejándose llevar como un feliz —orgulloso, glorioso— delincuente. Descansando en el final que soportaba impuesto, pero ratificante de lo que había sido, que tenía que llegar al momento en que era forzoso terminar. La luz de la calle ya era nocturna y, con la cabeza sobre el hombro paterno, se abandonaba a un sueño sin resaca... Un sueño de iniciación, conservado —tan conservado en el alma como en las primeras cicatrices de la vacuna—, sello de su primera noche —sólo la noche tiene tal brillo—, sello de su primera noche de placer.

20 de julio

He dejado pasar muchos días y han pasado, con mi aquiescencia o sin ella, bastantes cosas. La más fácil de comentar, la mudanza de casa. Diez días invertidos en quehaceres domésticos y —creo que se dice o tengo que decir laborales porque no puedo decir profesionales— resulta que soy uno de esos... sujetos, digamos, que no tiene una profesión, pero no por... (Dejemos el porqué. Si sigo llenando este cuaderno por la sencilla —aunque inexplicable— razón de habérmelo propuesto hace tiempo, debo mantenerme fiel a lo que me propuse hacer, tanto como a lo que me propuse —con irrefutable juramento— no hacer jamás.) Así pues —sea por lo que sea—, tengo que trabajar y trabajo.

Bueno, si anoto el cambio de casa, tengo que anotar el cambio de oficina —cambio con poca diferencia. Libros, siempre libros, que prefiero ignorar, pero que me invaden y que, por dar un poco de seriedad y eficiencia al trabajo tengo que afrontar cara a cara, hasta el extremo de tener que aceptar una traducción... Me dije ¡indiscutible! una traducción es un trabajo tolerable porque su oficina es la soledad. Esto me decidió a hacer ciertas solicitaciones que fueron muy bien acogidas y entonces empezó la elección —propósito de influir, por sugestión, en la elección del género... Podía haberlo dejado al azar. Me ofrecen mil cosas y es estúpido querer mantener la dirección de los acontecimientos, creer que con habilidad se va a sostener el veto a lo que «ni con pinzas»... Ahí está el volumen en su lugar, entre otros —los pocos que tengo, sin querer tener— ahí está, ya lleva un par de días, pero tendré que acabar por hojearlo y acometerlo... Sin más, sin discusión. Tengo que hacerlo y lo haré... ¿Cuándo? No sé cuándo tendré fuerzas... ¡Cuenta cuarenta!...

25 de julio

El terror al trabajo, a la forzosidad del trabajo, ocupa un lugar en la mente —o alma o vida, en fin, en lo que rebulle en el fondo de uno mismo— y no sirve de nada retardarlo, arrinconarlo, esperando que se consuma o se anule, corroído por la carcoma de la aversión al esfuerzo... Esto que hago no es más que ceder a su imperio: lo tengo arrinconado pero está presente, desafiante. Se afirma entre las mudanzas caseras. Está ahí, diciendo ya pasarán, ya acabarás de ordenar los mueblecitos, las adorables cosas mudas —las adorables *cosas* que, por su continua mudanza, por su presión sin coacción, sin más conflicto que el de poder ser modestamente, humildemente, imponiendo su ser—, las cosas llenando el tiempo de la mente con su presencia banal, tan satisfactoria, dejándose ver por los cuatro costados y uno pasando por entre ellas, usándolas, habitándolas, comparándolas... También los lugares porque no los veo —no los admito— más que como cosas o por las cosas que los componen. Salí de Rivadavia, especie de colador, criba gruesa para apartar los gruesos tropezones de ripio y ahora estoy en Guido, breve calle refinada, recoleta... Bueno, vecina a la Recoleta, vecina y casi vigía. Soberano paisaje nocturno —desde la altura del último piso—, las calles entre las tumbas, las breves calles enmarcadas o custodiadas por los mármoles... La respuesta del mármol al pensamiento, por su pureza, lo sobrepasa; es lo que yo veo, y el que no lo vea es que no ve —el mármol de Carrara, en medio de la noche, manteniendo su valor— su más allá del miedo —su certeza de lo que creemos esperanza, que en él es forma... Eso es, desde el balcón mi especie de oración nocturna, una despedida de lo que se ve, aunque apenas se vea... Un paseo de vigilante, una revisión antes de dar paso al sueño... Todas las noches, con este frío de julio, una mirada al silencio de la Recoleta y dormir aun sabiendo que el trabajo espera al otro día... El trabajo, al fin determinado por sugestiones capciosas proponiendo las cosas más neutras... ensayos de medicina, de psicología, de pedagogía. Y ahí brotó la sugestión —torpe, apoyada equivocadamente en una palabra—, *La educación sentimental*... Lo que más quisiera descartar, pero imposible rechazar la oferta que, precisamente, me dedica lo más adecuado por refinado, delicado, etcétera... No lo niego, pero no lo afronto. Ya está apuntado el hecho de que ahí está esperándome. Mientras tanto, la mudanza, la adecuación del ánimo a la nueva casa, al nuevo barrio. Es el cambio, el barrio abandonado al fondo lo que me sirve para enterarme de la ciudad, de que estoy en una ciudad, en esta ciudad... Es inútil, por muchas vueltas que le dé no consigo dejar de hablar de lo que me propuse no hablar jamás... Apuntando, narrando, estoy en la nueva casa, en la segunda casa de Buenos Aires y ya me pongo a recordar la primera. Claro que ni hablar de lo que era la anterior, la presentida y deseada... No, no, no, aunque parezca que sí. Apuntando, meramente narrando, estoy en esta casa de la calle de Guido: aquí voy a empezar una vida imprevisible, de trabajo fortuito, que irá apareciendo a la medida de mis facultades, de mi situación —de todo lo que aquí me sitúa. Puedo decir que he dado el primer salto porque la situación en que había caído por mi propio peso —peso de común hispanoemigrante—, hechos que traté de negar, con esa fantasía superreal que niega lo innegable —¡inútil negación de lo que se es o lo que se llegó o se aparentó ser!... ¡Basta, por hoy!

30 de julio

Lo único palpable es el barrio y sus promesas... La calle próxima, Pueyrredón, en la que ya he elegido puntos de cotidiana frecuentación. Gran fiambrería donde toda necesidad —o apetencia— puede quedar resuelta, florería que —por motivos obvios— no frecuento, pero que ya he seleccionado como espectáculo cordial. Es cosa corriente pararse a mirar el escaparate de una florería, pero en ésta, además de las flores, es decir a través de ellas, dejando avanzar la mirada por el espacio un poco brumoso, empañado por el clima húmedo que caldea la estufa, la familia italiana, en su reposo vespertino, en torno a la salamandra —un largo corro de parientes, tal vez vecinos, visitantes... y en medio el perrito... En medio, no presidiendo, sino gozando el murmullo de la charla... él quieto, silencioso, cobijado por el clima de invernadero... Bueno, ese lugar es el punto de mi vigilancia diurna... La Recoleta es para la noche. También queda por decir el cambio de trayecto. La librería me ocupa la mañana y parte de la tarde; salgo momentos antes de cerrar. Mi apresuramiento es admitido porque se supone que tengo que trabajar en casa... En efecto, yo también lo supongo y precisamente por esa causa retraso un poco mi llegada. Bueno, sólo un poco; me detengo un rato en La Estrella, que queda en la esquina de Santa Fe. Fue María Constancia quien me descubrió el lugar, «Compra el café en esa casa —me dijo— que es muy bueno», y así es... Lo compro y lo tomo allí con frecuencia, por no detenerme a hacerlo. El sitio tiene su —no diré encanto, pero sí originalidad— originalidad para un europeo —siglo veinte—

año cuarenta —originalidad para mí, a la que ya voy habituándome. Casa donde se expende café, como en todo el mundo, pero aquí hay algo particular... Primero el despacho y luego un salón anejo donde hay mesas para el que quiera tomarlo allí. El salón no es grande y en la mitad queda dividido por una mampara y esa división ostenta un cartelito que pone FAMILIAS, para que allí se sienten las asiduas y, en general, las mujeres que así quedan aisladas de los asiduos al café, fumadores, pasajeros de todas las layas, desocupados... Lo adopté, me pareció digno de Estambul, pero ¿por qué no usar lo que se usa en la tierra? Mi llegada a casa, apresurada por la urgencia de ponerme al trabajo, se dilata un poco agradablemente con una breve parada en el Estambul.

5 de agosto

Acometo la traducción, prosa exquisita, tan fácil de adaptar a la nuestra. Lo leo de corrido y me encuentro con lo inadaptable a nuestro tiempo. Es en los ratos del Estambul donde me quedo a veces meditando, parangonando lo que todos estamos hartos de saber: a dónde fue a parar lo *sentimental educado*... Bueno, no hay ningún misterio, todo está a la vista. Me hizo pensar en ello lo que esta mampara significa, como precepto de educación; más valdría decir de urbanidad, porque no se trata aquí de sentimientos, sino de costumbres. Aquí se refugian las familias, las mujeres familiares, algunas, como yo, sin familia, callejeras, trajinantes en empleos varios, pero no lanzadas, no señaladas por indumentarias atrevidas, dispuestas al intercambio, con todos sus peligros. Las modositas, discretamente, mediocremente vestidas, que no quieren —ni pueden— llamar la atención, se refugian —nos refugiamos— en el Estambul por evitar cualquier desmán de los hombrotes que beben y fuman en la sala. Seguramente hay clientes conocidos, pero el tráfago es continuo de clases y calañas incalificables. Hombres del puerto ninguno, y pocos de los que derrochan el tiempo en los bares, repitiendo vasos. Los que se detienen en esta esquina de Santa Fe son los que no pueden aspirar más que a ese breve refrigerio de un pocillo de café, que ellos mismos cogen en la barra y se traen a una mesa, gozando de diez minutos de descanso. Como me cuento entre las chicas de familia, paso corriendo y me refugio detrás de la mampara. Lo grave es que no soy tan buena chica como para pasar con los ojos bajos, sino todo lo contrario, paso revista a los heterogéneos que, de cuando en cuando resultan interesantes y poco peligrosos. Bueno, si aparece uno de los interesantes lo primero es ver qué clase de interés provoca y claro está —si entra en mi canon— el consabido interés. Por suerte, nunca apareció uno que encendiese mis deseos —dolencia que tanto padecí—, nunca me quedé con una imagen fija entre las cejas, como para mantenerla en mis insomnios... En cambio, una imagen que no puedo decir repelente, sino lo que se suele llamar fascinante —claro que esto también se dice de lo encantador y no es eso—, bastaría decir impresionante o tal vez obsesionante porque eso fue lo que me produjo el hombre de ayer. Pasé, le miré y él me miró, ¡me traspasó con la mirada!... Eso es lo que me impresionó: me miró hasta los entresijos, pero no, no era la habitual mirada de gallo —era algo así como si el gallo expeditivo se quedase a un lado porque se trataba de otra cosa—, fue algo muy diferente y, en cierto modo, aterrador. Me quedé tambaleando un buen rato y es probable que me mirase así porque fui yo la primera en mirarle: me sorprendió mirándole, eso es. Pasaba mi acostumbrada revisión de los parroquianos, llego y veo un tipo nuevo... ¿Extranjero? Más que extranjero, porque extranjero, aquí, es lo habitual. Un tipo con una gabardina verde, algo militar, aunque de un verde que también se puede ver en los quirófanos, un verde desteñido por la estufa de desinfección... Bueno, un verde particular y, en cierto modo, dramático. El hombre estaba allí, con su taza en la mano —y una pipa, creo—, paso y me mira; yo me voy corriendo al rincón que acostumbro y me quedo mirándole —dentro de mi cabeza— sin poder borrar su mirada, eso sobre todo, porque no fue su aspecto de tipo raro, sino su cara, sus ojos. Me recordó una cosa —precisamente unos ojos que no miran, algo muerto, pero no de un muerto, sino de una cosa que nunca hubiera vivido—, seguí pensando en ello, rebuscando semejanzas, impresiones, fascinaciones sufridas en museos, tal vez, en objetos inertes... Lo más parecido a esas cabecitas de los biombos chinos —no tenía nada de chino el hombre— como si fuese de un material exangüe, el de esos chinitos de marfil con ojos de ónix, por el contraste sobresaliente acaparadores de la atención... No pensé que fuera peligroso, ni creí que se le ocurriera venir a buscarme o seguirme... No, sólo me hice el propósito de salir por la otra puerta para no volver a encontrarle. No me faltaba, claro está, cierta curiosidad —la curiosidad a mí no me activa si no tiene cierto cariz de atracción... ¿Lo tenía o no lo tenía?... No estaba segura, no me parecía razonable, ni agradable ni conveniente... Llegué a la conclusión de que lo que me aterraba era el verde aquel que me recordaba escenas de quirófanos, era como si el hombre viniese de sitios que yo me hubiese jurado no recordar, como si él supiera todo lo irresistible, lo definitivamente arrancado de mi pensamiento... Era el verde de la aversión, del rechazo... No pude seguir allí más tiempo pensándolo. Me fui por la otra puerta.

* * *

A media tarde se produce el lleno en La Estrella: gentes que salen del trabajo o que lo interrumpen —empleados del barrio que dan un salto, cinco minutos al café, en la inefable compañía del humo enseñoreado de la sala... Muy mal, dice a todas horas la prensa, pero el humo es un escape, una puerta abierta —una liberación de lo que hinche el alma y se escapa y se deja ver, consolador—, único poder de consolación la belleza de su realidad manifiesta en nubes anilladas, que dura poco, pero mientras dura... El cigarrillo cumple su breve misión y sucumbe pronto en receptáculos adecuados o en el mero suelo, bajo los torpes pies. El humo sólo permanece, asistido como en un ara su poder sugestivo, en la pipa de los adictos que, si quieren humo tienen que abrigar fuego —acariciarlo en la marmita acastañada que llevan en el bolsillo— de la casa al café, de la hora del ocio a la hora implacable del trabajo, a la hora del sueño imposible o a la de cualquier precaria ensoñación.

A media tarde, en una mesa de La Estrella, un hombre con una taza ya extinta y una pipa encendida, esperando —tal vez desde centurias, un hombre con una gabardina verde. Va entrando la gente y no parpadea —ojos no susceptibles de sobresalto, fijos, no con indiferencia, sino con pasividad de cosa ajena; ojos que no asienten a la visión que, simplemente no ven porque la luz o la imagen proyectada se espeja en su superficie sin vibración ni repercusión... Pero una tarde —la de ayer, esto es antes de la de hoy— habían espejado una imagen pasajera... Algo enteramente distinto de la realidad cotidiana que, por estar ahí, carece de todo interés. La imagen espejada en los ojos pasivos pasa como la imagen de lo que no está, de *lo que no puede estar* —en la rigurosa reflexión del espejo, la imagen trata de ajustarse a lo inverosímil, sin llegar a la neta convicción y la imagen pasa y desaparece y queda la pasividad —incapacidad de ir a ver— manteniendo en la memoria la pulcritud infalible de lo reflejado, por si otro día... Al otro día vuelve a aparecer la imagen; el hombre de la gabardina verde se levanta y va a su encuentro: a poco más de medio metro se para ante ella... La imagen es ahora imagen de algo que está ahí; presencia que transforma la pasividad en paralización de los pies, no de las manos que se tienden ni de la voz que llega a decir ¡Elena!... Clavada también en el suelo, un instante, Elena se echa en sus brazos.

Toda la sala —la veintena de fumadores tránsfugas, los que están de paso— atiende a la escena, que no se disimula porque ningún pudor la altera. Elena echa sus brazos al cuello de él y aprieta su mejilla a la mejilla exangüe —borrada por completo la idea de material exótico, impuesto soberanamente el calor de un tierno conocimiento inmarcesible. Él la oprime con fuerza —violencia del reencuentro con lo jamás perdido, con lo fatalmente abandonado—, hijo pródigo en plena celebración de la vuelta... Se recogen o se apoyan en la mesa, adoptando la actitud consuetudinaria del diálogo —preguntas y respuestas que prometen explicación para otro día... Se sumen en la contemplación del momento presente, en el comentario del fallido reconocimiento anterior. Se rinden cuentas de todo lo elaborado en la mente, sin acierto. Elena, por su parte, interpretación de la fisonomía fascinante, impresionante como impacto —golpe que no dejaba ver su razón para golpear tan fuerte—, pasmo de no haber percibido lo patente... Indecisión —por parte de él—, cobardía, falta de fe ante lo inverosímil, que podría ser glorioso, pero que también podría no ser más que una vaga semejanza. ¡Inhibición ante lo comprobable!, hábito de esperar sin esperanza, sin creer que pueda existir todavía aquello que fue tan... ¿puro?... ¿sublime?... como para dejar de creer que jamás haya, en verdad, sido... Este ajuste de la imagen fugaz —él, Montero, Máximo Montero— va confrontando las medidas de la planta antigua con sus dimensiones actuales de selva, profusa en el tiempo ignorado —sin mácula— en la criatura presente... La confrontación —en ella— es búsqueda de las piezas perdidas del puzzle —espanto ante los huecos vacíos— allí donde hubo rectora inducción hacia la vida, certeza varonil en la mirada transparente, en el órgano transmisor de confianza y alegría —el hueco actual, empañado, ictérico, oscuro entre los párpados sin pestañas... Creen no tener nada que decirse, como si todas sus facultades quedasen absorbidas por el hecho de estar frente a frente, y pasa la tarde...

II

Todo sería fácil si sólo fuese hablar de lo que ya legiones de gacetilleros difundían por la faz de la tierra, pero no es ése el tema porque un tema —estricto como un teorema— se impone, y no consiste nada más que en seguir el hilo de lo vivido, en lo mero esencial, en lo medular, podría decir, por ser lo que informa y nutre el total arborescente. No es factible un *rapport* sistemático que empiece por el principio y siga un orden; lo pertinente es la afluencia impremeditada de lo que se suele llamar *recuerdos* y que, despojado del plural queda en uno, uno solo, único en su ramificación inextricable. La forma en que se produce no es un fluir de preguntas y respuestas, sino un entrecruzamiento de lo más distante con lo cotidiano, con lo práctico vulgar, con lo que se dice o se advierte para ordenar la convivencia. Claro que hay preguntas urgentes. ¿Tu madre, Laura?... De ésas se llegó a saber por las noticias oficiales, deduciendo y, claro está, exigiendo con empeño, porque las noticias no eran más que partes de periódicos sobre lo sobresaliente: pueblos perdidos, bombardeos. Uno —brillante, digno de comentario— había hecho saltar en mil pedazos un camión de la Cruz Roja... Se tardó mucho en saber que en él iban las dos... Asumiendo su feminidad de zurcidoras, habían ido a reunir pedazos, a componer en lo posible, y allí quedaron. El barrio no había sido bombardeado; nada se supo de las viejas agazapadas en la casa. Yo no logré saber nada de mi padre, nombre difuso entre los de los padres movilizados. ¿Ramón? ¡Oh, Ramón! Movilización del partido. ¿En activo o en asimilación?, incorporación entre los que partieron —los incipientes, los no muy bien informados, los juveniles o tal vez los padres... tal vez... Esto es lo que tú, Montero, me preguntas a diario; para explicarlo hay que retroceder. Hay que hablar de los barrios apenas frecuentados. No ignorados, no, incluso ensalzados —elevados a profecía, sacratizados por el silencio; silencio ante el sueño del infante que se nutre en su reposo; pero no reposa, borbotea, como un hontanar naciente. Profecía del maestro que paseaba por la colina de los chopos y olía —el cesped recién cortado, fragancia verde como sangre del suelo, pero sobre fragancia, más leve que la hierba, la piedra—, el maestro dice, de pronto, «Aquí huele a Acrópolis», y olía. Todo aquello, las construcciones de ladrillo que la parra virgen iba cubriendo... el maestro decía «Este ladrillo, colorado en los botijos, entrañas de murallas romanas»... Pero la cosa no quedaba en la colina de los chopos. La profecía —el olor del césped— se extendía por otros barrios, por todos los barrios de Madrid. Piensa... nosotras ya sabíamos por ti mismo; tú nos habías llevado hacia el barrio de Piedita... No, así no le llamábamos entonces: fue luego otro barrio del que tú hablabas como de un barrio prohibido y que tenía —no sé en qué, pero algo tenía que ver con aquel tugurio adonde nos llevaste... Tugurio infantil ¿recuerdas?... la Casa del Pobre y el Rico... ¡Esto es lo que me juré no recordar! Y ahora, ante ti, como nunca me juré no recordarte, veo lo superficial del juramento. Decías —fue una pequeña discusión—, decías, ¿qué piensas?... ¡Se cae, se desprende la cáscara del juramento y aparece en carne viva!... Decías, ¿qué piensas?... No, decías, ¿qué piensa usted? ¡Es posible!, pues sí, así era... Aunque no, tampoco fue así: decías, ¿qué piensan ustedes?... ¿Te das cuenta de lo extravagante?... Dos niñas conducidas, custodiadas por un maestro, discípulo de un maestro ignoto entonces... Fue al salir, junto a la hiedra que envolvía el chamizo artificial... No sé si era muy concreta tu pregunta, yo creo que inquirías en mi cara, en mis ojos que se habían detenido —disipado— en el raso amarillo... Eso es lo que tú buscabas, las huellas de la misericordia ante el moribundo de cartón piedra, que se levantaba y caía a la entrada del turista... No, no era para turistas, era una cosa para chicos, para asustar a los niños y tú nos llevabas para asustarnos, eso es lo que tú querías ver —lo que querías discutir—, mi susto, y yo no sé lo que dije: me anduve por las ramas. Sólo me criticaste una palabra, ¿a qué santo la diría yo?... no sé, pero algo me hizo hablar de la *culpa*... Tú te lanzaste contra el juez, pero no anulaste la idea, no tachaste la palabra y yo la consideré como aprobada por ti. Lo que quiero contarte es la transformación progresiva... Estamos partiendo de aquella edad parvular y no es que en esa edad se ignorase —se sabía todo lo que no había que ignorar—, entonces ya estaba entero lo que más tarde servía de síntesis. ¿Recuerdas la reproducción puesta con chinches en el cuarto de Isabel? No, no puedes recordarla: ya te habías ido. ¿Por qué?... No sirven de nada mis excavaciones mientras tú no digas por qué. ¡Por qué te fuiste!... Preguntar una cosa tan profusa; tantos se fueron como soldados... Eso es lo que parecía, lo que tal vez creía tu maestro, ¿o no lo creía? ¿O no era su inconformidad el puro desgarramiento paternal: la marcha del soldado? ¿Por qué se barruntaba detrás de eso algo que no me atrevía a preguntar? ¿Por qué no me atrevo ahora a decirle que has vuelto, que estás vivo?... Esto es lo difícil, hacerte comprender sin datos, porque hay esas fechas que están escritas, imborrables, la Casa del Pobre y el Rico: basta nombrarlo y olemos todo aquello, la hiedra de fuera y el polvo de dentro, el papel engomado. Pero te hablo de la oleografía y no te dice nada, cuando era... Tendría que hablarte de Martín, de la cabra y el pájaro: por ahí fuimos a parar a la oleografía. Claro que estás harto de conocerlo, pero no te imaginas las dimensiones que alcanzó y eso es lo que tienes que saber porque sí sabes, sí conociste el cuarto de Isabel, doce metros cuadrados, y allí metido todo. Doce metros cuadrados es poca cosa, pero lo que hay que pensar es que el cuarto era pequeño y la pobreza inmensa... Por eso resultaba magnífica la oleografía puesta en la pared... Martín nos execraba. ¡Vuestros Rafaeles, vuestros Praxiteles!... y nosotras corregíamos el título porque nos daba la gana, porque nos parecía que desde allí, la Escuela de Atenas... bueno, eso estaba bien para Martín, para nosotras era la escuela de Platón, que se extendió desde la colina, creciendo la hierba, las plantas trepadoras. Entre tanto ladrillo no es que se escondiesen, ¡eran tan volatineros! De allí salían poetas, allí concurrían sabios: nosotras veíamos los toros desde la barrera, la Granja El Henar... Con nosotras no, al mismo tiempo que nosotras, azuzándonos, trastornándonos con sus críticas, Ramón... De eso hay que hablar demasiado largo: tengo que contarte ce por be una tarde, una cara, un objeto que alguien cogió en sus brazos y amamantó... No sé si podré contarte, pero ya te dije que tal vez entre los padres. ¿Cómo podemos pensar —si lo pensamos, cómo podemos vivir— que entre lo que quedó tal vez quedó o no quedó?... Los partes oficiales dieron pocas noticias de los padres y menos de los hijos. Sólo de Luis, de ése dieron demasiadas pero a nadie, únicamente la infinitamente sabia, la sacrosanta Laura, como decía Tina... ¡Otra metamorfosis! Tina, para ti es la Smithy, Tina dejó de serlo. Tina fue Tina mientras duró la escuela de Platón. ¿Creación nuestra? Tan firme, tan incontestable como esas cosas que luego confirma algún erudito. Pero esas cosas no saltan a la vista hasta que todo se hace añicos, hasta que se echa al ruedo el Tino Smith, el que estrecha sus lazos de amistad *post mortem*, con Luis, porque le cree *su* héroe, *su* ejecutivo, cuando sólo la sabia conocía el drama a la puerta de la iglesia. ¡Sólo ella conocía *el drama*! Y ahora te cuento todo para que nos conozcas como ella nos conocía porque nos había visto nacer, pasar de tu escuela de párvulos a la suya. Nunca se extrañó de que tú nos condujeses, para ella era cosa de familia: un parentesco... ¿Sentías tú el parentesco, no sería que bajo tu obsesión racional... ¡qué sé yo!... encontrabas un paraíso en nuestro contacto, aquel contacto del ustedes?... Nunca nos diste un besito en la mejilla, como ahora se da a cualquier muchacha. Nuestro contacto era un intercambio de confidencias, de obsequios. Tu *ustedes* era un homenaje a nuestra pubertad: nadie antes que tú nos había hablado de usted. Con eso nos investías de seriedad, de madurez suficiente para salir a solas con un hombre. Tú no eras un chico, ni tampoco un señor, no podías parecer un amigo de mi padre... Es tonto seguir pensando en todo esto. Lo que quiero saber es si tú, ya entonces, sabías lo que significabas para nosotras; una cosa que, si ahora lo pienso, me parece demasiado juego infantil, pero es la verdad: te sentíamos como nuestro capitán. Sin decirlo, claro, y hasta sin pensarlo hasta que alguien lo demostró, algo que fue para nosotras... deserción. ¡Ahí está!... nuestro desconcierto, abandono, pérdida de la brújula... ¿Cómo es posible que haya pasado todo lo que pasó, que nos encontremos ahora aquí como dos... viejos. No es la palabra: como dos *revenants*... dos, tú y yo. Pero yo, ¿cómo puedo decirte que yo ya no soy —o somos— nosotras? ¿Cómo puedo describirte la feliz partida —feliz ¿es término que case con partida, ausencia, separación? ¿Es concebible que se contribuya, que se logre como un enredo —o desenredo— cuidadosamente ejecutado la feliz separación?... Ahora, nosotros dos, volviendo —como los que vuelven de donde no se vuelve— revisamos nuestras cuentas y hay algo que no queda claro. Para mí ni lo presente ni lo pasado tienen explicación mientras no me digas por qué te fuiste. Estamos más cerca que nunca, ahora que la edad ya apenas nos distancia... Me parece que hemos nacido juntos, y te cuento todo, y sigo sin saber, pero es que creo que te cuento y no hago más que señalar los puntos sobresalientes, que son sobresalientes hacia abajo, los tan profundos que no es posible contar: son como gritos inconexos y no es así como podré llegar a enterarte de todo aquello. Tendría que afrontar la prosa, lo anodino, que es el camino empedrado. Hay que ir poco a poco, siguiendo sin perder la tensión en las pausas, en las interrupciones de nuestra vida actual... Mi partida con el maestro, que ya no fue ignoto, que se dejó atrapar por lo urgente. Había que colaborar, *à la guerre comme à la guerre*, y nos alejamos hacia el Oriente... Grecia, Salónica, lucha de astucia para obtener el arma más poderosa —tan poderosa como inútil, por no ser jamás oportuna— y llegar al último acto y ver que no cae el telón, sino que se levanta nuevamente sobre lo que no fue apoteosis, sino apocalipsis —¿no será lo mismo?—, en esa última representación echamos a andar —por el agua— y llegamos aquí hundidos, no, poseídos por el rencor. Pusimos el pie en tierra y nos juramos no ponerlo en la realidad. ¡No tocar, no recordar nada que hiciese coherente nuestra llegada, nuestra vida! Pero fuimos viviendo con las manos metidas en la masa, que no es masa; no es una cosa amorfa pero sí informe como un montón de lentejas. Nuestra vida cotidiana que viene siendo —ya casi un año— lo que nos queda, lo que nos toca. Un año que sólo se puede definir con el dicho pueblerino, «A ésos ya no les queda más que lentejas con estudiante»... dichos pueblerinos que aterran y encantan, como profecías... ¿Por qué me surgió en la memoria, entre lo jurado no recordar?... y surgió con el encanto y el poder del recuerdo, como si la realidad —la vida de la realidad— me apareciese en la imagen infantil del estudiante —el coquito estudiando dentro de la lenteja— y ahora, ya tan lejos de la infancia, las lentejas aparecen ahí, con su coquito cada una, es decir, siendo cada una una unidad que se estudia viviendo y se medita a sí misma... y son muchas, son tantas que aterra el montón y la decisión de no tocar se convierte en ambición de tocar una por una... El recurso fue pueril: anotar —salió a flote el viejísimo propósito de anotar a diario—, poner fechas y colocar debajo los pormenores de la más banal cotidianeidad, con la esperanza de dejar algo ahí, inmovilizado, desangrado del latido que el recuerdo suscita —de amor o de odio—, el recuerdo anotado que ya no consiste en esa irrupción que sube a la garganta, es algo que está ahí y se puede elegir entre ellos uno, para enseñarlo. Te enseño las tontas páginas intrascendentes, que te informan de lo que he ido haciendo y de pronto encuentro en ellas algo que no fui capaz de anotar... Había empezado a deshacer el rencor fácilmente, apresuradamente, como soltando los hilos de un tejido incorrecto, pero llegué a un punto en que la trama era apretada, justa, estricta, tan firme que no se podía deshacer y lo dejé en blanco... Resbalé hasta la mañana radiante de Luján, a la tarde festiva, a la frase patriotera y me quedé suspensa en ¿por qué me gusta tanto?... y llego a decir, porque... Eso me saltó al cuello como un grifo guardián de un secreto que no se dejaba despellejar por el taxidermista. Llegué a decir. Tal vez llegué a decir ¿por qué me gusta el color de la bandera?... No, creo que no llegué a decirlo porque una bandera es una bandera y las hemos visto entremezcladas como emanaciones del orco... ¿Por qué una no?... Por el color: el color de la bonanza.

* * *

Yo iba a hablarte del turco, mi patrón; iba a contarte la historia con sencillez ejemplar, como antiguamente los que se encontraban en el camino y se decían: «Voy a contarte mi historia», pero me interrumpiste, por impaciencia, y es necesario que te lo cuente para que veas lo difícil que ha sido vencer el orgullo... No sé cómo empezar.

—No te interrumpo: prometo...

—Yo había conocido a ese tipo en un bar; un lugarcejo adonde me llevaba a veces —me convidaba a comer cualquier cosa— tan solícitamente como el que recoge del suelo al que se desmaya: yo iba andando, pero desmayado... Un español, tendero de comestibles —no ultramarinos, aquí en ultramar— que esponjaba su orgullo convidando a la gente... Bueno, no, no es eso: él tenía puesto su orgullo en frecuentar una tertulia que él llamaba de comerciantes. Comerciantes griegos, para él eso era la páprika; la mayor parte eran turcos, pero él no los distinguía. Yo iba al bar cuando él me convidaba y también caía por allí un griego, algo más joven que yo... completamente chiflado: un tipo arrebatado por la pasión de una utopía y que se había venido a estas tierras atraído por una esperanza supersticiosa; veía en el color de la bandera, idéntico al de su patria, un augurio de bonanza, el azul que adora la gente del mar, y la de la tierra... No sé dónde habrá ido a parar; caía por allí también como pupilo de Martínez y no se detenía nunca; iba como arrastrado por un impulso ciego... Yo, en cambio, soportaba esa charla inconexa en la que cada uno oculta e insinúa sus dramas inconfesables —simplemente, insolubles—, entre la charla brotaban, como es costumbre entre la gente bien asentada, consejos. ¿Por qué no busca usted un buen trabajo?... Yo no lo buscaba y les miraba por encima del hombro. A Martínez no, a ése le quería mucho; era un garbancero castellano, un alma de Dios, pero estaba en todo al cabo de la calle.

—¿Y él no te preguntaba por qué andabas así?
—No me preguntaba ni lo que sabía ni lo que suponía.
—¿Tú sospechabas que él suponía algo?
—No sé, no sospeché nada. Si me hubiera preguntado, ¡no te indignes!, a ti, por más que me preguntes, no te contesto porque si te contara sería un cúmulo inaguantable, inabarcable... A ti sólo puedo contártelo —a todas horas te lo cuento— como me lo cuento a mí mismo —veinte años contándomelo—, figúrate el poso asentado de las excelencias mentales que se van al fondo por su propio peso, tan al fondo que quedan ya entre lo impresentable, inmencionable... tendría que emplear palabras obscenas... Ante Martínez, en cambio, todo sería decente. Martínez podría alcanzar la altura de ciertas excelencias, algo así como *Un coeur simple*, ¿sabes?... pero yo no, bueno, por eso no se lo conté. Aunque... no estoy seguro, fue tanto vino el que bebí con él que me resulta imposible saber lo que le conté y lo que no le conté. El vino no aclara la mente, no ayuda a hacer nada más sencillo, pero afirma o comprime la cosa —nada de síntesis—, hace de todo ello una especie de pelota amasada de una dureza que se puede tirar contra —contra todo lo que esté delante.

—Bueno, el caso es que Martínez consiguió más que yo. Tendré que emborracharte.

—Nada de eso; tienes que dejarme que te cuente lo contable, sin interrumpirme. Te estaba contando que uno de los contertulios, el más gordo, el más bien asentado llegó a hacerme una leve sugestión, casi ofrecimiento, algo así como «Ya sabe usted que si un día cambia de opinión»... Yo le mandé —*in mente*— a hacer gárgaras. Pero ahora, de pronto, antes de ayer, me arranqué el orgullo como una muela podrida y fui humildemente a pedirle trabajo. Debí coincidir con su necesidad, porque me lo dio en el acto. Es difícil ver, entre los saberes que uno posee, si alguno de ellos sirve para algo y resultó que los números, inmarcesibles, pueden enumerar las cosas más degradantes y ellos siguen tan ternes.

—¿Y qué es lo que te has puesto a enumerar?

—Oh, nada desagradable, al contrario, contabilidad de las alfombras de Esmirna; de modo que mi enojoso empleo, al menos, va sobre alfombras. Pude haberlo hecho antes, y no es que no quisiera trabajar, sino que no quería vivir, no quería meterme entre el vulgo viviente.

—¡Pero tú execrabas la torre de marfil!

—¿Lo creías? ¿Lo creí yo alguna vez, de verdad? Cuando me encontraste, ¿no me encontraste en la torre más cerrada? A la miseria no la aborda nadie; nadie quiere entrar en ella. Tú te encerraste en el rencor: la miseria es mucho más hermética.

—Es verdad. Yo me encerré, más bien nos encerramos. Tu maestro ya sabes que siempre vivió encerrado, por no vivir. No me he atrevido a decirle que tú vives.

—Has hecho bien: no se lo digas. Tú no me reconociste, si él me examinara, si me cacheara interiormente, me encontraría mucho más inidentificable. Dejémoslo así; eso de ir sobre alfombras es otro medio de no ir.

—Bueno, pero ahora ¿quieres o no quieres que vayamos yendo?

—Quiero, por supuesto, pero tú misma ¿no eludes, no pasas como sobre ascuas por algunas regiones?

—Paso, o, más bien, salto. Quiero contarte todo, todo desde tu marcha, y me repugna hablar de lo que tienes que saber como todo el mundo sabe. Hubo unos años en los que pasaron cosas: años que quedaron clasificados con un nombre... No, no lo pronunciaré porque en esos años vivimos como lirones, y no sé por qué eso no me da vergüenza. Ha sido después cuando —fue tu maestro— nuestro maestro —no sé de qué otro modo podría llamarle— el que se dejó abrumar por la cultura, por la vergüenza de estar vivos.

—Claro que se puede querer estar muerto por no tener vergüenza, pero los lirones... No, esto es estúpido, nadie habría podido impedirlo.

—Nadie, eso está claro, pero además los lirones tenían que hibernar como lirones. ¿Crees que a conciencia?... Pues no, no era a conciencia; era que no podía ser más que como fue. Y ese sueño es lo que querría contarte, como se cuenta un sueño... Verás, nuestro sueño, que no tenía nada de ensoñación, sino de pesadilla: un sueño de esos que duran cuando uno se despierta y sabe que es sueño, pero dura y se impone y le da su color a todo lo que hace el despierto y no lo borra —ni quiere borrarlo—, sigue despierto, pero manteniéndolo... No sé si es inútil empeñarme, pero quiero darte una idea de lo diferente, completamente diferente de todo. Porque podría —si fuera capaz— contarte cómo pasaron las cosas, según se clasificaron por sí mismas —digo, se agruparon—, podría decirte, contarte, como tanto se ha contado en letra de molde, el grupo o grupos diversos que atendían y ejecutaban el movimiento —eso para ti no tiene misterio, eran del movimiento tuyo, el que adoptaste al marchar... No es que yo ignore cómo se movían, no, lo sé, pero no me incumbe. También han hablado, con conocimiento de causa, de los que andaban a tiros por las montañas: de ésos no sé nada. Sólo puedo contarte por dónde andábamos los sonámbulos, que es lo ¿ridículo, absurdo, trágico?... vaya usted a saber, porque desde nuestro sueño conversábamos. Fíjate bien en esto; conversábamos o hablábamos como cotorras —cotorras sonámbulas— con los despiertos —actuantes, al menos—, conversábamos, quiere decir que los veíamos y los juzgábamos. Así el Tino Smith, que ingresó, que apareció viniendo de tan lejos como puede ser la vuelta de la esquina. Quiero decir que era uno que estaba ahí desde siempre, de padre y madre conocidos y que se escapaba de ese padre y madre y se presentaba como un glorioso prófugo y le admitíamos —sin creerlo, eso no importaba: era un hecho. Sólo le rechazamos —no le admitíamos en nuestra cofradía sonámbula— cuando quiso ponerse al lado de Luis.

—Ah, Luis, ése sé quién es. No hablé nunca con él, pero recuerdo sus ojos profundos y violentos; algo así como dicen que deben de ser los de los místicos... lo fuese o no lo fuese.

—No sé si eso podría ser, pero aparte de eso, sin definición posible, Luis queda por debajo, es decir, en el subsuelo del sueño. En primer lugar, piensa que soy yo —yo y no nosotras— quien te está hablando; no puedo hablarte de Luis como tema mío, personal, aunque mi amistad con él, mi cariño y mi conocimiento era más profundo que el de Isabel. Bueno, lo del sueño, lo de la hibernación sonambúlica alcanzaba a muchos más: no era un juego de niñas —fíjate que no te digo juego de chicos, aunque sí entraban chicos en el juego, en el sueño, pero también entraba tu maestro, también hibernaba en la inacción con nosotras, con nosotros. Ahora, pensando en su vergüenza de vivir —vergüenza de la escapatoria que es el exilio— recuerdo que ya entonces —el entonces de su llegada en el quince o dieciséis— cuando no pasaba nada entre nosotros, precisamente porque no pasaba nada, él aludía —no sé en qué forma, pero aludía— a la vergüenza, su sueño de lady Macbeth, su desvelo por no poder limpiarse las manos de una sangre... por no haberse manchado las manos en aquella sangre que no nos tocó a nosotros. Esa inconformidad la sentíamos —sin confesarla— cuando llegaban los que lo habían vivido, los que venían de tan lejos, ¿huidos, cargados con el amor de lo que habían huido? Cómo podría decirte hasta qué extremo ingresaron en nuestro sueño... no sé. ¿Ingresaron ellos —generosidad, magnanimidad, largueza— o nosotros nos los apropiamos como noticias, informes o más bien agentes, útiles a nuestra hibernación que, soñando, quería actuar —hacerles actuar por nuestra apatía? Si me pongo a hablarte de Berth, tengo que empezar por nuestra relación artística. Llega, entre tantos —ella y Tob, pareja inseparable—, entre los innúmeros artistas, judíos rusos, escapados de la quema y claro, entran en nuestro mundo cordial —una sala privada del Museo del Prado. ¿Qué éramos nosotros para ellos si no es eso, causas eficientes —apenas vivientes, vivientes sólo en nuestras inmortalidades? Eso, nada más que eso es lo que éramos. Para nosotros, por el contrario, ellos eran gentes —por ser gentes los mataban en cuanto podían, o los calumniaban, los relegaban y execraban. Nosotros, los sonámbulos, los adoptamos de todo corazón, ¿sabes?, como cuando el corazón se esponja allí donde puede hacer buen acopio de oxígeno. No quiero emplear esa palabra fea, utilidad, conveniencia... pero algo así...

—No me hago idea de lo que pudiera en aquel momento —los años de los quinces y los veintes— ayudaros en faenas artísticas.

—No, no, te hablo de lo artístico porque en ese clima se fraguó la amistad, pero la importancia que llegaron a tener, su actuación en nuestros dramas más íntimos fue decisiva. He resbalado a hablarte de Berth al hablarte de Luis, porque Berth entró en acción respecto al destino de Isabel. La situación era apremiante y ella consiguió eso que hoy vemos como solución afortunada —que yo, insisto, sea quien te habla y te dice que ahora soy yo y ya nunca más nosotras—, piensa, con criterio estricto, en el buen o gran mundo —arte, sociedad, lenguas en profusión—, barajando todo esto, Berth encontró el nombre de Isabel, el hombre con un nombre, el padre, en fin, que se la llevó triunfalmente. Luis lo había zanjado todo, de antemano, con el gesto más insensato —y más certero— que un hombre pueda...

—Sí, eso lo supe de modo superficial, periodístico. No imaginaba la intervención femenina, astucia y eficacia que siempre brillaron en el ambiente diplomático.

—Ya lo sé, contado así, en la escueta sucesión de los hechos, parece el arreglo de un correveidile avispado, pero la influencia de Berth, el apoyo que nos prestó en la vida —antes de lo dramático, es decir en lo dramático de la vida nuestra— fue enorme. Se formó a lo largo de aquellos días una amistad tan fraternal que a veces sentíamos una espe-

cie de angustia por ignorar su principio. Era tal el conocimiento de su riqueza cordial, nos dejaban ver —no sólo ella: los dos— el amor inmenso de aquello que habían dejado, que nos preguntábamos ¿por qué lo han dejado?...
—Sí, ya lo veo... Eso es lo difícil de saber.

* * *

¡Jamás, Elena, jamás sabrás la verdad! Esto es lo que me sale del alma, pero no es justo: nadie más que tú tiene derecho a saberlo. Si me empeño en callar es porque hablar es prácticamente imposible. Lo que tú necesitas saber es lo que un día consideraste mi deserción y que fue, en verdad, en estricta verdad, deserción constitutiva. Un mal que me aqueja y cuyo síntoma genuino es el terror —terror de la verdad en realidad. Nada de esto es lo que tú quieres saber: esto es lo que sé yo y ¿de qué me sirve vivir paralizado ante esa Gorgona?... Lo que tú quieres saber es lo que hice, cómo y por qué lo hice, y eso no se puede contar. Si yo accediera, tendría que empezar diciendo: «Un día...», y ese día exigiría fecha, datos de mi conducta, de mis actos, etcétera... Nada de esto importa: lo que no puedo describirte es lo que dentro de mí existe como mi yo fatal. En fin, si yo te cuento, por ejemplo, la situación, yo en Zamora, mil novecientos doce, no tienes ni la menor idea de quién era yo entonces. ¿Cómo podría sugerírtelo sin perderme en detalles fútiles?... Es posible que un hombre no recuerde la fecha en que tuvo, por vez primera, idea de la existencia de Dios, y sí esté seguro de que fue antes de haber aprendido las cuatro reglas de la aritmética. ¿Comprendes, puedes imaginarte ese estadio de la primera edad que hoy vemos como un glorioso no entender? Hasta ahí está claro, pero luego —porque tendría que llegar al luego— hay contingencias que, relatadas, ¡quién podría relatar su esplendor! Nadie... Construir un relato explicativo y guardarlo en mi cabeza para regalártelo algún día, es un subterfugio que no aplaca mi conciencia: sólo me tranquiliza como única posibilidad. Piensa, si acaso, en un tiempo —más que remoto difuso— en el que yo vivía... ¡mística es la palabra!... místicamente unido a mi maestro, en una concordancia sólo comparable a la simetría... armonía, dirán. Bueno, la música, sí, muy celestial porque no maneja formas cosificables, pero las ideas. No, no sirve: ¡voy a hablarte de ideas!... Lo que quisiera es hacerte sentir la situación, la disposición —vital más que mental— en que nos encontrábamos —yo, llevado por él y él ¿por quién?, por todo lo que lleva, por lo que nos lleva a todos, desde el nacimiento del Nilo, del delta universal. Yo, inmerso allí, a la chita callando... Él y yo, yo y él íbamos hacia lo ilimitado... No, tampoco es esto: lo único seguro es que *íbamos*, quiere decir que no nos quedábamos en lo nuestro... ¿Qué saco con decirte adónde íbamos si no sabes quién era el que iba: yo, entonces? Y esto es lo que apenas alcanzo a comprender ahora. Piensa que yo había entrado allí andando a gatas y que, poco a poco, fui alzándome en dos pies y siguiendo... siguiendo al que iba de por sí sólo —y no solo—. Todo esto podría contártelo, pero lo que pasa es que al seguir el camino empieza el conflicto, porque el camino se elige... ¡*merde* a los que dicen que nos es dado! El caso es que nuestros pies van por él... De pronto, un camino nos dice «Yo soy el camino», y uno echa a andar —no detrás de él, ¡imitación, inepcia! Uno es como el pájaro en el nido que sabe, porque ve, que el aire es transitable... No avanzo un paso si no te digo qué camino era el nuestro. No del delta, aunque sí, algo de eso, la elección consistía en tener como norte el lícito, genuinamente lícito plantío, porque si usamos las simples metáforas, el delta, el riesgo fecundante, ¿de qué fecundado estamos hablando?... Por este pudor —vergonzoso, aguado de vanidad— que nos impide emplear los grandes términos, no decimos ¡el Hombre!, y eso es, ya está dicho. Bueno, a los que fueron iniciados en la idea de Dios les bastó con eso, pero la unión ideal, que no sospecha la desproporción del pensamiento con el cuerpo, que acaba rompiendo la armonía... ¿Cómo puedo contarte ese trance, ese traspié?... Tú, por fortuitas circunstancias, tenías noticias de lo que pasaba allá en Zamora: sabías que una vida radiante iba a terminar; nadie te había dicho que esa vida pudiera haberse constituido en fundamento de otra vida incipiente. Para desviar tu curiosidad, te dije un día que no quería contarte cosas obscenas. ¡Qué torpeza la nuestra! Ante lo arduo, nos salimos por la tangente, diciendo «No hay palabras», cuando lo que no hay es ideas claras sobre la sublimidad del sexo... Automáticamente ponemos la mano ante los ojos cuando nos hiere un destello desmedido: sobre todo si es tan radiante como el arco iris, si quisiéramos mirarlo hasta quedarnos ciegos... Quiero contarte —dentro de mi alma— una historia, no una teoría, pero la historia no sale porque la desproporción es fenomenal. Si te hablo de cuando yo andaba a gatas y te digo que, en mi balbuceo, yo formulaba mis juicios. Yo, andando a gatas, con el bagaje de mi bachillerato, juzgaba a mi maestro, le aceptaba, le adoptaba a conciencia, dirás ¡qué chico tan listo!, pero si añado, en una embriaguez, en una fatal enajenación de conocimiento... dirás que estoy chiflado. No, tú no lo dirías, porque tú notarías que todo ello tenía la temperatura de la fe, de lo vital. Y uno no entiende lo vital hasta que el propio cuerpo le da la noticia... Bueno, yo querría hacértelo entender con la inteligencia porque nadie se asusta de la inteligencia: con eso es con lo que hacemos la elección. A uno le está permitido —más bien obligado... «Oh, jóvenes amables, que en vuestros tiernos años / al templo de Minerva dirigís vuestros pasos»... Esto ya no se decía en mis tiernos años, pero se había dicho en los de mis padres y uno lo había mamado —nutrición paterna, tan calurosa, íntima, deliciosa como la materna—, más tarde, la facultad de elección repudia lo repudiable y mantiene lo insumergible... Piensa en esto, yo entrando en el templo y, una vez dentro, libre, libérrimo. Obligado a estudiar, libre para elegir entre lo oficial establecido, textos, maestros... Los maestros tienen sus nombres y uno elige el maestro Falcón... Un primer curso, conocimiento, tanteo; un segundo curso, estimación progresiva —esto, ante el mundo, el chispazo fue en el umbral, antes del examen, ajeno a todo examen—, tercero, cuarto, etcétera... Frecuentación, olvido del horario, traslado del lugar, diálogo permanente, errático o casero: poder o afirmación del emparrado en junio, de la chimenea en diciembre y, sobre cualquier fondo, destacándose —no, siendo ella misma fondo de todo; enriqueciendo, corroborando cualquier peripecia mental o instrumental—, al llegar al fondo, ella... sin su nombre, sin su personalidad o persona, al llegar al fondo, ella, la belleza... No, no, esto no está claro: tengo que repetir, tengo que subrayar la unión porque ahí está el intríngulis de lo inefable y, para lograr exponerte en total, la comunión, tengo que empezar por lo más íntimo, ¿sabes?... algo así como un largo semisueño en el que, al entreabrir los párpados se experimenta la alegría de la plenitud... ¿Inverosímil?... los hechos lo definen como, simplemente, monstruoso, y ¿qué?... La comunión se efectuaba como un fenómeno atmosférico. Mi adolescencia, mi gigantismo intelectual de superdotado, planeando sobre mi normalidad... ¿vas entendiendo? Mis reacciones consecuentes, aceptadas ¡no, no aceptadas!, cultivadas como secreto delicioso, sublime... Ésta es la visión, porque toda cosa sentida, vivida por una razón viviente tiene una imagen y la imagen era ¡el paraíso!... ¿Se podía vivir con el paraíso secreto, sin miedo de que se trasluciese?... Ni el menor temor: seguridad completa en el transcurso de la normalidad. ¿Comprendes? Un ser bien constituido siente en su cuerpo el hambre fisiológica, simultánea al deseo de conocimiento. ¿Comprendes hasta qué punto un chico listo puede vivir como un idiota, seguro de que la idiotez habita fraternalmente unida a la sabiduría?... Esto puede ser, puede ser hasta el momento en que la revelación no es apearse del burro, entender el mundo según el patrón establecido, nada de eso, sino todo lo contrario: fue entender mi secreto magnificado por su drama, la posibilidad o imposibilidad... Entender la cosa guardada en mi mente, lo que yo creía compartir, vivir compartiendo y no como intruso, sino partícipe fiel... La revelación fue una comparación de magnitudes, que no eran dimensiones, sino diferencias de sentido, pero lo que no puedo explicarte no es un sentido, sino un fenómeno: el eterno masculino, el deseo en su forma delatora, que nadie ha sabido ensalzar en su sublimidad, aunque tanto las más grandes cabezas... nunca lograron más que confusión porque cuando un sabio parece tonto es que ha trasvasado su mente de la ciencia a la poesía —intuición. El cuitado de Reig en ridículo con sus seudópodos... ¡No así Orígenes! No, el evangelio de Marcos le sustentaba y ése, ése es, precisamente, el que tocaba a lo sublime. Ése es el que la revelación puso ante mí... ¡Ahí está! La diferencia que puede existir, tácita, en la unión... Mi maestro no se había disipado en la belleza, había transitado por el paraíso de los sentidos. El deseo, deseo de posesión, ¿egoísmo? ¡Qué idiotez!, sublimizar lo que, en sí mismo es sublime; la vida... El deseo de la carne en la carne, andaba por allí como su espléndido resultado, Ramón con sus diez o doce años... La revelación, la magnificación de la carne fue lo que me excluyó: con la belleza se podía jugar, hasta que se metió en el juego la persona, las tres personas del singular: yo, él, ella. Mi existencia perdió el equilibrio al desviar todas mis fuerzas hacia la estrangulación de mi secreto, que no sirvió más que para irritarlo. Aquí, lo difícil está en lo evidente: la personificación de la belleza, la encarnación que me excluía, a mi maestro le afincaba al máximo: su posesión egoísta era también consagración... ¡Hasta que la muerte nos separe!, y eso, Elena, eso es lo que nadie puede poner en su lugar, porque ¿de qué sirve que la situación parezca —y sea— clara, indiscutible, si a los dos pasos se vuelve... no es que se vuelva otra cosa, sino que se vuelve sobre sí misma? Lo fácil ¡y terrorífico! de la situación es el terror ante la fractura de la unión mística: planteamiento de lo que se puede y lo que no se puede compartir... ¡Qué mínimo asunto parece, traído, circunscrito a estos personajes que trato de delinear ante ti! Pero si te hablo de la unión mística trato de sugerírtela en su extensión superpersonal, no como un conflicto entre dos —ni entre tres—, sino entre yo —un yo cualquiera— y los otros, disquisición que hoy está al alcance de todas las fortunas —bueno, nada está al alcance de nadie entre las fortunas y los infortunados... es el tema que se debate en la calle, pero yo quisiera hacerte entenderlo en su dimensión indestructible, como era en aquel tiempo, entre un chico y un hombre divagando por los campos de Zamora y, de pronto, por —llamémoslo por su nombre— la fuerza del sino, la absoluta forzosidad de destruir la unión... para salvarla. Fíjate bien: lo que había ocurrido, había ocurrido la unión —más vale decir la comunión— entre él y yo y nuestro mundo, lo que eran nuestros bienes, de vivencias, de afectos que exigían una modificación y, para suministrársela, como una medicina de urgencia, lo único concebible era bifurcar la corriente, dejar a un lado —reservar— parte del flujo emotivo —nada difícil transformar el anhelo en emoción—, cuidándome de ocultar lo que quedaba fuera. La única solución era dar al resto del caudal una... cualidad, condición, naturaleza accesible, aceptable en toda su pureza por la parte excluida. El recurso fue usar de la facilidad dada por nuestros padres —por los padres de los padres—, poner la mano delante de los ojos ante el esplendor. Decisión rápida, inmediata, desviación y disimulo del alejamiento forzoso: búsqueda, al fin, de algún elemento que estuviese yacente en el fondo de la unión mística —la razón acorralada revolviendo, como en un viejo baúl, a ver lo que hubiese allí dentro y, a fuerza de escarbar, lo encuentra. Había, también —mi memoria, mi diosa tutelar, me pone ante los ojos el *también*—, al mismo tiempo que los goces de la adolescencia —la intensidad, pureza de arco iris del primer placer—, al mismo tiempo la dignación, impulso genésico de dar, de ofrendar tributo al culto... El mandato de los padres, imperativo categórico, canalizar la energía, tomar la vereda divergente —no disidente—, divergente como bifurcación natural del camino, del mismo camino que traíamos... Con decisión —con cierta ostentación— puse sobre la mesa las cartas de la división, es decir, Maestro, yo, ahora iré por aquí, tomaré esta vereda que —resultado patente— nuestro camino me trajo hacia ella... El delta universal afluía hacia la mirífica empresa comunística. La vereda divergente me llevaría a una comunión sin paraíso, a un éxtasis de sacrificio ajeno a todo yoísmo particular y así, la división, el arrancamiento se produjo como un... ¿cómo te diría yo?, como un tormento de crueldad perfecta, si esto es concebible —sí, lo es—, mi mente, la razón que me informa, me sitúa una vez más ante la simetría —es lo que no puedo menos de llamar perfecto—, el dolor que invade la vida como una riada arrolladora y, en medio, en el centro, matemáticamente en el centro de la verdad patente, una grieta de ruptura que parte la vida por el eje. Pero ¿así tenía que ser?... por una ruindad del alma, por una flaqueza de la hombría... ahí está. No, ¿dónde está?... La hombría vacilante, aterrorizada por el prurito masculino, que no ve liberación posible... El mandato de la hombría habría sido callar y aguantar, pero no: el evangelio de Marcos dice cortar, y cortar es la crueldad perfecta. En nuestro tiempo nadie afronta un gesto tan anacrónico, ahora, siguiendo a la razón que nos ofrece la calzada dialéctica, se ejecuta, cara a cara, la división, se abandona al maestro, ¡qué ocurrente la salida, qué vergonzosa la habilidad, qué magnífica verdad en el fondo del baúl! Lo que parecía —y era— deserción, se mostraba como afirmación acogedora... ¡Qué espanto! Pienso ahora lo que nunca pensé... Sin pensarlo, lo urdía, perfecto, consecuente. La actitud aceptada, manifestada, se descubría como sacada de un yacimiento propio, en fin, de mi propio baúl: al aparecer a la vista de todos, se podía pensar —alguien podía pensar—, ¿quién si no el móvil profundo? ¿Quién si no ella?... ¡Qué espanto y qué dolorosa dicha! Ella pudo pensar que la flamante decisión ponía a flote el secreto de mi alma. ¿Ella pudo pensar —o saber— que había en mi alma tal secreto? Ni los años, ni la destrucción física han podido apagar la ansiedad deliciosa de esta sospecha... Pensando en la perfección de mi trama veo su alcance: la cosa descubierta era —tal como yo la exponía— un lugar al que yo había dado acceso por sus pasos contados, la innovación, mera cuestión de sistema, se podía discutir —todo era discusión con el maestro— se podía demostrar que en nuestro punto de partida, en nuestro patrimonio del delta ya estaba todo. En nuestra mística ambición de unión total y al descubrirla —como el mágico que explica su trampa— no sólo la hacía comprensible sino que la ampliaba hasta abarcar... Así fue, así se afirmó la decisión corroborada por su ingreso. Ella ingresó voluntaria, entró como si dijera, lo comprendo, lo veo claro, hasta en su origen dudoso, discutible: ahora todo está explicado —¿todo?—, transcurrió un cierto tiempo en el silencio, en la aceptación u ocultación de todo... ¡Escucha bien, Elena!, esto te lo contaré algún día, a gritos. Ante la forzosa —e inocua— participación, llegamos un día a lo supremo, la súbita comunión, ceñida como un lazo asfixiante, como un lazo de hierro que se clavaba sangrientamente. La decisión... porque contármelo a mí mismo es un descoyuntamiento, es ponerme en aquel dolor que brotó en el puro instante en que se impuso el nombre, en que hubo que pensar y hablar de Magdalena... A un tiempo mismo la fractura y la nueva unión, inesquivable... El hecho, que era Magdalena, su cuerpo, su persona, lo que no se podía compartir, pero Magdalena atacada por el mal que se temía incurable, el corazón... el corazón de Magdalena. Y esto, que estaba en ella, se instalaba en nuestro corazón —de algún modo hay que llamarlo—, el dolor nos unía de un modo fatal. Y no fue cosa de un momento, la decisión lo había sido, la ruptura se había expuesto —ostentado— en el tiempo en que se trataba solamente de estrangular el desmedido impulso de mi propia vida, pero cuando emergió el miedo por la de ella ya no quedó más que una larga etapa de duda y de esperanza. ¿Esperanza rechazada por mí, puede darse mayor crimen? ¿Puedes entender la ansiedad que me hacía esperar de la muerte la liberación?... Duró más de un año, un año y pico es un tiempo cronometrable, pero un año es una entidad que actúa según su ciclo: un año nos somete a sus cambios de humor... Ése era el tormento, la crueldad lenta, transcurriendo, relegando, manteniendo a raya lo esperado y lo temido... La crueldad con sus primaveras, que borraban del encerado la tiza áspera y dejaban el espacio limpio —negro, pero limpio... Aparecía la bonanza del clima que se ponía su vestido nuevo —real el vestido, de percal o seda floreada—, la belleza del vestido era la esperanza aterradora. La belleza que no lograba rebrotar idílica, como antaño, sino que se imponía con su solfatara de deseo y no quedaba más que la solución tajante: escondiendo el cuchillo en la súbita decisión, afanosa excavación del viejo heroísmo... Partida, en fin, inconcebible, ante la fatal resolución tan evidente como la inminente unión en el dolor. La muerte, el vínculo oficial —sacro o profano— detentando el veredicto, «Hasta que la muerte nos separe»... el vínculo secreto, furtivo, indestructible, escondiéndose en el refugio de la separación, ¡última felonía!, desenterrar el viejo amor magnánimo de la otredad, como si la prodigalidad infinita fuese suministrable a dosis discretas... Algún momento pensé consagrar los residuos de mi largueza a la soledad en que quedaba mi maestro, pero temí que descubriese la falsedad de mi tan decantada decisión. Además, él no podía atender ni a ese cambio ni a ningún terremoto que le deshiciese el mundo en torno... ¿Podía yo ostentar a su lado un dolor semejante?... Él se retrajo como un caracol en su misantropía, en su enclaustramiento, sin más imagen que la de la muerte total... y yo salí huyendo, no liberado sino acorazado por las armas que quedaban a mi alcance... Tú —vosotras— me veíais como un capitán y era un fugitivo, un desertor.

* * *

Te parecerá que llevo un gran rato echando hacia atrás la silla a punto de caerme de espaldas... es que procuraba lograr el punto de equilibrio exacto sobre las dos patas traseras, el punto inmensurable en el que podía abarcar milenios.

—Bueno, ya que no perdiste el equilibrio, cuéntalo en cinco minutos.

—Verás: una de las cosas en que estaba pensando es en que no te conté nunca la odisea que me puso en tal estado... Ahora voy remendándome poco a poco, pero aquello vale la pena de recordarlo. Escena de película; imagínate, aterrizaje forzoso, advertencias tranquilizadoras de las azafatas, desconcierto general y pánico ante la evidencia del fin. Claro que, para mí, el propósito del fin era lo que me había llevado a levantar el vuelo, pero eso es otra cosa que no hace falta relatar, sólo cabe decir que era patente como cuando se encuentra la flecha indicadora donde dice «Hacia allá», y hacia allá se echa uno a andar.

—¿Y el allá, cuál era?

—No importa, el caso era el echar a andar y tras la interrupción no había más que ir andando; haciendo tiempo para que se arreglase la avería y el avión levantase el vuelo. El caso fue que, inducido por la flecha, olvidé el tiempo y ahí empieza lo que tengo ganas de contarte porque ahí empieza lo pintoresco... La playa era interminable y yo seguí durante no sé cuántos kilómetros. Tal vez se me escapó el tiempo en un rato en que me quedé sentado en un peñasco...

—Oh, me parece estar viéndote «Del ancho mar en la escabrosa orilla»...

—¡Qué dices! ¿De dónde sacas eso?

—¿Lo conoces? Es de Heine...

—Es —en buen español— tan plástico, tan pictórico que puede pintar el ancho mar sobre un plantío de guisantes en flor... ¡Me has interrumpido el cuento! ¿En qué queda esa playa —anónima en el trópico— ante el ancho mar dilatado sobre el color de las flores?... Flores que, por su nombre, indican huerto, pero eran jardín... Eran un manto, un tapiz de colores delicadísimos, sobre los que se extendía el ancho mar con su escabrosa orilla y, como un augurio fatal, «Triste, con mis recuerdos me hallo a solas»... ¿Puedes concebir que una voz fuese el mar?...

—¿Qué voz?

—Dejando a un lado el cuento, imagínate el mar en Zamora, suscitado por una voz.

—Ah, claro, imagino el plantío de guisantes y *veo* la voz de Magdalena.

—Exactamente.

—Pero espera un poco. ¿Sabes quién lo tradujo?

—Más o menos.

—Lo que no sabes, lo que no podrías ni sospechar es cómo, dónde y por qué se extendió el mar —el poema que otra voz suscitó— sobre unos vasos de cerveza... ¡Más, mucho más fantástico!, porque, cuando ya «de espuma coronadas van las olas»..., seguidamente, inopinadamente, surgió allí mismo el nombre de Magdalena...
—Allí mismo, ¿dónde?...
—En la Granja El Henar... Surgió, bueno más que el nombre, una especie de progenie, un parentesco o fraternidad o hetairía... El traductor fue un institucionista y sus hijas y las hijas de sus hijas y las hijas e hijos de amigos ejemplares siguen recitando, cuando se habla de las cosas pasadas y dice... ¿En dónde están?
—«Airado gime el viento»... ¿No es pasmoso que ese cable submarino —por debajo de tantas tierras y tantos tiempos— haya vibrado en voces tan distintas anulando lo presente, haciéndose presente, presentándose y haciendo que uno se calle y olvide lo narrable, lo pintoresco y se quede contemplando el silencio?
—A ese silencio te agarras tú. Has encontrado la ocasión de callar, cuando yo esperaba que uno tras otro saliesen los secretos...
—Los secretos no pueden salir. Déjame contarte las cosas vulgares en las que mi silencio, es decir el secreto que —por lo demás no tiene nada de secreto si no es la imposible debelación de su desnudez—, las cosas que me he propuesto contarte para pasar el tiempo. ¿Comprendes? Para que veas cómo a punto de perder la vida perdí la salud, el tipo, el carácter, hasta llegar a recobrar el equilibrio actual... Si te cuento lo narrable tal vez llegue a hacer que el silencio se ilumine.
—Cuenta al fin: mi paciencia es infinita. Vuelve a la playa.
—En esa playa no había olas; la calma era agobiante, tanto que por no soportarla me decidí a ir hacia el poblado. No había cambiado la luz, no sabía qué hora era, no miré el reloj —ni sé si lo llevaba—, eché a andar y llegué al pueblo. El avión estaba allí como un insecto lisiado y la gente

había desaparecido. Los habían mandado en un ómnibus al aeropuerto más próximo. Yo me quedé solo, sin dinero, sin pasaporte, sin equipaje. Yo había tomado el avión en México no sé cómo, en el pasaje me había gastado el último céntimo... Sin saber cómo me dejé caer en el primer tabernucho que encontré. Bueno, así como me imaginaste en el peñasco, puedes imaginarme en la taberna con el mismo ánimo, pero ahí empieza lo pintoresco... Piensa en el alma humana —la mía, por supuesto— con la *mise en scène* más tempestuosa que concibas y, sin embargo, al mismo tiempo, oyendo la charla de dos sujetos en la mesa de al lado... El oído —independiente del propio abismo— comienza a atender, empieza a interesarse, aunque no se trata de ningún drama. Lo que aquellos dos hombres hablaban, o más bien decían, era solamente «tchata»... Uno decía «tchata» y el otro repetía «tchata»... así durante un buen rato. La guasa, la sorna, el movimiento maligno que le hace a uno —a uno cualquiera— mirar lo cómico en el prójimo, consolándose de sus males por encontrar más lamentables los del otro... Los miré como cosa de risa y vi que eran dos tipos muy civilizados... Observé que se miraban cara a cara, muy próximos, mirándose a la boca... Hasta que de pronto, uno dijo «No, tienen que ser más netas las palatales»... Desapareció lo cómico y los dos personajes me resultaron tan fraternos como si hubiera encontrado a dos chicos de mi escuela. En ese momento se acercó el tabernero, oscuro, ininteligible y yo me eché mano al bolsillo: no tenía nada y me produjo terror la idea de tener que platicar con él. Mis vecinos, por el contrario, charlaban abiertamente y hasta bromeaban. Se me ocurrió pedirles ayuda; les dije que no podía pagar las alubias y que podía dejarles en prenda la pistola, que era lo único que llevaba encima. Dijeron: «¡Qué disparate!, por un plato de porotos... Rebusque a ver si tiene dos centavos...» Rebusqué y tenía dos. El benemérito sacó de su bolsillo otros dos, y dijo: «Con esto es bastante. Venda la pistola en el pueblo y tendrá suficiente para dos meses de porotos...» Se inauguró en ese momento una larga y profunda amistad. Eran filólogos que andaban cazando los giros apenas perceptibles de las formas dialectales que los indígenas balbuceaban. Mucho tenían que afilar su instrumento acústico para sacar algo —y algo sistematizable—, pero el deseo de desentrañar, el prurito de la investigación tiene una intimidad afrodítica que ata al buscador y le esclaviza —grata esclavitud— mientras le queda aliento. Así pues, yo eché a andar con mis filólogos amigos, que me ayudaron a vender la pistola. El más viejo, Cantor, embaucó a un prendero con artes dignas del tradicional oficio y le sacó bastante —la pistola era magnífica y harto gloriosa—, fue suerte deshacerme de ella —me dio lo suficiente para tomar alguna avioneta que revoloteaba desde las tierras encharcadas hasta las secas, sedientas, entre las que sobrevivían algunos indiecitos, conservando sus... incluso leyendas, plegarias, conjuros... todo ello musitado en inextricables fonemas que mis amigos escogían con cuidado y guardaban como larvas delicadas, para estudiar sus miembros y su desarrollo.

Cantor tenía el propósito de llegar a Buenos Aires, era, oficialmente, argentino, pero no iba directo, necesitaba revisar otros, digamos yacimientos donde recolectaban sus materiales. A mí me era muy benéfico seguirles, yo, con ellos me escapaba de mis meditaciones, era como si dejase mi persona en la posada, pero ocurrió que un día, cuando se disponían a emprender una ascensión difícil, yo aparecí indispuesto y no podía ser buen acompañante... Gripe, diagnosticamos con naturalidad y los cazadores se echaron al monte. Tardaron en volver tres o cuatro días y cuando llegaron me encontraron en las últimas. Paludismo... difícil describir la invasión intermitente de la fiebre. Al fin, milagrosamente en Buenos Aires, mi ángel guardián me depositó en una casa, podría decir de su familia, pero no; la dueña —tal vez viuda— no tenía con él el menor parentesco, sin embargo, era de su familia angélica, una de esas personas que andan —o permanecen— ayudando, acogiendo a los desequilibrados de la sociedad, es decir, del trabajo, a los que por cualquier motivo no pueden trabajar y pretenden vivir... Viví, más o menos, casi un año.

—¿Viviste sin trabajar?

—«Esos...» De pronto me asalta el recuerdo de una canción zarzuelera: «Esos querubes, por mi fe, son las mascotas de que os hablé»... Sí, debe de ser uno de esos mitos demasiado humanos... Seres angélicos que se meten a trastear entre los hombres y tienen un poder extra o suprahumano que va muy bien durante un cierto tiempo, hasta que se les acaba la cuerda... Bueno, esto ya es solfa y no, no quiero hablar de ello sin el infinito respeto —respeto no es de mi léxico; quiero decir veneración o, simplemente, cuidado, delicadeza al tocar los temas...

—Tú siempre supiste tocar los temas más delicados.

—Lo difícil es tocarlos con pelos y señales. Si te hablo de esos querubes, basta con dos palabras, pero si pretendo contarte todo lo que pasó, poco a poco... En resumen, mi protector me instaló en la casa de la viuda, con mi necesidad de vivir y mi posibilidad mínima de trabajo, que fue imponer las letras, los textos parvulares que el hijo —entre un número vago—, uno de ellos necesitaba, y por este sistema yo comía y dormía en una cama. Mi protector me atendía, sostenía la armadura de todo aquello, pero llegó un momento en que él tuvo que atender a su profesión, que exigía nuevas búsquedas, y salió para qué sé yo dónde... A esto es a lo que llamé acabarse la cuerda, a no poder sobrepasar lo contingente... La situación duró bastante, hasta que un día empezó a flaquear: el chico no necesitó o no soportó más enseñanzas, el gasto de la casa se hizo cada vez más precario y yo me fui a la ventura. No sucumbí por milagro y, en parte, por la intervención del otro angélico, Martínez.

—¿Y del filólogo no volviste a saber?

—Sí, vagas noticias. Me habló de sus correteos por la jungla y del trabajo que iba realizando, que antes de traer a Buenos Aires quería exponer en París, reanudando su época de *sorbonnard*. Él se había formado allí, por los años treinta o tal vez antes: allí había sido iniciado en su disciplina.

—Ah, eso también puedo imaginármelo, eso me ayuda

a ver el tipo entre aquellos ejemplares de bohemia intelectual que andaban por allí.
—¿Qué sabes tú de esos tipos?
—Más de lo que te puedes figurar. Yo tenía una mensajera, Berth, ya te he dicho: iba y venía con sus cuadros, trayendo el aura de esas tierras que tanto deseábamos conocer. No —porque entonces éramos nosotras— ahí, en nuestro rincón, pero íbamos a su casa y en su casa aparecía el mundo. ¿Qué puedo decirte?... una casa sin muebles —cama turca, maletas por todas partes, algún chirimbolo folklórico, algún pañuelo eslavo y libros por el suelo... Una mesa inclasificable, recuerdo algo sobre la mesa... ¡Qué cosa tan rara!, recuerdo un libro, recuerdo el título, el autor y la fecha. ¿Por qué todo eso ha dormido en mi cabeza, fíjate bien, no olvidado, jamás olvidado?... Estoy segura de que todo ello me ha sido presente mil veces al pensar, al hablar incluso: sé que he hablado de ello más de una vez: ahora he tenido la necesidad de sugerirte el tiempo y el lugar que ocupaba. París, mil novecientos veinticinco... o seis... tiempo y lugar que deseábamos con furia... El tiempo —la verdad es que ya estábamos lejos de la lactancia, pero todavía andábamos con chichonera por si acaso— y París era lectura: por influencia de Berth, París era vivible, era... las calles y las salas donde había desgastado sus zapatos y las sedas búlgaras de sus trajes de noche. Berth contaba incansablemente y esto es lo que he recordado de pronto. Ella nos enseñaba todas sus cosas y un día puso la mano sobre un libro que estaba en la mesa, miró al espacio; yo vi lo que ella miraba, vi una habitación con fuego encendido —no lo dijo, yo lo vi—, y vi que en aquella habitación ella había recibido ese libro como un depósito inestimable —no sólo intelectual, sino vital como testimonio de una vida en peligro, como un derroche, como una superabundancia... Berth, al poner la mano en el libro, había dicho: «Es pura y simplemente estética, *Lucha y reconciliación*, su autor, un ser adorable, un joven erudito, explorador atrevido...» En aquellos años en que todo empezaba, la ebullición que habría de ir en aumento, había sufrido ciertas de-

moras en sus investigaciones estéticas, porque su nombre coincidía con el de otro investigador de muy distinta especie. Figúrate que se llamaba, por desdicha suya, León Bronstein, así que le confundían con Trotski en todas partes. Creo que lo he recordado con todo género de detalles para poder contártelo, porque creo que tú fuiste afecto a ese gran personaje. Conocerás, supongo, los pormenores de su muerte brutal.

—Oh, sí, sí, lo conozco todo, pero dejémoslo ahí.

* * *

Quedemos ahí... ¿es que se puede quedar, detener, anular el *ahí*? Quedemos ahí quiere decir, *no repitas ese nombre*, y bueno, Elena no lo repite, pero otras palabras que designan como nombres, fechas, lugares y ya no podemos detenerlas en su acción porque arrastran el cúmulo o la teoría o el rosario de cuentas ensartadas que, de pronto, se sueltan y quedan libres... ¿Quién puede refrenar su libertad, Elena? ¿Tal libertad existe? No, todas van atravesadas por el hilo irrompible de sus correspondencias, de su progenie, que no es gregaria, aunque sí, tal vez tengan el empeño del rebaño en seguir engendrando borreguitos... Claro, eso es, el borrego tiene, en su sangre, la *idea* del borrego. ¿Tendría el impulso que, sobre el rebaño monótono, le levanta para añadir una vez más la misma forma? Si se tratase de borregos, no habría novedad, pero se trata de nombres que no repiten nada sino que estallan como cohetes en infinitas chispas de tonos delatores. Palabras de inextricable progenie que, al decir *quedemos ahí*, acceden a cortar la oración y saltan, a milenios más que a kilómetros. ¿Sabes adónde? Saltan, de golpe, a la Dama de Elche, más bien a su espalda: al refugio de su sombra en el atrio del Casón. Allí, las cuentas se iban pasando y no acababan nunca porque la distancia, que parecía alejamiento, era lo contrario, era algo así como *¿te da miedo seguir?*... Sí, Elena, vayamos, entonces, al principio de la calzada. Eso es, al principio es lo que hay que reengendrar, revitalizar como se repite el borrego recental. Allí, detrás de la Dama de Elche, se creaba el movimiento vital, cosa de la sangre que actúa; se hablaba de la acción en voz baja, el secreto, el peligro nos envolvía en el clima fraternal de la unión y todo se hacía real, verdadero. Entonces se afrontaba la opinión del mundo y se confesaba el amor, se subrayaba la pasión porque era bello —noble— exponerla. En realidad, la pasión ante el objeto posible —desechando, despreciando el riesgo anejo a la posibilidad, magnificando la licitud del acto—, la pasión se afirmaba, se expandía, más en arborescencia que en raigambre. La ostentación era un preludio estruendoso, que no dejaba percibir los suaves —ambiguos— matices, los que me habían conducido hacia la ruta divergente. Nada de eso prevalecía: todo ello quedaba como imagen provinciana —claustros románicos, torres con cigüeñas—, ahora, la indiferencia urbana permitía exhibir la marcha acelerada del que va de paso, con un fin, así me veíais. Las cuentas siguieron —siguen— pasando entre los dedos; los dedos las retienen con deleite, la mente no, la mente soporta su precipitación y se deshoja —lupa de microscopio interior— para distinguirlas bien netas. Y las cuentas van, saltan, llegan al fin, a la finalidad con que se venía y allí uno es uno más. Perfecto, eso es lo que se buscaba, lo que se pretendía: ser uno más pero ¿se era? ¿Se podía ser? Todo estaba perfectamente ordenado. Todo menos una mente fría, que había elaborado la pasión de lo tangible, por salvarse de lo... sagrado, tabú terrorífico: una mente que llegaba y juzgaba y que, ostentando el nombre de un pueblo fiable, podía permitirse andar —con ejemplar modestia— brujuleando para pasar inadvertido... Y así se precipitaron los años, cuentas que se escapan del hilo como si no fuesen perlas, como si, de cera o de estearina deleznable, se licuasen hasta desaparecer. Años disipados en mis intentos, en trabajar, cumpliendo con nobleza artesanal cualquier cometido, cualquier incumbencia, hasta que... Por la misma razón que el secreto fraterno se escondía detrás de la Dama de Elche, por la misma razón, porque *arrieros semos*... allá en la tierra —tengo que decir en el pueblo porque de eso se trata, de un pueblo que añadía uno más a los borregos engendrados por su casta; mi mente fría justipreciaba su casta y se deslizaba hacia los privilegios alcanzables. Aceptando la ley que era abolición de todo privilegio, pero por naturaleza... No, no, fue precisamente el hecho de haber logrado brujulear en el terreno artístico lo que me afirmó en la dureza del juicio porque una vez llegado allá, al pueblo anhelado como cumbre ¿de?... ¿Por qué entonces, cuando se creía en la cumbre no te dejé vislumbrarla? La confabulación se cuchicheaba a la sombra de la Dama, pero en el salón central estaba la Victoria y alrededor todos los otros, los nuestros: el Diademado, el Canon de Policleto, las sillas de hierro con los tableros y los diseños empezados, todo tan seguro, tan cómodas las sillas: reposábamos en ellas como en los senos y el vientre de la Anadiomena y allí afincados, instalados como herederos legítimos —el alma se enrosca o, al contrario, esponja sus plumas —sentidos— en lo lícito por saberlo suyo, producto, aliento suyo, hueco de su cuerpo: el alma, desde ese hueco se revuelve con la comezón de lo insólito. Respaldados por el vientre de Afrodita, hojeábamos el ULTRA. Tras los montes ya circulaba el Manifiesto y, como ingenuos paletos, corríamos a manifestarnos. Fue el choque de la ingenua manifestación con lo establecido lo que rompió el equilibrio. Eso es, *el arte*... Ante las cosas enormes —armas, dinero—, derecho a segar vidas, dificultad de mantenerlas, ¿quién se atrevería?... Ahí entra la palabra *respeto*, esto es, *distancia*, el arte, en cambio, es acercamiento, entendimiento seguro y choque con las leyes. ¿Novedad total las leyes duras, imposición arbitraria? No, eso era lo doloroso, la base de mármol: de la que no podíamos renegar. Los poetas desatados en la República, aquí y allá los poetas metiéndose en todo. Allá, la dificultad de la lengua era un gran antifaz pero el arte plástico estaba a la vista. Y en seguida, insinuándose en una nueva pendiente, la divergencia irreductible, titubeo, balance escrupuloso y al fin el nombre —el hombre, la persona—. A rey muerto, rey puesto —¿a rey desertado, herido, abandonado?... *Dejémoslo ahí*, te repito... La habilidad del que está en una mazmorra y consigue salir, rompiendo cerrojos o saltando muros. La habilidad que el instinto de conservación repentiza para escapar por una grieta y, seguidamente, penetrar, ingresar por... una palabra, tal vez una mirada aquiescente y ya está: ése fue el proceso seguido que, si no te lo cuento no es por misterioso, sino por fugaz, por haberlo vivido fugazmente. Por mi naturaleza de fugitivo: pasé tal vez por emboscado, pero no, mi bosque no era oscuridad, sino ausencia, tendencia... Tendría que sugerirte una caricatura que te hiciera ver lo grave de mi caso: ya el verme como un *caso* es caricatura, pero tengo que perfeccionarla. No conviene que me veas como un incauto adolescente sino, ya en mi pretenciosa madurez, disfrazado con la impune movilidad de la prensa, profesión adoptada —simulada... No es esto, no es esto... Yo me adherí, me adosé como un molusco, con el poder —sin pudor— de la simpatía, en su más alto grado. Admiración, adhesión bien fundada, al hombre cuyo nombre de gran escritor llenaba textos. ¿Literatura, estética? Si en el veinticinco su nombre se atravesaba a la publicación de una Estética, en el treintaitantos se convertía en mote de un *bistrot* del boulevard Montparnasse, junto a la terraza del Dôme, *el Trotski*, mote de alta bohemia... Y ¿por qué no? Su nombre era, en todas partes, alto como nombre del más puro adicto a la causa... Claro que algo pasaba, algo que no podía pasar por el aro. Es inútil, puedo contarte los sucesos, pero no el drama y el drama es lo que exige la caricatura: yo, un filósofo, metido a militante: yo, un místico, cómodamente ateo... Y, como no se puede pensar sin palabras, y como no quiero pronunciar ciertas palabras, que son las que mandan, no puedo pensar. El acorde inabarcable de las correspondencias tendría que apoyarse en la primera nota: la adhesión a lo inaprensible, la singularidad. Lo que *singularidad* representa ya se dijo en Copenhague, pero allí estaba bien claro porque era ante Dios, y aquí, ahora, sin ante —ni delante ni detrás, ni en pro ni en contra— significa lo mismo: ser uno, uno singular —atreverse a ser, pretender ser uno. ¿No es ridículo que yo me debata en el laberinto de mis desastres personales, confiriéndoles un alcance —como el de Copenhague— que exige términos teológicos? Ahí está lo ridículo, pero ahí está la madre del cordero. Si alguna vez creí —quise moverme o ser movido por el amor absoluto que llaman ÁGAPE... (claro que así yo no lo llamaba, pero a esta distancia me pregunto ¿cómo lo llamo?... y sale la enorme palabra). El intríngulis consiste en que hay —hay de verdad— un amor difundido o experimentado por los hombres al cual se entregan —los que se entregan— y ese amor —o entrega— tiene su oposición en el otro amor, en el eros deseante. Esto es tan claro como dos y dos son cuatro, pero esto se agrava cuando atañe a la vida de un tipo, es decir, de dos porque toda vida es diálogo. Mi historia no ha sido más que un diálogo entrecortado... Allá por el cuaternario dialogábamos mi maestro y yo, y —como un aura— nos envolvía ese amor que todo lo exige y, cuando se destacó el uno personal, el deseo de lo que uno quiere para sí, entonces fue cuando yo salí huyendo. No al azar, sino derecho adonde creía que la corriente común imperaba, donde el uno deseante no debía existir. Todo esto podría contártelo y hasta relatarlo en una entrevista, pero tendría que exponer las tretas de que me servía para lograr la proximidad del personaje cuya personalísima —esteticoide— singularidad me atraía, me inspiraba una confianza fatal. Su fatalidad, la fatalidad de su expulsión fue lo que afirmó mi adhesión hasta el fin... Claro que mi adhesión era tan pura —tan libre de lo manifiesto, tan sincera en sí misma que no era más que la búsqueda del tesoro escondido, ¡prohibido!, en fin— y eso, la correspondencia, era perfecta —a eso es a lo que yo llamo puro, a lo que se ajusta al secreto más hondo—. Mi ocupación, mi apariencia profesional, mi conducta de militante era un caso de funambulismo inverosímil, que no sé cómo ni por qué funcionó, pero funcionó. Yo era un tipo poco recomendable, pero no sospechoso: para los ortodoxos una verdadera calamidad, pero para el hombre excelso que yo cortejaba, una compañía frecuente e imprescindible. Su afecto —tácito— llenaba todas mis ambiciones: yo lo percibía, sabía que me estimaba, me quería por ser lo que él era y no quería —ni debía— ser. En este trato intermitente, rodamos por el mundo hasta que llegamos a México. ¡Brillante oportunidad!... Mi cargo —no encargado por nadie, sino atrapado por mi sutileza— investido de diplomacia artística, afinidad con el ambiente juvenil y demás zarandajas, me situaba en primer término, más bien en primera fila como espectador selecto y allí empecé a ver... Allí volvió a suscitarse la concordancia excluyente. Cordialidad, acogida intelectual, todo iba como una seda hasta que apareció la Eva, pegada al árbol, con la fruta en la mano... No, nada de fruta: inflamación del apetito, por una flor blanca en la cabeza. No llevaba nada que ofreciese, llevaba algo que arrojaba como un dardo infalible y no con la mano: con la voz. Voz casi varonil, pero dúctil, sinuosa... Breve ambigüedad bilingüe, esnob... «Sí, *my love*»... Así, exactamente, nada más que eso y el blanco retembló al impacto. El blanco que yo vi retemblar y el que no vi, porque el temblor propio me nubló la vista. Yo allí queriendo asistir, queriendo defender con mi vigilancia, y la imagen enturbiándose con temblor inadecuado, intolerable —horrible como el incesto, aunque no impuro por real, natural, de inmediatez absoluta... Un residuo de conciencia pataleaba queriendo romper el hechizo, considerando... ¿cómo considerar sin contemplar?... ¿Cómo volver a la ciega proximidad asumida en calidad de propia, compartición en la que no faltaba nada, en la que *teníamos* de todo, vida, trabajo, hijos?... Si te contara esto, lo comprenderías porque conoces mi condición humana siempre pegada a otro —al otro—, ésta es la cosa, siempre creyendo que el otro adoptado es uno con uno mismo... allí apareció el otro —decir la otra sería vulgar—, lo que apareció fue el otro, es decir lo ajeno, lo que se pone delante de uno.

Nuestra casa sin convivencia: correspondencia intermitente, concordancia en el exilio, peripecias gravísimas que borraban todas las carencias por la superabundancia de las pertenencias... Teníamos de todo: concordia en la empresa, en lo emprendido por siempre y para siempre, hasta que apareció lo otro... Fíjate, piensa en el hombre creado... imagínate al hombre creado en su virilidad y enfrente lo otro: creación posterior... Jamás podremos quitarnos de la cabeza esa imagen, y no podemos porque se repite, brota a cada paso y todo se va al diablo. ¿Dónde está mi defecto, es que soy tan débil que no puedo liberar la integridad de mi persona, o es que mis garras o cadenas o nudos de amor son tan fuertes que no puedo romperlos?... Brotó la cosa, apareció lo otro y lo otro atacó: lanzó su dardo (porque no fue un ofrecer, un decir *prueba esto y verás*, fue lanzar una palabra), el dardo no era sólo de agudeza oral: era el tono de voz, la gracia irresistible —una palabra que dice algo claro, lo dice y queda dicho: un acento, el hombre —todo hombre— lo oye y ya está. El hombre se despierta, su virilidad se convulsiona en su cabeza: eso es, la palabra arma en la mente un desorden... no, un nuevo orden que se irradia desde el centro —desde el puro centro—, lo que la palabra dice es «Sí, *my love*»... *amor*, en cualquier lengua, pero el tono, la voz leve y varonil pone delante al otro como amor y el hombre, desde su mente, desde la contemplación de la imagen novísima que le conturba, irradia su virilidad por todo el cuerpo, hasta las plantas de los pies.

No puedo reconciliarme conmigo mismo porque las miserias físicas en que me puso la huida se han perdido en mi memoria: no así el recuerdo de la noche decisiva que prevalece como si la chispa esa que funde el metal se hubiera quedado fija durante una noche. Todas las horas de una noche considerando lo que no se puede mirar porque hace daño y no querer aplacar el daño, sino entenderlo, penetrarlo sin un movimiento de defensa porque lo que se quiere es experimentar la irreductible convulsión, y el hecho de experimentarla en el propio cuerpo es lo que pone ante los ojos el fulgor —ese mismo fulgor— en otro cuerpo, en el cuerpo venerado al que quisiéramos salvar y no podemos incluir en el autodesprecio ni en la idea de solución tajante. No, en toda aquella noche no pude creer que suprimiendo... no, no, aquel fulgor era un todo tan perfecto en sí mismo que era intocable. Esa noche es uno de los momentos que no te puedo contar, que no podría relatar nadie.

Hitchcock tal vez pudiera: la relataría como la noche de un mentecato luchando en la soledad de su cuarto y percibiendo —padeciendo— la lucha idéntica en el cuarto de al lado. Hitchcock magnificaría con la luz lo que para mí era insuperable. Ningún efecto de luz podría ensalzar la figura venerada. Yo la veía en su mesa, bajo su pantalla verde, luchando, constatando la extensión del mandato —la sangre afluyendo, agolpándose por el mandato de una flor blanca en una cabeza... Yo sabía que en aquel momento tal vez escribía una carta en la que confesaba y exaltaba su desequilibrio —cambio del centro de gravedad— y ¿qué era confesarlo, sino vivirlo exhaustivamente? Ahora, fríamente, intelectualmente, me digo... mi memoria dice, de pronto, *«J'ignore le destin d'une tête si chère»*... No, no es intelectual la irrupción de este recuerdo en mi cabeza: es un temor filial por aquella cabeza tan querida aventurándose en tal derrotero, la veía fulminando su potencia como una corriente que no dejaba nada exento, nada libre de la imagen que se revolvía bajo los rebeldes —expresamente, artísticamente— mechones grises, meditando junto a la pantalla verde y yo diciéndome, ¡no hay nada que hacer!, nada que ordenar, nada que cortar porque todo está ahí, en ese mundo mental que irradia un fuego —temperatura mensurable— al que responde mi cuerpo como un diapasón... Y la conclusión era la única eficiente: yo solo —también bajo la pantalla verde— con la pistola sobre la mesa. ¿Cómo seguir mirando la chispa de aquel momento? ¿Cómo estirar por los dos hemisferios la elasticidad del SÍ y el NO?... El SÍ llegaba a veces a un raciocinio tan pueril como sería una justa repartición: tres balas para él y tres para mí, pero surgía la duda sobre mi resistencia, después de haber descargado sobre él tres balas, ¿seguiría yo en pie o habría caído más que muerto?... ¿No sería mejor dedicar dos a ella y, si no caía —como los fantasmas que no caen a balazos—, si no caía, dejar para mí el resto? No, no podía ser ése el punto final, a ella no porque ella es lo otro y el conflicto está dentro de lo que es *esto* —la noble, artística, informal cabeza, acorralada como un niño a quien sorprenden en la golosina... Tan niño como padre ante el peligro del fantasma que le acosaba, de las balas que yo trataba de aportarle como medicina... Kilómetros, kilómetros entre el SÍ y el NO... El SÍ se afirmaba en ráfagas de decisión y la mano daba un paso hacia la pistola, el NO se le atravesaba en el camino... Y así horas y horas, hasta que el alba se impuso a la pantalla verde y la pistola volvió al cinto.

* * *

Tú hablaste de lo de los años treinta, de la ambición que vosotras teníais, que no era una ilusión vaga. Berth os había transmitido sus vivencias de los años correteados por París, vosotras la habíais admitido y la queríais tanto y tanto la comprendíais que no podíais comprender... ¿Te das cuenta?... Veíais —por encima o aparte de todo comentario o confidencia—, veíais el gran amor que ellos habían dejado, huido, escapado, y os preguntabais ¿por qué?... Te quedaste sin la respuesta... Igual te quedarás sin la mía.
—¡Es injusto!
—Eso mismo es lo que me parece a mí... Pero supón que, si ellos no os explicaron más fue por la misma razón que yo no te explico, porque ni ellos ni yo podemos explicarnos a nosotros mismos. Bueno, efectos tan semejantes parece que tendrán una causa común y ¿no, podemos decir que no la tienen...? ¿Podemos decirlo? Claro que podemos, pero...
—Pero ¿qué?... No quieres seguir porque temes que si se rompe el misterio de sus causas se deshace el tuyo.
—Pues sí, eso es, pero verás... Con la crueldad necesaria para hacer la disección de su causa, llego, como sospechabas, a desentrañar la mía, y ahí está: por más vueltas que le demos, su causa —como la mía— no es más que la incapacidad de aceptar el sacrificio. Quisieron vivir.
—Claro, clarísimo, porque a ellos los perseguían, como judíos, como artistas inadaptables al régimen, pero a ti ¿quién te persiguió?
—A mí, nadie.

—¿Entonces?
—Mi causa —mi culpa— sin castigo externo, era igual, exactamente igual que la suya, no aceptar el sacrificio. Querer vivir, eso se le ocurre a cualquiera, pero la cosa es querer vivir siendo *uno*... Haber tratado de arrojarse al *todos*, ¡por todos!... Y no poder, sobrenadar aferrado al *uno* insumergible.
—Empiezo a pensar que tus misterios no son más que un complejo de culpa.
—La culpa, sin complejo, ya es misterioso.
—Lo pensé al nombrarte a ese gran hombre que tuvo tan mal fin.
—Respecto a su fin, mi culpa no fue más que la ausencia. Claro que eso ya es bastante, yo debí defenderle, quedarme a su lado, como guardián, y no me quedé: otros peligros me obnubilaban.

III

Lunes, 5 de septiembre

Vuelvo a este cuaderno, que siempre me pareció sin sentido, y ahora mucho más que antes. Antes, podía parecer que cumplía el cometido de ser lo necesario, lo anhelado por imposible: el diálogo. Era un recurso para afrontar la mudez de la soledad. Si digo afrontarla, parece que la constato como fatal, incuestionable... inevitable y no, no es así como tengo que constatarla, si es que tengo... ¿tengo de verdad?... sin tener que hacer lo que estoy haciendo, el caso es que lo hago... Y la verdad es que aunque parezca que hoy tiene menos sentido, no, no es ésa la verdad del caso. Si al llegar a estas tierras elegí el autodiálogo del diario no fue por no encontrar la normal comunicación que encuentran —tanto los que la buscan como los que la esquivan—, la comunicación que se produce en eso que se llama el comercio entre los hombres. Si la comunicación se establece normalmente —y se establece mucho más de lo que se dice; lo que pasa es que se establece mal, por miedo a que se establezca demasiado bien, puesto que lo comunicable quiere —y puede— comunicarse íntegro, pero de ordinario, se entrevera, se mecha de reservas discretas que, sin ellas, se darían las manos —o vendrían a las manos— las diferencias que se llaman distancias, y no saben mirarse como meras distancias. No saben encontrar —nadie lo sabe; yo sé que lo sé y no me sirve de nada—, nadie sabe encontrar el punto justo para ver claro, para ver hasta el fondo —el mío lo veo, me afano en verlo, pero pretendo, con el mismo empeño ver el del prójimo, y como eso no se permite, se produce el silencio y se dice que es imposible la comunicación. Todo esto se cae de su peso, y ocurre que el resultado es el mismo, hasta cuando hay una comunicación perfecta, es decir, insuperable —perfecta es lo que no hay que decir, porque hasta cuando experimentamos la perfección, la delicia, incluso el bienestar triunfante de haber logrado una total comunicación... debe de haber alguna reacción de la materia —de alguna particular materia— que se mezcla o se adecua a otra y se queda tan tranquila... también hay movimientos de equilibrio —ganas me dan de decir sublime— en los que la armonía se asienta, como para decir, ¡hemos llegado!... y ha llegado, hasta donde se puede llegar, que es el lugar del reposo, de la situación ecuánime. Una vez logrados la adecuación y el equilibrio, nos quedan como sobras o retazos, un prurito de buscar el punto de vista, el ejercicio de mirar la cosa o el sujeto —los sujetos, yo y mi comunicante—, mirar nuestro equilibrio y la solución... más bien realización, en la forma en que son realidades las huellas de lo que ya no está, pero estuvo... este cuaderno.

Lo compré expresamente muy grande, feo más bien, con la pinta de libro de cuentas y lo abandoné en seguida, en cuanto apareció Montero. No puedo acostumbrarme a llamarle Máximo, y el caso es que detesto el empleo del apellido entre los familiares —infinitamente ridículas esas mujeres que llaman a su marido González—, pero Montero no es mi marido, ni mi hermano, la verdad es que no sé lo que es, pero es lo más... Como además, para nosotros dos lo más es el maestro, nos acogemos al título de intimidad que nos conferimos mutuamente, así que entre las mil cosas dignas de apuntar como cotidianos aconteceres, está, ante todo —porque es lo más difícil, aunque parezca lo más fácil de apuntar— la relación, la observable y considerable relación del hecho que es nuestra amistad, nuestra permanencia en la situación pasada, que no pasa, que no tiene carácter de repetición, sino de una forma de actualidad, como un cuento de mil y una noches y días.

No sé, verdaderamente no sé cómo apuntar el hecho, tal como si me hubiera ocurrido —no se puede decir que sea algo que ha ocurrido, pero si fuera yo sola quien lo hubiera percibido, ahora se lo contaría a Montero y no, ocurrió ante los dos y no lo comentamos porque no había nada que comentar. Claro que podría decir, ¿te acuerdas del día que fuimos a La Plata, te acuerdas de aquella avenida de jacarandás —me gusta más jacarandaes, pero no estoy segura—. Claro que podría decírselo y sé que él lo recordará. Si me dilato aquí describiéndolo —no es descriptible, es evocable y evocarlo, evocar la soledad de mi emoción, yendo con él, ¿por qué esa reserva de la emoción? ¿Es que esa reserva no existe entre los amantes? ¿Puede existir en la amistad?... No debe existir, no hay razón para que exista porque si fuera sólo patrimonio de los amantes quedaría en propiedad, como los mueblecitos del hogar, y no, no es eso. Yo sé que los dos percibimos la misma emoción y si ahora la asiento aquí, en el libro de cuentas, veo que es una reserva indecente. Siento la indecencia de mi egoísmo y me pregunto, ¿por qué?... Pensándolo bien, me justifica —no por justicia, sino por equilibrio— el punto o zona o región de su alma o mente o lo que sea, impenetrable: su misterio. Ésa es la cosa, porque no se trata de secreto, sino de misterio. Hay algo en él adonde no se puede llegar y lo aterrador —terror, en medio de la confianza máxima—, lo aterrador es que no me inspira el deseo de forzar la puerta, sino el miedo de tocar o herir algo suprasensible. No quiero llevarle a la evocación, aunque la verdad es que estábamos tan próximos, tan en contemplación unánime... La literatura está llena de esos paseos amistosos, detenidos —mágicamente detenidos— ante las obras de arte. Todos los grandes han escrito páginas numerosas sobre la contemplación de algún Vermeer de Delft, sobre las botas de Van Gogh, etc., y las han escrito para que los demás sigamos paseando con ellos. Esto es otra cosa, es un principio de aceptación sin medida clara... Por eso tiene algo de propiedad y hasta de hogar, ¡sí, señor!, de instalación, por eso evocarlo es como contar con ello entre las cosas queridas, que no son como las grandes hetairas de museo, sino momentos puros, como es puro lo mortal...

Una gran avenida —no sé si asfalto o losas—, árboles no muy grandes, gráciles —por eso su nombre se adjudica a lo gracioso, jacarandoso—. Árboles en flor, de un color azul liláceo, el azul de la pervinca, siempre escondida entre la hojarasca oscura. Allí el color era tan ostensible que cubría todo el paseo. Los árboles habían florecido tumultuosamente y ya en descenso —no sé si otoñal o si ciclo cerrado de la cosecha— habían caído y llenaban el suelo, toda la avenida estaba cubierta por una alfombra azul, pero no era una alfombra espesa sino una acumulación de flores sueltas, que se revolvían con el pie al andar... Nos detuvimos —no sé cuántos ni quiénes éramos, pero nos detuvimos un instante—, nos quedamos en silencio, contemplando el túnel de flores —flores en los árboles y flores en el suelo... Silenciosamente, y a una cierta distancia, una pareja joven: él de gris, ella algo gris también, pero además un intenso amarillo limón en un jersey... y siguieron andando pausadamente y nosotros... claro que echamos a andar, pero el cuadro quedó fijo.

Sábado, 10 de septiembre

No lograré jamás hacer de esto una cosa sensata. Si no apunto los sucesos corrientes, sólo para que puedan un día servirme de comprobación —teniendo, como tengo, la seguridad de que se me olvida todo lo que desde un principio condeno al olvido... las cosas que aparecen con cara olvidable. De inmediato, sin necesidad de desgastarse en los trámites de la sentencia: las caras olvidables se presentan ya en su disolución, en su extenuamiento y no hay por qué ponerlas ante el jurado... Una de mis pretensiones estúpidas, delinear, con pelos y señales, lo olvidable, por lo tanto, olvidado... en fin, un modo conspicuo de perder el tiempo. Pero no sé si es un exceso de crueldad o si es todo lo contrario, una consideración piadosa de su no estar —de su no ser ni estar... El caso es que no apunté aquí, como debía —como convendría— la aparición de los chicos de La Plata. Compradores de libros, que habían pasado ante mí como tantos otros, sin detenerse, hasta que el otro día —esto es lo que dejo sentado aquí, septiembre primaveral, ya asimilado—, el otro día, 12 de septiembre, intercambiamos las arras de una amistad que apareció con cara de eterna, de entrañable por sabe Dios... Hay una diferencia —oposición diametral, digamos— entre los conocimientos que se efectúan sobre las bases prácticas del interés inmediato —interés, que no hay por qué considerar interesado, sino interesante, porque lo inmediato interesa al ser necesario para entenderse los unos con los otros, y así se va entrando en un mundo, en una sociedad. Con diametralmente opuesta dirección van los acontecimientos que se hacen por sí solos, indiferentes a la circunstancia inmediata y —a toda prisa con profusión atragantada— se vuelcan, se mueven al... depósito de lo anterior, de lo que constituye —nos constituye—, lo que se pone sobre la mesa, lo que se ofrece al juicio... Nuevamente la diferencia. Esto que estoy haciendo aquí —que estoy pretendiendo hacer— es la manifestación —presentación, diría— del exilio. Son muchos los que han meditado sobre el exilio y muchos los que han dejado páginas conmovedoras. Lo que conmueve es lo que se cuenta en ellas porque los que las vivieron supieron relatarlas sin hacer literatura. Yo tampoco me pongo a hacerla pero tampoco sé o puedo o quiero relatar ce por be... No puedo porque —precisamente porque— ya ha habido magníficos relatos. ¿Será esto un deseo —o propósito— de novedad literaria? No, en absoluto: es una novedad de situación. Lo que se ofrece al juicio, acabo de decir y esto me obliga a atar cabos. En realidad —en estricta realidad, sin osar la palabra *verdad*— la realidad de nuestra situación no tiene de extraordinario más que el personalísimo, irreductible modo de ver nuestra —mía, sería escandaloso, ¿o sería más escandaloso decir *nuestra*, mirando, viendo y oyendo el tono, el diapasón de mi yo?; tengo que decir «yo» porque me dan un asco infinito esas gentes que no se atreven a decir yo porque no saben ni quién es su yo. Esto es lo excepcional de *nuestra* situación. «Lo que se ofrece al juicio», acabo de decir y tengo que confrontarlo con lo que dije —y lo que hice— al principio de este cuaderno, al principio de nuestra situación. Lo excepcional es que por —precisamente por la normalidad, por la falta de conflicto— siempre hablando de lo real —pudiendo adoptar una actitud... Ésta es la cosa: lo normal, en el exilio —el exilio como situación— es empezar resolviendo la supervivencia; en eso no hubo nada excepcional o más bien hubo algo relativamente excepcional. ¿Doy marcha atrás, paso del principio al preexilio?... Aquél fue el desgarrón y fue justamente cuando nos echaron en cara nuestra excepcionalidad —¿verdad o realidad?, creo que es cosa —que va siendo cosa— de decir verdad. Y con ese sentimiento —con esa información, afrontamos el hecho... Lo primero que se me ocurrió —a mí, ahora tengo que decir a mí porque yo afronté la responsabilidad de este cuaderno que, será estúpido, pero es —repito— real. En su principio —en nuestro principio— no sólo no pusimos nada sobre la mesa, sino que furiosamente —difícilmente porque la excepcionalidad era la identidad de la lengua—, nos emperramos en no contar, en no pagar con las tan amenas, tan deseadas noticias. Había en nosotros —en la extraña pareja que éramos el maestro y yo, no lanzada al exilio por inevitable azar, sino habiéndolo asumido como fortuito escape, benéfico o liberador del calvario o suplicio de los que quedaron allá soportando, afrontando... Bueno, ése era nuestro caso, el exilio, por ser asumido, incomparablemente más detestado. Y así hicimos la travesía, cultivando el rencor. Es fácil el rencor contra el que nos hiere, pero es intolerable contra la herida aceptada... Fui yo —es indiscutible— quien más abiertamente manifestó el rencor. En este cuaderno me apresuré a dejar patente mi conducta avara de noticias. Y fue allí mismo, al mantenerme en la cerrazón hostil, cuando comprobé que alguien se echaba al ruedo para defenderme, para que pudiera seguir cerrando la bolsa... Así seguimos; han pasado cosas sin cuento y hasta ahora no se me ha ocurrido poner las cartas sobre la mesa. ¿Por qué se me ha ocurrido, y hasta qué punto las pongo claras? Señalé el paseo por La Plata y en vez de contar —una aversión invencible a que quede, de mi puño y letra, que quede, quiero decir que el cuaderno quedará más que yo, y en seguida me disipo en lo del *quedar*, pero no puedo detenerme y sigo, detenerme sería no seguir, en vez de contar la aparición de los chicos de La Plata, de nuestro paseo de tan larga revisión de la ciudad, me puse a evocar —digamos extáticamente— un jersey amarillo limón, en un túnel *bleu pervenche*... Frivolidad, no, deseo de exhalar algo tan verdadero —absolutamente irreal— como esos cuadros que avaloran el paso por cualquier país... Hay que llegar a algo evidente para comprender la evidencia de su contrario, mejor de su revés, de lo que le queda por el otro lado de la trama. No tengo necesidad de asegurarme a mí misma que con esto no pretendo hacer literatura. Sin discusión, no lo pretendo, pero una influencia, una incursión oblicua en mi mente de esas imágenes, de esos «Faros», pintados o escritos, que nos alumbran, queramos o no, me ha llevado a entender que ese no querer es otro rencor imposible. He mantenido durante cierto tiempo el rencor a los libros, por el mero hecho de habérseme impuesto como *modus vivendi* y ahora, en el momento de aclarar la situación, veo que no entiendo lo que veo porque los libros rechazados me nublan la vista... Vayamos al grano. Aparecieron los chicos de La Plata, estudiantes, modestos nombres, italianos algunos, y las charlas frecuentes de compradores asiduos se prolongaron más de lo corriente y se convirtieron en proyectos de encuentros, paseos, conocimiento de la ciudad encantadora, vilipendiada con epítetos al uso: ciudad fría, artificial, trazada por no sé qué artífice francés. Otro día me detendré en su descripción, ahora me había propuesto consignar el hecho de nuestra —aquí mía, porque Montero quedó incluido como mi complemento o sombra o contrafuerte del pasado— confesión o rendimiento de cuentas, el hecho de poner las cartas sobre la mesa... Surge una amistad, brota como el espanta pastores, anunciando la estación que cambia y se produce en el acto la exigencia de exhibición. Nos hemos gustado —es lo que se dice trivialmente—, es lo que ha originado nuestro acercamiento y la exhibición ha sido estrechando el lazo. Sin pudor, con un empeño de ahondar incansable y sale a flote el pasado, el camino que nos trajo a la feliz conjunción...

Basta por hoy, no puedo perder más tiempo en tal semiliteratura.

25 de septiembre...

Nada. Diez días sin nada: también es digno de consignar este «nada», me ha servido, al menos, para avanzar en la traducción. Ya van cincuenta páginas: es fácil o más bien es delicioso. Largo trabajo, debido a la soledad. Montero ha encontrado otro empleo, mejor, parece, pero más absorbente, cosa que lamento en verdad. No cabe duda de que mi actitud humanizada —bastaría decir civilizada, aunque mejor escardada, escamondada de abrojos, simplemente de brutalidad—, mi actitud no habría cambiado sin Montero, sin Máximo Montero: su nombre adjetivado le da una gravedad, una categoría de alto cargo. El cargo actual, en cambio, le hace bajar un escalón, le despoja del lujo, el ocio, cosa de la que tanto hemos hablado desde diversos puntos de vista. Sí, se puede opinar sobre el lujo, pero lo que importa es lo que se siente ante él, lo que nos inspira: ambición o envidia, dos cosas que uno puede poner en su lugar. Lo que no se somete al juicio es el vago sentimiento, que no se combate por ser sumamente vago, que aparece de cuando en cuando y queda como una sutilísima tentación. Consideraciones morales sería salir por peteneras, como el que se pone estoico para justificar impotencias. Nada de esto cuenta. Lo que cuenta es el sentimiento de envidia inconfesable por definitiva, por no representar un grado alcanzable, sino un *modo* en el vivir —no un modo de vivir, sino una vida adoptada, la de *vivir bajo el puente*. Lo que representa para mí ese género de vida es lujo. Mil veces me he puesto a vivir —mentalmente— con esos poderosos: he vivido sus refinamientos, los rincones entre dos sillares o entre las vigas de hierro, donde guardan latitas, jarros, paquetes de cartón ondulado... He vivido sus noches y sus amaneceres, sus primaveras, sus nieblas y sus nevadas, su soledad, su ocio... Son pocos, muy pocos los hombres capaces de afrontar esa vida, y no digamos las mujeres: no he visto más que una vieja, viejísima. No sé en qué ciudad la vi, porque vivir bajo el puente también puede ser en la ciudad. Hay rincones como fallas en la urbanización donde alguien puede albergarse; un solar con una casa de latas al fondo, y allí una vieja, qué valor hace falta, ¡qué macha tiene que ser una vieja sola, bajo el puente! El verdadero puente es el más bello refugio. Silencioso intermitentemente porque sobre el puente pasa el tren o los grandes ómnibus y toda la estructura retiembla, y el temblor es como una presencia —una existencia allá arriba— de algo que pasa y el puente queda cobijando. Bueno, hace falta mucho valor...

2 de octubre

Qué fácil es señalar lo negativo, basta con decir: *no hay tal cosa*. En cambio, cuando se habla de algo que hay, se queda uno en mentarlo, en adornarlo, si acaso, con una mención conmovida o un vago ensalzar, pero no se llega a la descripción que merece. En el fondo, porque se desconfía —y se abomina— de la descripción meritoria, ¿para qué y para quién describir? Para nada, para ejercitar el ánimo —generalmente negador, destructor— en la visión simplemente justa —ajustada a las medidas que tomamos sin esfuerzo. Para ver las justas dimensiones no hay que hacer el menor esfuerzo: describir lo visto, sería —será, si soy capaz de hacerlo— una inútil penitencia —nunca inútil lo eficiente— que pide absolución. La Plata, en fin, es una ciudad encantadora, con el gran encanto de no ser una gran ciudad. Es ciudad universitaria, la vida estudiantil transcurre por sus avenidas de tilos —aparte la de jacarandás— y sus instituciones notables, como Observatorio —hacia el cielo y hacia la tierra, lo más terrestre el Zoo—, Museo Arqueológico, con esqueletos colosales y cáscaras o caparazones también gigantescos de los que, en sus orígenes, corretearon como hoy las *mulitas* —las mulitas, ¿los armadillos?—, museo de primera categoría, que no es precisamente desolación lo que inspira, sino una especie de angustia prenatal.

Yo no sé, presiento que es invención mía, pero, ante estos esbozos de... de la vida, en fin, se cree entender que la vida aquí —aquí, en este lado, en esta orilla—, la gestación fue más larga, paquidérmica, tan enorme que los siglos —los milenios— no han podido borrar o más bien han conservado como ruinas gloriosas... estos vestigios fetales. Bueno, ya sabemos que en otros distritos —barrios más bien, por avecindar la inmensidad del continente—, en otros hay grandes ruinas: tal vez algún día vaya a visitarlas, que es como se dice, turísticamente hablando, pero aquí, en esta tierra que nos ha tocado caminar, yo reverencio —no con la reverencia ante el anfitrión, sino ante el templo, ante el monumento o capitolio de la pampa, que tanto concuerda —escultóricamente— con la meseta castellana...—, reverencio su confiante apertura —¡cuidado!, a dos pasos de salir por peteneras, caminamos, y nos detenemos a ratos porque la charla, el coloquio, exige comentar lo inmediato, la luz o la nube que pasa... o el museo que nos detuvo un rato largo porque vamos andando —ya en grupo— muchos días o meses: caminamos, lo que significa haber vencido la parálisis. Caminamos y charlamos, la consideración de los vestigios embrionarios nos lleva, de la confianza a la confidencia, por sus pasos contados, y se nos ocurre contar no las triviales noticias que la prensa difunde, sino los datos que nos constituyen, que son necesarios para hacernos entender, y ahondamos en nuestro pasado y contamos o nombramos todo lo querido y todo lo odiado, para establecer un conocimiento que cree la respuesta del cariño y del odio, los dos motores que nos trajeron hasta aquí, vivos y dispuestos —sentenciados— a vivir de ahora en adelante. ¿Cómo hablar de hechos, sin presentar nombres, sin dejar ver el pasado de nuestra presencia? Así fueron saliendo aquellos años —idílicos o convulsos—, coherentes, ¡tanto!, tan perfectamente sugeridos —más que comunicados— que no suscitaban preguntas: el entendimiento no pedía detalles ni explicaciones: las sugerencias brotaban de cualquier hecho actual, que justificaba la conducta extravagante. El museo, con sus huesos milenarios sirvió para esclarecer la aversión a los libros: lo que tanto había retardado el trato, el entendimiento con los asiduos lectores. En el museo se descorrió el velo.

5 de octubre

Señalé el fenómeno —revelación— como si hubiera sido fortuito, y así parecía ser, pero la verdad del hecho era la búsqueda de llegar a la ocasión del *strip-tease*, de borrar la aparente torpeza con razonables diferencias en el pasado inmediato. No era el *strip-tease* un mero despojo hasta quedar en cueros, era más bien un mostrar la desnudez natural —genuina, propia de la propia belleza—, eso es, porque al quedar en cueros el cuerpo —el sujeto— adopta la postura que más realce sus encantos naturales y así en aquélla —en ésta— había en nosotros —en mí furiosamente— un empeño sin disimulo, de contrarrestar el temeroso titubeo —aspecto deplorable de inepcia— con brillantes —intensas, patéticas— noticias, sucesos de la innecesaria —por común— información. Ahí estaba la diferencia, el empleo en mostrar un cuerpo —podría decir el nuestro, pero digo el mío— porque fui yo quien hablé y sigo hablando. Yo me responsabilicé en la confidencia, en la postura artística, en el garbo del relato —cuento, de contar, no relato— porque las ocurrencias —donaciones, ofertas, entregas— brotaban en el museo como consecuencias —secuencias encadenadas—, aquellas cáscaras milenarias sugerían los restos primigenios de que allá —del otro lado— habíamos conocido como primeros tramos de la escala... Eso fue lo que me llevó a la temerosa disculpa de desamor, hostilidad aparente. Los libros, la falta de libros en contraste con la hartura —el apego inextricable— a los libros. El eslabón —los huesos y pedruscos enganchados y enganchables— me apremió a llegar al final del cuento: final que había de ser incontestable principio. La aversión a los libros se había producido al llegar, al poner el pie en la orilla... tal vez porque no se puso el pie, porque no se saltó de la barca, ni carabela de Colón ni balsa de Robinsón —al poner el pie o las asentaderas en un magnífico Ford, que no ayudaba a recordar. El eslabón, patente en el museo, es lo que me llevó a contar el final del cuento. Los libros, bien asentados en el prestigio del maestro Falcón y furiosamente atrapados por mi vocación artística, ¡vocación! ¿quién me llama?, no sé, pero me llama —siempre me llamó— y fui, fuimos. Con otro tono ya lo anoté, tiempo atrás, pero el otro día, en el museo, surgió el viaje a Grecia... La verdad es que surgió en la forma confidencial que evita la prosopopeya del crucero turisticocultural; la confidencia empezó siendo un transcurrir de días ¡o noches! incomparables, de camaradería, proximidad, de encuentro con lo más que propio —lo nuevo, exento radicalmente de desconocimiento. Y por ahí se pasaba —no sé cómo fue, no sé cómo pasé, pero el caso es que pasé— de un merendero o un baile —*boîte* sofisticada, o grupo juvenil, de prensa o teatro— a las más grandes y antiguas evocaciones. La evocación, es arte cosmética en la confidencia, es la postura, el adorno en la desnudez, y se produce en el acto —suscitada por la belleza del atuendo—, la relación con lo que no se nombra, pero se respira —se transmite el hálito— y las preguntas no son información, sino unidad, parentela con lo evocado... Porque la confidencia *inter pares* es la del que cuenta al que oye, sabiendo otro tanto... El hálito transmitido es la huella de todo lo escrito, porque lo escrito en un pueblo huele a ese pueblo —lo que no huele, no hay por qué leerlo—, huele a una determinada región o valle o vega o ventisquero y sigue oliendo, por los siglos y sigue vivo. Aunque lo escrito —los libros— sean víctimas sacrificadas en holocausto al tiempo —las huellas le dan a uno seguridad en el equilibrio: uno pone el pie y encuentra que la huella es la horma de su zapato. Ésta fue la madre del cordero, la aversión a los libros por sentir el desposeimiento, el encontrarse en la situación de no tener libros conductores. Claro que había —hay— libros y huellas en el pueblo repentizado, pero huellas demasiado próximas, las rodadas no suficientemente secas —firmes— y algo peor, algo en ellas rechazado con razón, con motivo reciente de herida que no cicatriza... Es estúpido insistir, es forzoso repetir —todo es repetir: o callar o repetir—, creer que se acaba de descubrir —o confesar— algo que ya estaba confesado cuando se afirmaba lo contrario... Porque, vamos, ¿por qué hablo ahora de las huellas, cuando era de las huellas de lo que hablaba cuando no quería hablar? Huellas húmedas, sangrantes, palpitaban por entre la rendija de las dos puertas entornadas, y aunque tan seductoras, maculadas, selladas por el propósito de negación, rechazo. Era en las huellas donde había manchas de sangre, y el sabueso se apartaba, se frotaba la nariz contra la hierba para no acceder al camino indicado. ¿Laberíntico?, sí, en efecto, laberíntico pero hay opciones... En el laberinto, se puede enloquecer buscando la salida, pero también se puede disfrutar —y hasta temer— que no sean infinitas las revueltas —si los latidos del corazón están contados, el temor de que se acaben las revueltas es ignorar su número y *sentir* su eternidad; hay que seguir dándole vueltas. Las huellas maculadas —una sola seta puede envenenar todo el guiso— una sola melodía había creado la aversión o, más bien, había anulado el tono placentero, dichoso —orgiástico, a veces—, aquella maculada por el «Silencio en la noche» y ¡nunca más! «Nunca más servir señor que puede morir»... Esto convence a cualquiera, pero más valdría lo contrario: servir, sí, siempre vale más servir, pero cantar no. Y eso fue todo, no cantar, callar, no amar... o voy al grano o lo dejo... El grano fue el cosechado entre los fósiles, Grecia. Contar a los nuevos amigos la odisea que entre lo común —lo que se llama exilio— con sus causas y efectos consecuentes, motivantes la guerra. Guerra como efecto, causa, cohesión a la causa —libertad atropellada— y sus desgarrones, efectos perdidos, muertes... El cuento del progresivo acontecer iba a la confidencia como cañamazo y entre las figuras bordadas, se destacó de pronto la flor... Ya el cine lo ha explotado, el detestable cine de guerra ha metido entre lo abyecto —guerra, en fin— de pronto una sonrisa, un escape de la vida, que quiere vivir. Detesto esas sonrisas, concesiones al comercio —las confesiones seductoras ¿son concesiones al comercio entre los hombres?—, ¿son superfluas?, no, son descollantes, luminosas... El cuento, a los oyentes recién nacidos —la amistad, en su período parvular de nutrición, exige, devora con un apetito que estimula al donante porque es grato ver las bocas abiertas de toda la nidada... ¿Por qué los hemos empollado? Bueno, porque... No, somos de los que ponen sus huevos en nido ajeno: sólo lo legítimo... ¿Esto está bien o está mal? Dicen que está mal, pero aunque esté mal... Lo legítimo legítimo es que hay bocas abiertas que esperan el bolo a medio digerir y otras —las de las águilas y sus gentes— que reciben la caza directamente del pico que la desgarra y se la ofrece limpia, de pico a pico. ¡Qué idiota es todo, Señor! Salir —fatalmente— por peteneras, moral, literatura... Suelto, así porque sí, un apólogo de pajaritos y, claro que lo rechazo, pero su exactitud matemática se sostiene y podría parafrasearlo, pero no... ¿Por qué no?... Esta pollada de alimento, su razón de ser, su legitimidad es su reconocimiento que brota en sus preguntas tontas, como sería: «Ya que fuiste al pueblo, ¿viste al abuelo?» «Sí, lo vi», es la respuesta. Si no vi a Homero en la Atenas del treintainueve, le vi en cualquier peñasco, en cualquier olivo milenario, y vine con las noticias que uno trae a los parientes y paisanos... La aversión se creó al echar a andar —tener que andar— sin ver claras las rodadas. Ante esto, que parece explicación —y lo es— surge el reproche —una mala explicación se autocensura, se afirma como torpeza y demuestra, constata, evidencia que no había razón para ignorar los libros, porque también aquí hay libros... No, no, la torpeza es no ver que aquí y allí y allá sirven los mismo libros. Distancia o decantación o solera de los vinos... La torpeza es no ver a Homero en Martín Fierro ni a Sócrates en Don Segundo Sombra... Otra forma especial del olvido.

* * *

2 de noviembre

Se presentó el olvido... Han pasado muchos días y veo que la última palabra que escribí hace un mes fue esa, olvido... y de pronto aparece la sistemáticamente olvidada, subrayando el olvido con su presencia. Aparece María Constancia. Bueno, todas las disquisiciones sobre el olvido que armé alrededor de esta persona creo que son pura contradicción de su nombre. ¿Puede el nombre dar a una criatura su tinte, armónico, o discorde con su humana conducta? No sé si podrá obrar sobre ella, pero sí sobre los que la nombren: apelativo o sustantivo que es como su perfume, en fin, digamos que puede ser de flor, pero también de olla, de armario, de cuarto oscuro. Lo que deja al pasar María Constancia no suena como una combinación escogida del santoral: inspira más bien, algo así como Nuestra Señora de la Constancia, que prodiga o concede participación de sus dones ilimitados. María Constancia, dos nombres trisílabos que exigen pausa: nadie diría Mariconstancia, así como Maricastaña, que se emplea para indicar lejanía... No, María Constancia indica lo permanente, tanto, tan indestructible su perennidad que puede dejar correr el olvido por su superficie inalterable. Bueno, ya es bastante, o mejor... demasiado... El caso es que ella vino a buscarme para llevarme de la mano —yo me siento llevada del ronzal porque la pobre tiene que tirar con todas sus fuerzas suasorias para vencer mi obstinación asnal— y me llevó. La verdad es que asumiendo —y hasta confesando— su misión o empresa constante, a oír cantos folklóricos, en el sótano de un bar, donde se reúnen los aficionados: criollos castizos, que cantan y guitarrean exquisitamente, ésa es la verdad. Tengo que reconocerlo, ¿me haré devota de Nuestra Señora de la Prudencia?... Es posible, claro que no caeré jamás en beaterías, pero reconozco que hay en mi fondo un retintín... No sé por qué esta antigüedad, que sobresale como el minio al agrietarse las pinturas antiguas, en estas coplas camperas, grandes, nobles, sagrados versos del siglo de oro resuenan con una persistencia, ¿por qué no decir persistencia genética? ¿por qué no decirlo?... Bueno, habría que decirlo porque hay otras notas, otros versos que no resuenan gongorinos, con espirales insólitas: hay tonos residuales que prevalecen en lo casero... Porque ella también me lleva, me arrastra a conocer climas familiares, con pretextos fútiles y al mismo tiempo inesquivables: viejas relaciones que se establecieron hace un siglo —gloria de mi abuelo, que tenía que abrirme muchas puertas— y otras notas que, por ser más insufribles, menos rechazables: relaciones de vaga filiación temporal, ¿viejas, reviejas o no muy viejas?, que conocen el nombre de mi madre. Me he dejado llevar algunas veces —en cualquiera de sus intermitentes apariciones— sabiendo que ella me defendería si se presentase el caso de tener que hablar del nombre de mi madre... Nombres, terribles, arrolladora fuerza de los nombres.

4 de noviembre

En el perentorio repentizar de mi situación, la considero —como si se pudiera considerar lo que no es más que un conato— y veo lo difícil que es constatar lo que llamé —en la página anterior— la fuerza de los nombres. Lo constato: constato su fuerza bajo la azarosa probabilidad. Lo estúpido es el apresuramiento, creer que puede uno amueblar un salón, un mínimo salón —*living*, parece que hay que decir— con unos cuantos enseres que se eligen, según los pesos con que se cuenta y —dada la libertad de la soledad— al mero gusto personal. Sumamente fácil: una mesa, un diván, una butaca forrada de una tela a rayas y ya está. Pero un salón, por mínimo que sea, tiende a alcanzar

—sin propósito director, por su simple atracción de cuerpo especial— una madurez de núcleo que aglutine, por algo que habría que llamar su propio carácter y ¡ahí está!, si vuelvo a acordarme de los nombres, hay que ver lo que tardaron en ponerse —como los ladrillos de una casa— en la historia. Y cuando uno llega a las tierras vírgenes —después del mar todas son vírgenes— y quiere poner ladrillos, unos sobre otros, y lograr que se forme su posesivo —pertenencia de la coherencia—, su mundito confortable, encuentra la dificultad de la argamasa, como antipatías, prejuicios, conveniencias. Los cantos folklóricos, tan castizos, con tantas raíces en la casta, a Máximo —ahora le conviene Máximo Montero, porque se incumbió de toda la guardia forestal —escándalo o alarma, repudió sin disputa esos núcleos que reúnen a los jóvenes patriotas con los viejos de gran solera... suelo, en fin, mantos de suelo, equis hectáreas de pastos verdes... ¡como para llorar!, con vacas y potros y todas las cosas más idílicas, y resulta que todo ello, temible, amenazante, oscuro. Esto es lo más pavoroso que se desprende de su repudio, el no saber lo que puede salir de ahí... *Ahí* hay que llamar a estos pastos verdes que pueden, tal vez, hacer brotar de entre la alfalfa legiones, ejércitos de poseedores o de desposeídos... Profecía fulminante, para mí. Yo, contándole la tarde agradable, descubriéndole un lugar donde se cantan cantos simples, tan distintos de las formas cabareteras que tanto hemos querido, que tanto hemos adoptado como nuestras voces propias de nuestro tiempo. ¡Ésa es la cosa! Nuestro tiempo cantaba nuestra actualidad —el tango aquí y allá— siempre, en todas partes cantando, *dicho* como la palabra íntima del amor que se está amando, la vibrante españolada, junto a los chatos de manzanilla, la *chanson parisienne*, «Mon homme», «Mon legionaire»... todo tan reciente como delicioso por prohibido, por inmaduro... Y estas coplas, que evocan trigales... «¡Pero no ves las ovejas, que van por la tierra arada!»... ¡qué despertar de la imagen campestre!... Bueno, pues ¡anatema!... Y lo más grave es que no fue mera discusión, Montero reaccionó porque se despertaron en él las imágenes de sus luchas, él tuvo, de pronto, el recuerdo no de los hechos, sino de los presagios. Eso es, a mí —nunca actuante, siempre llevada como tronco en la riada—, para mí la evocación era un regusto de lo lejano, ¿las tierras?... Sí, las tierras, pero además —y con más pasión— las palabras en estos cantos, de un castellano que no se le pone el sol... y ahí fue el salto. Montero me saltó al pescuezo como un gato... ¡No hay que dejarse embaucar por las guitarritas!... y yo, ¿pero en estas tierras, en estas inmensidades?... y él, ¡en éstas y en las otras y en todas! No sé qué es lo que tendré que hacer, pero la verdad es que tengo que hacer algo para salir de mi sonambulismo.

5 de noviembre

Sigo con el mismo tema porque el asunto es más amplio y menos vaticínico que lo apuntado. La reacción de Montero fue violenta porque contestaba a la noticia que yo le traía de las canciones recién oídas, pero, si lo pienso bien, veo que la misma reacción, en tono menor, en sordina más bien, es la que siempre —siempre, desde un principio— provocó en él la persona de María Constancia... ¿La persona? Más o menos... Más la constante o permanente o bien asentada ¿sociedad?, grupo humano, no siempre agrupado, complejo, variadísimo en sus colores, ¿para qué vamos a decir tendencias si lo que importa no es saber a lo que tienden —si es que tienden a algo—? Lo que importa es lo que... sería pretensión saber lo que es. Lo evidente es lo que —*en lo que*— están. Bueno, yendo al grano, María Constancia y su mundo, su sociedad, que es la visión que alcanzamos desde nuestro agujero. No, no, el agujero es el que nosotros abrimos, perforamos. ¡Cuidado! ¿Es que nosotros —nosotros dos o tres— sentimos nuestro fatídico, heroico, torrencial ingreso en estas tierras como un tácito parasitismo? Nosotros dos o tres más que ingresar queremos —o somos— espectadores, vivimos en expectación... Esto ya es andarse por las ramas. Nosotros, como cada hijo de vecino, tantas horas de trabajo y tantos pesos el bife cotidiano. Por lo demás, sin que tengamos que perforar agujeros, nos ofrecen generosamente bonitas vistas, ¿de las tierras vírgenes?, dije. El espectador se nutre de virginidades. Y éste es el intríngulis, Montero no puede abandonarse a la expectación: sus misterios están en su epidermis, tan sensibles como herpes dolorosas, y desde un principio la rechazó —con buenas formas, naturalmente—, no toleró el contacto, se opuso ferozmente a que yo entrase en contacto con esas gentes acaudaladas —no mucho— pero bien asentadas en respetos tradicionales, moral católica, etcétera... Y yo diciéndole siempre que María Constancia es una mujer avanzada de ideas, por sus lecturas, por su género de vida: y él inflexible, disimulando su aversión con leves caricaturas. Admitamos que es muy atrevida, ni católica ni puritana, pero su pinta es de la Salvation Army. Montero no admite que venga a llevarme —de paseo, dice—, porque no comprende; ella me lleva a conocer su mundo y, al mismo tiempo, se refuerza, se corrobora con el mío, me pone como contraste para comprobar ante los otros que es ella y no ellos quien está en lo cierto. Indignación que le hizo blasfemar, echar sapos y culebras, las de Acevedo... cuando María Constancia me había llevado a su casa, con el hermano sabio, refugiado en San Juan y ya, naturalmente, amigo del maestro Falcón... ¿Quién puede atar la mosca por el rabo, quién puede destejer la tela de araña de hilos tan finos, tan frágiles, pero conectados con timbres lejanos que, de pronto, suenan?... Basta por hoy.

6 de noviembre

Qué estúpidas, qué inútilmente intelectuales todas estas disquisiciones, pronósticos apresurados, pretenciosos, aprensivos: son como el que huele a chamusquina porque en el brasero ha caído un hilo —esto ya se ha dicho no sé dónde— y llama a los bomberos... Bueno, no es esto el caso, porque si vienen los bomberos comprueban en seguida si hay o no fuego. Ahora no podemos comprobar nada, no podemos hacer más que vivir con la alarma: resultado inmediato, no vivir, pasar por la realidad en una ceguera hostil, andando por entre el mundo sin ver lo que pasa, barruntando —a ciegas— lo que, tal vez, llegue a pasar.

No, no me pongo en ese puesto, a esperar que salte la liebre. Montero, Máximo Montero, infinitamente querido, te abandono. Te pido permiso para abandonarte porque si me dejo ir en tus aprensiones, acabaré siéndote insoportable —por serlo torpemente—, perdiendo todos los encantos, los que tú pastoreaste de modo tan excelso. Voy a recobrarlos, voy a recauchutar mi adolescencia, inaugurando una amistad juvenil. ¿Te parece bien o te parece mal?... La cosa ha sucedido así, naturalmente. Fui, no fui sola, no: me dejé llevar del ronzal hacia la ladera más escurridiza, a la que conducía —conduce— al yacimiento más turbio y sórdido. Imagínate —si tu imaginación alcanza— lo que es un té con masitas, en casa de las de Acevedo. ¿Qué pasó, cómo anoto aquí el resultado? No señalo las diferencias, las distancias que se evidenciaban: no las señalo porque no tenían ninguna novedad y ¡ésta es la cosa!, yo me sentí, de pronto, fascinada por la novedad de un hecho que me transportaba a mi anterioridad más pura. Por suerte, el té no era en torno a una mesa: se podía ir, con la taza en la mano, de un lado a otro, se podía mostrar interés por las viejas cosas en vitrinas, por los grabados históricos. Se formaban —sin propósito visible— grupos que, en cierto modo —nada más que en cierto modo— se justificaban por los años y desde uno se podía oír lo que se hablaba en el otro. Mi introductora —más bien guardaespaldas— acaparaba a las viejas y excitaba su chismorreo, organizaba —no sé con qué poder mágico— los grupos: el de las chicas —con diferencias de veinte años— y el de las señoras. ¿Con qué sonrisa o leve indicación nos echó a Chelo y a mí, para poder ellas hablar de cosas indiscretas? Ella, María Constancia, quedaba allí como paradigma de la mujer discreta. ¡Qué sutileza, qué flexibilidad férrea ejercitaba! Porque es evidente que me había alejado —nos había alejado a la chica y a mí— para que se hablase de lo que nosotras no debíamos oír y ella sabía, con la seguridad más absoluta, que yo oigo a cien leguas, y la conversación, en voz baja, dirigida por ella, ¿cómo?, no sé cómo, con la habilidad de esos que ruedan en un uniciclo, dibujando espirales en la pista... No sé cómo, en el grupo susurrante sonó —sin ruido—, como un vocablo ambiguo, ajeno y, sin embargo, imperioso, poniendo en el fiel la balanza: sonó la frase, *une mésalliance*... sólo con eso todo quedaba explicado.

Me he propuesto apuntar aquí los hechos para recordar algún día ¿qué?... Si dentro de algunos —siglos, digamos— lo releo, destapo el recuerdo de tales cosas que pasaron en tal día, sí, eso parece, pero las recuerdo, miradas desde uno de esos supuestos siglos, dije, y lo único que tiene importancia es lo que aquellas cosas provocaron —crearon— en aquel lugar, aquel día. Mejor es dejar que pase sobre los siglos la fuerza de los hechos y esbozar, en lo posible, todo lo que, de los meros hechos, rebosaba. Lo primero fue una situación experimentada en los múltiples viajes... descubrir en un espejo —café o escaparate urbano— la cara de un extranjero. A veces, el extranjero —la extranjera, yo misma— como una demostración de la extranjería entre los otros... Recordé esto al oír el lindo galicismo, pero más que recordar sucedió que me quedé mirando, constatando la extranjería en la cara de Chelo. Esto es lo grande, porque la extranjería que me, diré deslumbró, fue su españolidad. Oí la palabreja y miré a Chelo: vi en su cara no un rictus, sino un afincamiento del dolor. No resignación, no, una fatalidad esencial. Tan bien labrada o tallada en su cara como jeroglífico de su estirpe. Su juventud —¿virginal?, quién sabe— supremamente dolorosa, como escrita —descrita— por Juan de Mena.

Aproveché la asociación de ideas y me propuse explotarla.

16 de noviembre

Tengo poco tiempo para disiparlo en este desahogo nocturno, pero no quiero dejar que se borre la inspiración porque todo ello fue inspirado en un pronto... Definición exacta de la inspiración: *dilatación de un pronto*. Eso es lo decente, lo que se produce sin tocar con las manos, pero hay otro modo de dilatar, que es el que logra la cámara ante la eclosión de las flores —o coles, da lo mismo— y también hay el que surge simultáneo al chispazo, conteniendo la ofuscación, aplicándole —rápido— un sistema mecánico —graduación del tiempo—, económico, más bien, de la conciencia. Algo así como decir, *de esto tenemos que hablar mucho...*

Es tan largo, es tan laberíntico el camino hacia la sencillez, hacia la realidad fáctica... ¡Horror!... ¡qué porquería, qué pegajoso es el estilo ensayístico!... cuando lo que se quiere es demostrar *que hay otra cosa*, y que se quiere ingresar en ella en cueros, en un acto de pobreza... ¡cientos de páginas trataron de describir ese acto!... Pero hay quienes no, hay quienes dicen lo que quieren en dos palabras: lo arduo es decir por qué no se quiere lo que no se quiere... ¡basta!... Por ejemplo, la comodidad que se experimenta cuando uno se arrellana en el proverbio: «En todas partes cuecen habas»... Sí, en todas partes, pero uno puede pasar sin probarlas y en esa situación vengo estando, desperdiciando numerosas invitaciones. Ahora, volviendo a las gloriosas tallas que repartieron por ambos mundos el rostro dolorido del Amor Hermoso... Volviendo a las gloriosas tallas, la cosa fue así: «¿Conoce usted el San Pedro Alcántara de la iglesia del Pilar?» «No, no lo conozco.» Rápida negativa, falsa negativa, puesto que lo conozco detalladamente. La negativa quería decir, *de esto tenemos que hablar mucho...* Y se habló. Pero no, si me pongo a hablar de lo que se habló, caigo en las superadas aprensiones de Máximo —máximo aprensivo—, tan temible es Juan de Mena como Góngora o Jorge Manrique. Dejemos de temer, como Juana la Lista, que un día pueda caer el hacha sobre la cabeza de nuestro hermanito. ¡Proverbios!, proverbios, habas cocidas que, en ciertos momentos están en el punto justo de cocción, en que están diciendo, ¡comedme!, y uno las come o no las come. Aunque se trate, como en esta ocasión, de un comer eucarístico —valga la herejía— también podría decir platónico pero menos estético, rudo, prosaico, realismo de las novelas por entregas, en que las jóvenes perdían su virginidad... Ante un fenómeno tan amplio, ¡grandioso, universal!, desaparece la calificación con que se ha ingresado en estas costas —se ha llegado al puerto—, exilio, cariz o matiz social... Se ha llegado, se ha sido recibido por quien ya esperaba conociendo, sabiendo a quién, es decir que no hubo conocimiento como encuentro humano. Habíamos llegado adonde ya éramos conocidos, no teníamos nada que contarnos. ¡De ahí el rasgo defensor de María Constancia! ¿Por qué no he querido verla? ¿Por qué no he percibido que también ella detestaba ese conocimiento previo y trataba de llevarme a un lugar —mundo— donde, siendo ignorada, pudiera hacerme conocer? Ahora, esta vez —después de varios golpes— dio en el clavo. Me llevó al té de las de Acevedo porque conocía el mar de fondo de la casa, la existencia atormentada —por madre y tías— de la chica, ajena a todo asunto social, a toda información periodística. Así como desde nuestro grupo —grupo de las jóvenes— se oía murmurar convencionales galicismos, desde el grupo murmurador, María Constancia habría percibido breves apartes, «No puedes figurarte» o «Ya te contaré»... Y yo diciendo en voz alta: «Tengo mucho empeño en ver el San Pedro Alcántara: ya sé que es magnífico... tienes que llevarme a verlo...» Silencio difundido alrededor. Un silencio tan susurrante como un murmullo, pero no surgió ninguna prohibición tajante y todo quedó en *uno de estos días... por la mañana...*

26 de noviembre

Maravillosa la capilla de San Pedro Alcántara, maravillosa por su desnudez. Vinieron a buscarme. Vinieron Chelo y su tía: ingenua suposición que la dejasen venir sola, así que fuimos a la iglesia. Había una misa de difuntos y la tía se arrodilló; nosotras dijimos, vamos a ver el santo. Maravillosa la capilla para una confidencia desesperada... La más cerril oposición a un amor inmenso. Causas más insalvables que las que, de ordinario, inspira la pobreza. Aquí se trataba de alcurnia. Nombre italiano, padre escultor, muerto sin llegar a la gloria, y fama —traída y llevada por las mucamas— del chico raro, infrecuente, original. La descripción francamente arcangélica, belleza y espíritu culminantes. Sus costumbres, su casa —que había llegado a conocer—, sus ambiciones, que no pasaban de mantener, de por vida, el inmenso amor... Y yo, por completar la persona, «¿Cómo se llama?»... Y ella: «Chelo.» ¡Cómo!... bueno, Marcello... ¿Llamaremos coincidencia a ese sello unísono con que el hado los marca?... No pude comentarlo más que con un gesto infinitamente adicto... ¡Qué silencio aterrador en aquella estancia sin más luz que la filtrada por la lámina de alabastro: ventana hermética sobre el campo santo... Cualquier sugestión de esperanza era trivial, pero Chelo misma confesó que había en la familia —en el ejército de obtusidad familiar— un espíritu benigno tal vez: había un sabio —famoso en San Juan— y eso ya indicaba algo permeable, atacable por la fuerza de la verdad. El tío Félix había anunciado su visita y la única esperanza era que lograra imponer su autoridad.

¡Qué bonita novela!, y aún más qué bonita película porque el breve relato no tendía a narración, sólo algunas secuencias brillaban: la más luminosa la de la calle oscura: la tapia del hospital alemán donde había ocurrido la... tengo que decir *posesión*, pero dicho así, como para andar por casa. Creo que, de hecho, fue metafísica. Qué importa, el cuadro es conmovedor. Aunque no, conmovedor es todo, las más corrientes —digamos sangrientas o paradigmáticas crueldades—, las más frecuentes, aquí y en todas partes, son conmovedoras hasta la náusea y ocurre que, bueno, lo corriente es que todo el mundo se conmueva, sólo ciertos ¿analistas, perfeccionistas?... se retraen, se niegan a ser partícipes de la conmoción general y dicen —no hay ningún motivo para dudar de lo que dicen— que lo verdaderamente conmovedor es lo que queda oculto bajo las efemérides sociales. Bueno, para sentar estos distingos, esta especie de administración —selección cualitativa— hay que ser un cuentagotas de racionalismo. Sí, hay quien lo es —hay quienes lo somos— porque esas bellezas, esas ternuras ocultas son las que están amenazadas de extinción. Vuelvo a encontrarme en el atolladero, ¿por qué preferir —supervalorar— unas entre otras de las cosas que hoy nos desgarran? No hay por qué preferirlas, basta con entenderlas... Si cae la bomba y uno —o ciento— quedan despedazados, el motivo para llorar es suficiente, pero si no cae nada, si entre las cosas firmes, asentadas —situaciones lícitas, sin hambre, sin morbo— padece... la vida, digamos, lo que puramente *es* —así como suena, *es* aplastado o desgarrado por entelequias— ¿qué entidad tienen la hipocresía, la vanidad, la envidia? —cuando este drama, que llaman incruento, late como un tumor dolorosísimo, ahí es cuando ocurre que los desalmados, los extravagantes, disidentes del clamor general, lloran a mares. ¿Extravagantes, desalmados?... No, algo tal vez peor, lloran —lloramos— con amargura, con indignación y, al mismo tiempo, con ese llorar sin lágrimas ante la obra —hay que decir de arte, aunque el arte no es lo que vemos, lo que vemos es la almáciga ¡y nos gusta tanto!... Oh, me pierdo, ¿qué es gustar? ¿Placer artístico? No, no, algo más sencillo y más eficiente y certero como poner el dedo en la llaga. La verdad es que la llaga, el dolor ajeno nos fascina porque nos presenta personalmente ante él... Después de todo, lo que me hace divagar es haberme sentido entrar en el universo de la confidencia... Una capilla, un banco en el que una criatura habla con otra criatura que no es más que eso: una partícula humana que cayó allí, en ese banco, sin previa definición social, sin ostentar un título fiable. Bueno, es como si hubiera venido andando muchas leguas y al fin llegase al pueblo.

3 de diciembre

Más que curioso, sorprendente. Negando, por principio, las coincidencias casuales, su aparente desfile, una tras otra. Ayer hablábamos de San Juan y hoy llega carta de San Juan: hablábamos del sabio tío Félix y hoy me hacen, epistolarmente, la presentación del sabio tío Félix. Si me propongo apuntar todo lo que pasa, no hay por qué olvidar lo que no pasa, ya que el hecho de que no pase es raro y digno de comentario. Hoy llega una larga y magnífica carta del querido maestro prisionero en San Juan. ¿Por qué no voy anotando las breves e intermitentes noticias de su prisión? Precisamente porque nos habíamos prometido *no comentar* para *poder soportar*. La verdad es que llegamos investidos de una coraza de hostilidad. Es difícil distinguir la hostilidad ante o contra lo presente, de la hostilidad a —imposible decir hacia, por lo tanto, sobre— lo pasado. Hay que añadir a lo prometido la —una coincidencia más— llegada de Montero, con un ánimo semejante al nuestro. No escribir al maestro, no presentarse ante él con la pinta de mendigo que su odisea le había dado. En fin, silencio, distancia mantenida o más bien cultivada para saborearla. Reflexiones estúpidas por gratuitas, que se quedan aquí encerradas, mientras que alrededor —rededor ignorado, ignorante— se crea una leyenda hostil —razonablemente hostil— sobre la soberbia individualista, que se niega a entrar en los grupos —vestales del fuego sagrado del exilio. ¿Leyenda?... Bueno... el caso es que no nos escribíamos y hoy, de pronto, me escribe el maestro. Su carta, en principio, anuncio de la llegada del sabio —en San Juan ya divulgada, en familia, su misión secreta— y, como consecuencia de tan notable novedad, un largo comentario del orbe familiar en la vieja casa y amplias posesiones vinícolas. Pero extensión, prodigalidad en comentarios no podía invertirse en bienes inmuebles... sólo en personas, en la persona de Clotilde Acevedo que minuciosamente me dedica —también aquí confidencia— con el detalle técnico que se comunica a un colega. Me habla, claro está, de algo que fue recipiente, marco o raíl de mi vida y además, no sólo por el parangón de caracteres —o valores— sino que hace alarde de recordar una frase adorada por mí, la sacrosanta definición de Rubén Darío de Francisca Sánchez, «Alma sororal»... Con cierta gracia —temerosa dosificación de ironías— con el juego que, ¡siempre!, puso ante las cosas más altas, me describe su *flirt* con Clotilde. La ensalza para despertar en mí el recuerdo de la inolvidable Laura y se dilata facetando el insólito adjetivo, sororal. Salva la imagen de Clotilde de toda asociación doméstica, describe sus paseos vesperales por el huerto, donde un palomar susurra como un enjambre y me expone su metódica investigación. Guardaré esa carta, a la que nada se puede añadir: si yo recargo algunas tintas no es que las crea poco sondeadas, es que rebusco mi recuerdo inocente, en el que la inocencia no veía humo y sí sentía fuego. Yo siempre entendí en esa frase algo muy lejos de la taza de caldo o los paños calientes. Yo siempre percibí lo que ahora el maestro imagina cromosomático. Una afinidad real que es principio y tendencia a la unión... De ahí podemos remontarnos —él con su sabiduría se remonta— al amor incestuoso elevado en otros climas mentales. Religión y poesía siempre afirmando lo real. En cambio, fraternización intelectual, ¿olímpica?... Cuando vuelva Clotilde de su actual excursión, la conoceré; procuraré, en cuanto venga, hacer amistad con el tío Félix.

5 de diciembre

Dos meses de silencio porque era lo único que se podía decir. No es que yo no pudiera —que, en verdad, no podía— sino que ¿es siquiera decente decir algo? Es, en todo caso, inútil. Si hubiera leído el periódico habría leído lo que se dice, de ordinario, pero no lo leí y no lo supe hasta que llegaron los chicos ¡los dos que quedan!... Se llega por diferentes caminos al mismo sitio porque el sitio es una piña de diferencias, de oposiciones tan opuestas como el blanco y el negro.

Por el propósito de apuntar fechas y hechos apuntaré el de ayer, jueves, una tristeza, un dolor indescriptible, la desaparición de Fermín... criatura difícil de definir, de calificar no, eso no, su valor o calidad ha quedado patente, firmado de su puño y letra.

No puedo ponerme a describir ni lamentar mi desolación, tengo que dejarlo. Algún día meditaré, repasaré con sentido policial sus últimas *salidas*, huidas que nadie —ni yo— comprendió.

7 de diciembre

Imposible trabajar ni leer. Obedece uno a las recetas comunes: está uno angustiado y se le ocurre decir, hay que hacer algo, hay que distraerse con algo para salir de este pozo... y es inútil, no se puede salir. Aparte de la especie de postura incómoda en que se debate la conciencia. Esto de defenderse del dolor —tristeza, angustia—, este pataleo del egoísmo, que no quiere dejarse vencer porque, después de todo, mantener el culto a la tristeza no conduce a nada... Como el hecho, como la muerte es algo que ocurre, lo único, el único hecho que le es semejante, el único que ella no puede repudiar es el silencio... Así que...

8 de diciembre

No hay medio, no puedo hacer nada y me acojo a este simulacro. Recurro, no, no es que recurra, sino que incurro en lo que he execrado tantas veces, los que dicen de sus muertos —¡posesión más lícita!— que no han muerto porque viven en ellos. Falso, falsísimo. Los muertos enriquecen sus vivencias —las de los vivos— pero los muertos, por muy suyos que sean, bien muertos están. Ese juego de imaginación es, si acaso, razonable cuando se trata de muertos que no podemos llamar nuestros, pero sí la visión que de ellos conservamos.

Recordarlos no es revivirlos es, más bien, entenderlos, repasar sus gestos, sus actos que quedaron herméticos y que ¿de qué les sirve a ellos?, de nada, no les sirve de nada. A nosotros —los vivos, yo en este caso— nos sirve utilizar su recuerdo para lograr la comodidad de nuestra conciencia. Todo lo que dijo —que fue mucho— el último día, voy a ver si lo recuerdo ce por be, y lo pongo aquí como corona al soldado desconocido, porque fue tan desconocido que nadie supo que era soldado —luchador... Llegaron los tres, como siempre, ni siquiera aquí he puesto nunca sus nombres: he dicho, no sé cuántas veces, los chicos, como calificación que para mí los define. Los nombres los empleaban para hablar de los unos con los otros, hablar con Juan de Claudio y de Fermín, o con estos tres de Juan, pero el grupo, los tres, formaban la unidad *los chicos*. Y ocurrió el día decisivo que se suscitó un recuerdo, asociación, más bien, como cuando se habla de literatura y salen, uno detrás de otro, nombres, obras, situaciones. Alguien recordó la anécdota de Dumas: va sumamente afligido por la calle y dice a uno que le pregunta: «*Je viens de tuer ce pauvre Athos*»... Luego se habló de otras cosas y Fermín, en un aparte, llevando algo en el puño cerrado, me dijo: «Mira, ¿te gusta?»... Era una pequeña amatista, pálida, bien tallada: «Hace años que la tengo y ahora quiero que la tengas tú.» Me resultó raro, pero la acepté en seguida: creo que ni le di las gracias porque en la sonrisa de él había algo de agradecimiento, más bien de tranquilidad, algo como *así está bien*, y en seguida volvió a recordar lo de Dumas: dijo, más o menos, «La aflicción no es compatible con la arquitectura»; desde un principio, él se había puesto a construir con esas tres piezas y la casa necesita tanto los vanos como los muros... Yo no veía muy claro a dónde iba a parar, yo miraba la amatista, con cariño, me inspiraba un cariño inmenso, no es que no le escuchase, es que la atención que ponía en la amatista era más intensa que la que pudiera poner en escucharle... No le interrumpí, no sé por qué el aparte se hizo aún más cerrado, Juan y Claudio hablaban del crimen en la literatura y en el cine, Fermín volvió a hablar de arquitectura, dijo con una insistencia de borracho —y no lo estaba ni solía estarlo—: «Claro que, al empezar, el que empieza —a construir, decía— ya sabe dónde hay que cerrar y dónde hay que abrir: el conflicto está en lo ornamental, las bases, ya lo sabes, de la casa, de la familia, las cuatro piedras sólidas ante el porvenir, pero lo que se pone donde sólo manda el buen gusto, ¿comprendes?... Si eso no sale perfecto, a la primera, eso hay que destruirlo, sin aflicción, a raja tabla...» ¿Por qué el aparte? Me hablaba con ese tono casi escolar de lo que se ha dicho ya cien veces y, sin embargo, como si me lo dijera en secreto, como si sólo yo pudiera entenderlo. Lo malo es que lo entendí a fondo, pero me equivoqué de fondo. Yo vi al constructor de la casa —de la familia— y no era eso, no; el constructor era él y la pieza era él igualmente, su aflicción —frenada por una soberbia sublime— era por la evidente, incontestable forzosidad de destruirla. ¿Por qué me confiaba su decisión? ¿Pudo pensar que yo entendiese —digamos, vulgarmente— su propósito y que no lo impidiera? Él, eso —vulgarmente— no pudo pensarlo, pero esencialmente, en cuanto a la comprensión, ¡eso es!, al entendimiento esencial, como sólo se da entre los semejantes, entre los iguales, ¡los idénticos!... Sería absurdo creer que le entendí, que pronostiqué su propósito de saltarse los sesos y no hice nada para impedirlo. No, eso no se puede pensar. Él no pensaba, sentía, sabía que yo no hice nunca nada para impedir mi propia destrucción. Eso es, seguramente comparó diferencias y semejanzas en nuestra modalidad de acción. Vio —eso no se piensa, se ve— que yo no llegaría nunca a destruir la pieza que él reconocía tan inútil como yo misma reconozco, eso está claro. ¿En qué fondo esencial —suyo o nuestro— él me empujaba?... No, no es esto, es que se imaginaba —porque eso se puede imaginar— lo más pavoroso y veía que no había nada que impedir. Nuestro aparte fue un intercambio de proyectos. Él fue quien tomó como paradigma la arquitectura, sabiendo, considerando el acto —él, en su mente, veía cómo iba a ser el acto suyo, vivía ya mucho tiempo presenciándolo tal como iba a ser. Veía la hora, la luz, el banco en el Botánico, allí donde tanto se había hablado de la luz que irrumpía, como un cuerpo desnudo entre el verde oscuro —él vivía comparando su proyecto con mi... carencia es la palabra. Él veía, nos acercamos tanto que veía sus pasos hacia el fin y los míos *desde* el cero... ¿Por qué desde el cero? Porque yo, siendo aún más desconocida, había sido —o parecido— soldado... Ésa es la cosa, yo había pasado por soldado, ¿por qué no había sido luchador? No puedo saberlo. Me parece imposible llegar a saberlo algún día. Sólo se sabe lo que se llega a hacer, aunque sea deshacer, y en el principio —cuando era el verbo, esto es, el uso de razón, los siete años— el precepto era no hacer, y como no hicimos... Pero algunos hicieron, ¿por qué otros no? ¿Está claro cuáles fueron los mejores? No, no está claro, lo que está comprobado es que unos quedaron conteniendo el aliento hasta entender, y no entendieron —no entendimos. ¿Entendemos lo nuestro o lo ajeno? Sin entenderlo, lo adoptamos. Es desgarrador este trío descabalado y por esta mella en su armonía, se estrecha más mi proximidad a Juan y Claudio. Ahora ya no serán para mí los chicos: el dolor es la verdadera mayoría de edad.

18 de diciembre

No se puede esperar la mejoría de esta tristeza como si fuese una dolencia pasajera: todo está teñido de desolación y no hay medio de reaccionar, aunque se acuerde uno, de pronto, de que hay otros puntos neurálgicos, la pobre Chelo, que he abandonado. Quiero creer, me parece ver —mirando hacia su conflicto— un cierto optimismo. No sé si será demasiado confiar en la autoridad del tío Félix, gran tipo, capaz de cualquier cosa. Capaz de todo, le creo, así que si choca con la autoridad mujeril, se saldrá por cualquier tangente. Las viejas —miseria insuperable— le execran por algo así como materialismo, ateísmo científico: no creo que logre dominarlas, pero me parece que no va a dejarlas destruir a la pequeña. Creo que encontrará el medio de sacarla de ahí y no me extrañaría que le facilitase una fuga gloriosa. Es magnífico el tío Félix, es misterioso, eso sí, pero de gran fortaleza. Lo terrible —es terrible tocar lo singular. Es cómodo ser cualquier cosa, entre cualesquiera otras cosas, ante las que somos algo definido por un... por una definición, eso es lo cómodo, pero yo me propuse acercarme, bueno, me llevaron a rastras. Esto es verdad relativamente, muy relativamente, ¿quiere decir subrepticiamente? Más o menos. Un poco como el que va a dar un sablazo a un conocido y al mismo tiempo disimula su penuria... Yo siempre he aceptado las dádivas de María Constancia como presentes de poco valor, poco dignas de aprecio, dada mi indiscutible exquisitez. Bueno, mi exquisitez no tengo que discutirla conmigo misma, tengo la medida justa, sé que es insuperable, pero también sé que es insaciable. ¿Qué quiere decir insaciable? Los comilones famosos de los cuentos vascos tienen una capacidad limitada, pero las apetencias de índole... bueno, vaya usté a saber cómo se llama eso, las apetencias selectivas —¿gustativas?— entre las que se cuenta la exquisitez no tienen límite: su buche admite —seleccionando, por supuesto, poniendo cada cosa en su lugar—, su buche acoge y digiere las cosejas vulgares... ¡Eso es lo demostrativo!, que las digiere: las somete al análisis de sus bilis más corrosivas y saca de ellas alimento sustancioso.

Más que apuntar hechos voy dejando aquí un cúmulo de reflexiones que, en el fondo, son confesiones. En el fondo, escapes de mi acongojada conciencia. Eso es, si yo voy a dar un sablazo, si voy a pedir un crédito —a mí misma, a mi propio juicio—, sin disimulo, ¡al contrario!, con ostentación de la penuria que conozco hasta el cero... ahí está lo que puede parecer —parecerme— falsedad y no lo es, porque, simplemente, es la imposibilidad práctica que tienen los cuerpos —ideas, imágenes, pasiones, intereses— de ocupar todos el mismo lugar. La modestia sería la penitencia si no fuera porque... bueno, porque no aparece por ningún sitio la modestia. No, no me resulta, no me sale la modestia, como un rompecabezas desabrido al tacto. No puede ser penitencia un saber más. Tengo que confesarme que sigo devorando con placer todo lo que me ponga en el comedero María Constancia, ya que a ella le tocó esa misión. De los antros familiares adonde me ha llevado —lindos tés con masitas, en livings confortables de casas linajudas—, de entre lo más negro y viscoso saqué el agua pura de la ingenua enamorada. ¡Qué violento retrospectivo! Qué rebrote de juventud la imagen del amor, en su marco grandioso de imposible. Y yo expectante, yo en la primera fila como si tuviese el lugar reservado para mí. Yo, con mi cero, en el mismo sitio... Quién sabe el espectáculo que me aguardará. Los antros familiares, por tétricos que sean, están engarzados por un hilo que, los comunique o no, los traspasa —derecho, autoridad—, hilo que se puede tensar en momentos de apuro y lograr el tono vital que equilibre las piezas del constructor. En fin, más vale poner un poco de confianza en el equilibrio.

IV

UN TERREMOTO DESTRUYÓ GRAN PARTE DE LA CIUDAD
DE SAN JUAN Y PUEBLOS CERCANOS: EN ACTIVIDAD TODOS
LOS ESFUERZOS DE AYUDA A LAS VÍCTIMAS

Los titulares del periódico, terminantes como si relatasen, de modo claro, lo ocurrido. Luego, sin detalles, solamente la extensión, imprecisa. Luego los telefonazos vagos, incapaces de decir lo que, por encima de todo, importa. Lo atroz es la inmensidad del hecho, saber que lo que importa es una pequeña parte, tan pequeña que probablemente será inencontrable en la extensión de la catástrofe. Los teléfonos sonando, la gente acudiendo, queriendo ayudar en la búsqueda y nada... orientación imposible, preguntas inútiles. Lo único es ir, echar a andar en cualquier vehículo, reunirse, agarrarse el uno al otro, comprobar el desconcierto. Comprobar que se impone lo que fue tan previsto, tan esperado con ansia, con profunda ilusión: ir a ver al maestro. De pronto, por un acontecimiento concreto y ajeno, supremamente ajeno y tan inmenso como para ser, por sí, por su magnitud, digno de la atención total, de la piedad infinita y, sin embargo, difundido como una niebla, entre la que queda el punto álgido del dolor concreto que hay que buscar en la oscuridad, en la confusión... Llamadas de amigos, consejos, las vanas —irritantes— suposiciones tranquilizadoras de que acaso no... Único refugio el tren, correr en el tren, en su acezante ritmo que marca el paso —el poco a poco— de la distancia. Van los dos —Elena y Montero— a ver, a conocer el final del cuento: la certeza de la destrucción no puede apagar el recuerdo de lo no visto, de lo vivido con una visión que se puede imaginar rota, herida, pero no inexistente y así, en el traqueteo inacabable, van hacia ella y llegan —llegan a lo que yace—. Lo derrumbado como lo resistente y poseído por un olor, una especie de esterilidad del aire... y hay que entrar en ese aire, hay que buscar... Inútil dar señas, direcciones: lo único seguro es el hospital, el refugio de lo que sobrevive.

El reencuentro, que tanto se había demorado por creerlo demasiado conturbador de los cimientos, demasiado sísmico para las viejas bases, se producía ahora ante una vida ya agrietada por las convulsiones de la tierra, un resto que por su acabamiento, por su escasa posibilidad de reacción hacía más posible lo que para el corazón —para el sentimiento, para el alma que ama— tenía que haber sido explosión o torrente, la vida. La vida, cayendo ya en sus últimos escalones —límpida la conciencia, serena ante la partida, con total abandono del equipaje que queda en las manos— por la infinita adhesión —filiales, herederos legítimos, sin testamento. Lo inaudito, lo incomprensible por evidente, el encuentro anhelado, siendo encuentro, tal como se anhelaba; la misma emoción, la misma efusión: nada de lo propuesto, la dicha del encuentro con el que vuelve —esa misma dicha, sus tonos o grados o medida sensible, esa misma dicha, convertida en el dolor ante el que se va. La tensión del encuentro transformada en despedida. Y, claro está, recurriendo a las nociones comunes —las que cualquier profano emplea— lo difícil resulta fácil. Pero si se quiere hablar de lo que no está urbanizado en los textos —seguro como la señalización de carreteras—, si se quisiera hablar de lo que era el adiós, el desgarramiento de los lazos, lo humano o demasiado humano...

La demasía —que no queda muy clara, aunque la frase sea inamovible—, la demasía es adosarle, de un modo u otro, adjetivos a la muerte: decir ¡qué horrible o qué arrasadora —siempre dijimos niveladora— o qué descorazonadora es esta muerte colectiva! Todo adjetivo es demasía porque la muerte no es más que muerte, y es la sensualidad —la lujuria del pensamiento— la que le añade apólogos o ditirambos. La muerte en colectividad, la muerte bajo el muro que aplasta —muerte de insecto espachurrado o entre las llamas del gas que se inflama... En todo caso, lo verdaderamente atroz es la muerte... La que están viendo —padeciendo— es la muerte del maestro, claro que al mismo tiempo, ven la ciudad destruida. Imposible imaginar la ciudad que no se conoce, entre los cascos del pote roto... El aire, la brisa de la calle, la que cada calle tuvo y ahora es polvareda común a todas. Pero, qué importa cómo, el caso es que murieron... bueno, no, las calles no mueren: fueron borradas, reducidas a escombros, pero quedaron sus nombres y sus mismos nombres las reharán, lo que murió allí, con su muerte brusca o lenta como la que están velando —como si se tratase de un sueño, cuando el sueño no ha llegado aún—, están velando un silencio previo en el que se hacen esfuerzos inauditos para que no llegue el sueño verdadero y se sabe que ya no hay medio de impedirlo: no hay más que seguir velando, en la espera sin esperanza... Y por eso la mente se disipa, se escapa a sus lascivos placeres: la mente quiere saber lo que, sin haberlo visto nunca, se sabía y hasta se frecuentaba, porque lo relatado —contado como un cuento— una vez, se había recorrido con familiaridad; se había acudido más de una vez a casa de los de Acevedo, se había paseado por el huerto de Clotilde. ¡Qué esfuerzo indecible imaginarlos ahora, cuando había sido tan fácil, tan seguro, cuando era el cuento contado por el maestro en sus cartas, noticia de su vida solitaria en el pueblo ignorado! Claro que todo aquello, la casa, el palomar, todo tragado por la tierra, que había abierto grietas como bocas hambrientas que se lo tragaban todo masticándolo de una vez, los monumentos, las casas, como las galletas que hacen *crac* y quedan hechas polvo... Todo esto y más, todo lo imaginable, devanándose en la mente de los que esperan que llegue lo único absolutamente atroz, lo inapelable que se ha impuesto lentamente —tan lentamente que, en su intermitencia, hasta parece ir a ser dominable y no lo es... En los momentos de lucidez —la lucidez no es ni un instante ofuscada—, en ciertos momentos de fuerza, algo así como si la vida tomase aliento, afrontase la muerte como en un juego de cartas —un momento en el que la vida pone a la vista los triunfos que le quedan, mide, compara con su contraria... Constata que la rival no tiene más triunfos que el silencio y, en ciertos momentos de ficticia fuerza, lo único es romper el silencio, aprovechar esos instantes para poner en orden, más bien para redondear el párrafo... párrafo en el que hay que evitar que se confundan el sujeto y el verbo... Esos momentos o destellos son diversos enfoques de la realidad como lo que queda, como la cauda... la cola de pavo real del pasado, es decir la presencia parcial de lo que todavía se ve del pasado: su imposibilidad, en fin, de pasar. La presencia que ahora se aprieta como un lazo, en un rendir cuentas —el discípulo ausente, el desertor—, en un esfuerzo insensato por demostrar que no hubo ausencia, que no hubo separación y los destellos desfallecen en su esfuerzo verbal, quedan apenas en movimientos, en caricias, presiones de manos, mirada o caídas de párpados, que cierran con fuerza el cofre... Otras veces los chispazos tienen una cierta frialdad razonable, concreta como lo que va —o debería ir— a seguir, concreta, alusiva a lo que está ya en papeles: con un remordimiento infinito porque hayan llegado a ser papeles y un descontento, decepción —algo así como un amor fallido— porque no hayan seguido siendo y ya nunca podrán ser —esos papeles, que quedarán en las manos de los discípulos... discípulos ¿de qué ciencia?

Por el imán de las afinidades electivas, se había establecido el magisterio: normal, por otra parte, tan normal como cualquier otro en el que contase la diferencia de años, la superioridad de conocimientos, títulos, etc... No era eso, no, lo que había formado aquella unión era una... como una casta mental que los reunía, pero en un reducto cerrado, no, los reunía o simplemente los unía en sus apetitos ante el mundo: apentencias gustativas, directoras, dictadoras, tanto en los grandes afectos —pasiones, devociones— como en toda chuchería de la feria mundanal. La disciplina, una especie de ley de la selva: aceptación de lo directo que se da y encaja con la forma propia... Así había sido el principio. Los alimentos primarios consabidos —la cartilla, el Decálogo— pero todo ello suspenso como si ya... como si el jugo se buscase en lo intacto, probando a ver el sabor nuevo —no comer nada que no coma el mono—, creencia única la adecuación, la respuesta del pensamiento vivo... y así hasta la madurez, y en la madurez la deserción... Luego, los hados, los tiempos malhadados uniendo la ventura de la criatura investida de secretariado —inefable secreto de lo vivido y recorrido en demandas inútiles... Agua pide el que muere en el desierto, pero el que muere matado pide la fuerza —el poder— para matar al que le mata, y así sucesivamente... Y todo esto revolviéndose en la noche agónica, poniéndose en pie, empecinado en vivir mientras dure el silencio de la vida matada que fue matada por algo... no por alguien, por nadie, en fin... Y pasa la noche, con alguna calma que hace olvidar, pero al fin el silencio es la calma absoluta.

Los ruidos de la mañana no indican despertar de la ciudad, son ruidos desusados que pasan sobre ella para no emprender el día como el interminable afanarse de los que pasaron la noche trayendo y llevando muertos. El hospital sigue en su rutina, sólo la luz del alba es terminante como la última palabra... Se reúnen sobre el embozo de la sábana las manos, seis manos que intentan o más bien que mantienen el diálogo del calor. Las manos vivas que hacen por retener el calor que se extingue en las dos manos que ya no responden a la presión, que ya no contestan a las caricias, las manos que ceden con abandono, como si el vello blanco que las recubre fuese heraldo del frío total.

Luego llega eso que se llama trámites para obtener en la tierra atormentada, convulsionada y aun apenas en posesión de su equilibrio un trozo mínimo de tierra en lugar seguro, por el momento, en la tierra que, ya se sabe, puede cualquier día echar afuera a sus muertos, y soterrar a los vivos... Trámites, pequeños deberes cívicos que, de ordinario, se olvidan y que, de pronto en los momentos graves imponen su ser o no ser, es decir, estar o no estar, contar o

no contar entre los ciudadanos y, a más de los trámites
—cosa fácil, aunque molesta— relaciones, presencias que,
por significación profesional y todo el resto —digamos, exilio— se imponen también, no enojosas, no, hospitalarias, si
acaso, pero opresoras en el momento del silencio no comunicable, en la asunción de la soledad... Profesores, escritores, críticos en torno a la tumba: tierra intacta, con sus
mármoles y sus flores, respetada por...

*

Buenos Aires, al fin, trabajo, descanso y oración nocturna, llamémosle contemplación de los mármoles de la Recoleta. Se reanuda el trabajo y se refuerza la amistad. Tertulias interminables que tienen algo —en su principio, en su
solicitud— de gabinete de urgencia, más que de velorio.
Todos están en la brecha, vienen —siempre vinieron, ahora
acuden— y la noticia enorme del desastre, cuyas dimensiones tienen que conmover al país entero, se reducen o más
bien se concentran en el pórtico o pilar —puerta que daba
señorío al portón— del huerto de los Acevedo, el pilar que
flaqueó y dejó caer la techumbre.

Porque sucede que las cosas comunes acontecen, claro,
como cosas comunes, ¿a quién le acontecen esas cosas?
Queda zanjado lo común de los hechos, y los quienes que
fueron vehículo de su acontecer, se reconocerán y se quedarán contemplando la cinta que pasa, es decir que lo que
pasó se convierte en permanente consideración que empieza por recapacitar quiénes son ellos —esa entidad que diputan como *ellos*.

Ellos, los tres, son —eran— exiliados y se habían propuesto no ser exiliados... nada de vanas actitudes, deseos
de destacar, de brillar, nada de eso, sino un preferir la derechura invasora —el que tenga oídos, oiga— a la solidaridad, ¡bendita sea!, preferir la irrupción —intrusión, acaso— del trotamundos. Porque el exiliado llega por la calzada real de la solidaridad, hospitalidad... Cuando el exiliado llega falto de todo medio de subsistencia como el más

pobre gato, pero con el caparazón de un nombre, llega, en cierto modo, como el potentado, como el turista notable y, sin duda, su situación es difícil, pero no con la bella dificultad del trotamundos. En verdad se agrava por su aparente orgullo, que no es más que exigencia de auténtica verdad en el trato humano, deseo de recogimiento, de afrontar cara a cara la situación nueva, imprevista, indeseada, ¡no detestada, no!, surgida circunstancialmente, mostrando su abanico de circunstancias, unas apetecibles, otras mortecinas, esto es prefabricadas, *prêt-à-porter*, y la obsesión, ambición de personalismo, de originalidad, en fin, ir buscando el origen, ver cómo se origina, así nada se vive, todo se deja ir... hasta que un día ocurre el derrumbe. La sorpresa que estalla en un ámbito insospechado. Nadie había abrigado tal temor, habiendo abrigado o más bien habiéndose abrigado contra otros peligros. Ocurre el derrumbe y entonces lo que se esquivó como camino trillado —la solidaridad, la unión en el dolor que es, en puridad, sentir la descollante, impoluta personalidad, ver la persona, en fin, caer rota, no poluida pero sí fracturada como la de cualquiera, como cualquier *cosa*, la personalidad diluida entre el dolor que se extiende, el dolor que se convierte en clima, lo que se puede llamar común se hace —se llama porque su presencia es un calificativo—, se llama universal, absoluto, el dolor causado por la tierra que, como el cascanueces fragmenta ciudades y hombres, aplasta y deja la materia real, una vez acallado el terremoto, enterrada: todo queda enterrado en cuanto la tierra se aplaca y entre los escombros —en cualquier reducto que quedó, por azar, por alguna razón geométrica quedó algún muro conservando en ángulo la estantería, los libros que no cayeron al suelo, las carpetas innumerables, los fajos de papeles, lo único que quedó vivo, las horas de insomnio del maestro, su soledad en la tierra que repentizaba. Una vida, la suya, que en su principio, en su apogeo había sido herida, había sufrido el golpe de la muerte... la muerte es muy difícil de comprender porque siempre se le pone algo al lado, se le adjudica formas —causas— a la desgracia y sólo se la comprende como ahora —en esta ocasión o modo o, en fin, hecho—, la muerte sin más que muerte, destrucción, convulsión de la tierra que se descuajaringa sin saber por qué... ahí la diferencia, porque al recordar ¡aquello!, aquello que puede parecer lo mismo que, en su resultado lo es, pero en su principio y en su epílogo consecuente es muy otra cosa, es decir, muy otra muerte. ¿Es que esto puede ser? Pues sí, puede ser en una forma *sui generis* de ser que sólo pueden comprender los que vieron aquella que parece —parecía— igual a esto, pero no. Sólo al ver esto se comprende lo que era aquello, lo que no se quería ver porque en aquello no estaba exenta la totalidad mortal... Sobre aquella muerte estaba una vida que... esto es lo difícil y lo intolerable, una vida que conocíamos tan bien como la nuestra, que no podíamos menos de sentirla, en parte, en cierto modo, nuestra... El resultado de esta supercomprensión no podía ser, en resumen, en última instancia, más que rencor. Rencor como última concreción, rencor contra lo invisible porque el rencor es un fenómeno natural que se impone y ofusca porque la causa invisible borra —como una nube, deja lo evidente oculto, no ignorado, sino confundido con lo actuante... ¡Qué distinto de esto que se ha dejado ver sin causa computable! Tan claro, tan patente el muerto, cada muerto que se contempla porque la piedad también es fenómeno natural y el que está vivo y consciente ante el muerto, se abandona a esa contemplación que es en verdad una certeza de que no hay nada que hacer, nada más que ver el muerto roto, en pedazos, en el comprender que no hubo nadie —ningún alguien— que lo rompiese. La piedad cumple su ciclo, el horror, el breve espasmo del llanto y luego la reflexión aplacadora.

La reflexión es un instrumento que se emplea... que emplean ellos, los dos, un hombre y una mujer, y la emplean con empeño para cerciorarse de quiénes son ellos, de qué es la fuerza que los une. La miran como si tuviera cierta novedad: la ruptura. Lo nuevo es que son dos y eran tres, ¿desde cuándo?, desde siempre; se sabían unidos por ese vínculo magistral que la vida había mantenido en situaciones cambiantes, voluntarias, fortuitas, de todos géneros, pero habían sido años, los años centrales, desde los parvulares hasta los adultos y ahora se veían —se contemplaban, se consideraban— y la visión y la meditación no eran más que algo como un rumor que los adormecía, los mantenía en una especie de desvelo, que no era exactamente duermevela, sino un empeño de ver claro cuando no hay nada, de hecho, que enturbie la vista, nada que ofusque: no hay nada entre ellos que requiera suprimir nada ambiguo: la pureza —la falta radical de toda impureza—, la pureza de la unión que se hace más patente —repitiendo— como un rumor, un zumbido de la mente que persiste imperioso, como un dictado, un futuro indudable, de vivificación del pasado inmediato, que no puede pasar: quedan, permanecen los dos estupefactos ante eso de ser dos: sin resignarse, sin comprenderse, cada uno en su lugar de perfecta distancia. Solos en su compañía, y también destacados ante los otros —el mundo— como algo que es dos bien distintos. Ella, Elena, una amazona —se siente— desarzonada, él, Máximo Montero, perdida autoridad forestal.

* * *

Lunes, 7 de abril

Ya estoy aquí, no tengo más remedio que aceptarlo. Ahora todo el mundo sabe tanto que el más ignaro se permite conocer la acción destructora del sufrimiento moral sobre el organismo físico y concluye que hay que desviar, separar... ¿qué?... aquello que sufre, una especie de sujeto interior, que irradia su amargura sobre las bases fundamentales de la vida. Para atajar la dolencia no hay más que seguir el régimen: cambio del medio ambiente, suspensión del trabajo, inhalación del aire puro, lejos de la ciudad. Con esto todo queda arreglado... Suena a ironía y me avergüenza, pero no la excluyo del todo. Mi gratitud al orbe humano que me toca en suerte es enorme, pero la ironía patalea malignamente porque ¿qué sacaré con todo esto?...

Vivir, tal vez y nada más: debería conformarme. Lo que no comprenderá nadie, ni mi constante benefactora ni todos sus familiares es que yo acepto su ofrecimiento precisamente para evitar la desviación. Esta residencia, en perfecta soledad, me permitirá mantener mi ensimismamiento en la contemplación —más bien meditación, consideración, especulación— del acervo de sufrimiento que me queda para... creo que lo más justo es administrarlo. No hay por qué pensar en lo que malgastamos ni en lo que erramos, aunque hoy vea claro que no debimos separarnos. Mi libertad, mi juventud era lo que el maestro no quería coaccionar con su presencia, cuando habría sido mucho más... verdadero, coherente, natural que yo me hubiera encerrado con él en San Juan. ¿Qué es lo que yo he hecho —o puedo hacer— en Buenos Aires? Demostrar que no sé hacer nada, en cambio, allí... mi conducta —mi inconducta— habría sido igual, pero hoy conservaría la imagen, la visión vivida de todo aquello. Bueno, lo probable es que no conservase nada —que no me conservase— pero ese deseo no podrá jamás extinguirse en mi alma: haberlo conocido y haberlo presenciado, tener la vivencia de aquellas calles, de la confitería donde tomaba el té Clotilde, de las inmensas bodegas donde escondía su laboratorio el tío Félix —en las cartas del maestro «un sabio muy chiflado, ¡un gran tipo!». Haber conocido todo aquello y haber presenciado la catástrofe desde el principio. ¿El primer síntoma... un aire enrarecido, tal vez, o acaso un rumor apenas perceptible como cuando se agrieta un vaso con el agua hirviendo?... Conservar la experiencia de la primera falta de equilibrio... aprensión de engaño o de traición del suelo, hasta el primer derrumbe ya demostrativo, inapelable. Yo debería haber estado allí, yo no debía haber presenciado la muerte del maestro en el hospital, con la paciente técnica defensiva —al fin inútil. Yo debía haber estado con él hasta haber cambiado la mirada de comprensión, hasta habernos sentido seguros de lo que pasaba. Esto es lo que me entretendré en repasar aquí como si hubiera pasado, con la inconformidad de que no pasó.

Martes, 8

Magnífica soledad. Me han dejado la casa pulcra, perfectamente habitable y además tres perros. No fijos, en propiedad, algunas veces vienen más: los *habitués* son los que acostumbraban a aprovechar los restos de la casa —generosidad rebosante de los dueños—, los más notables entran por la cocina como Pedro por su casa. Me siento uno de ellos.

He conseguido organizarme: las mañanas para trabajar, hay demasiado sol para andar fuera y *La educación* avanza poco, poco más de cien páginas. Por la tarde vago por un sendero que es lo único que distingo en la inmensidad de la pampa. ¡Qué belleza indecible! No hace falta mirarla, se vive, podría decir, se huele... o será que me identifico con mis acompañantes. La perra parida va con sus tetas colgantes, olfateando en los pequeños montículos donde se presienten sus habitantes, escarba con furia, aplica la nariz y saca un ratoncillo: lo saca, creo, por el rabo, echa el hocico hacia arriba y se lo traga entero. Espectáculo ejemplar.

Miércoles, 9

Trabajo, avanzo en ese mundo prehistórico. Más fácil de entender para nosotros —los del mundo que apenas entendemos—, más fáciles de entender los de Cromagnon que estos exquisitos de nuestros abuelos, que ya casi no divisamos. Su vida lenta, sombreada como si hubieran estado en la tarima de una clase de dibujo y alrededor los diseñadores que nos dejaron el recuerdo de su garbo...

Jueves, 10

No he trabajado por la mañana: ha amanecido nublado y la falta de sol me ha parecido una licencia más. He vagado bajo el nublado, nada londinense, nada productor de nieblas: aglomeraciones de nubes, que se dibujaban en su claroscuro propio. No se podía saber de dónde venía la luz que las enfocaba. Son un techo tumultuoso de la pampa, que se mantiene así hasta que sople un viento.

Viernes, 11

Sopló el viento y volvió el cielo azul, no volvieron las ganas de trabajar. Por la parte de atrás en que la casa proyecta su sombra, se puede estar, viendo el campo que el sol devora. Un pequeño reducto de sombra, es mi atalaya... Siento la soledad como una posesión ¿demoníaca, angélica, numénica?... en esta plenitud campera experimento algo así como un bienestar prometido. Y mi benefactora me acosa: «Deberías leer cosas de la tierra.» Lo rechazo con horror: leerlo aquí lo degradaría, sería como buscar información, hacer acopio de los terminejos castizos para emplearlos debidamente. Este silencio, esta ausencia se sabe, se siente que, de lejos, ha debido de ser inspiradora. Muchas cosas grandes de esta tierra se escribieron, seguramente, en París... hasta los más próximos carecen de la vulgaridad realista... la más conspicua es poesía y, en el fondo, ¿qué es?... canto nostálgico. Esta tierra que está aquí callada, allá lejos se hizo: lo que ellos, los inspirados hicieron, es lo que aquí vivimos: leerlo sería profanarlo, sería no haber tenido bastante con lo que leímos, sin verla. Esta tierra que vivimos, sólo se entiende habiéndola vivido como promesa.

Lunes, 14

Se terminaron las dos semanas, la última ha sido la mejor. No he escrito ni una página... He vagabundeado —con mi corte perruna— y he visto —contemplando— cosas sin ninguna novedad, pero la próxima vez las incalculables veces que vuelva a verlas me detendrán en el mismo éxtasis. El círculo de los hongos es cosa que no ha visto todo el mundo, pero una calavera de vaca en la pampa, quién no la ha visto. Sin embargo, la miré incansable, y al mismo tiempo me daba vueltas en la cabeza un verso, un endecasílabo de un soneto que no sé... Repetía sin parar, «Como una carta rota entre la hierba...». Es que, mentalmente, me puse a armar el esqueleto, diseminado alrededor, como el del dinosaurio, recogiendo los huesos desperdigados —bien blancos, bien mondados—, haciendo por imaginar el contexto, el mensaje de un semen que se albergó en una tierna, húmeda matriz, calentita, y ahora anda por ahí desorganizado, inconexo. En cosas como éstas se me ha ido la mitad de la licencia. Y lo peor es que no he sabido abandonar el libro, del todo: he seguido hojeándolo y he pasado del clima sentimental: he llegado a las fechas funestas —¿gloriosas?— y me he encontrado con párrafos, grandes párrafos en español. Esa emoción, ese orgullo —inevitable, a pesar de la autocensura— que se experimenta cuando en un texto ajeno encontramos un párrafo de Quevedo o Lope, esa inconfesada emoción, aquí me causó un rubor, ¡un rechazo! —¡1839-1937!—, las mismas frases, ¡las mismas!, llenas de verdad, de justicia, de heroísmo y de horror... Las mismas frases grandiosas y burdas, una especie de eco que hubiera resonado de talud en talud, hasta quedar en un rumor grosero... habiendo sido un grito sublime. ¿Por qué esto, esta historia sentimental, historia del —o de los— sentimientos —que nos historia lo que hizo este pueblo —Francia— con su pensamiento hasta hacerlo historia —sentimiento— de todos... Y las frases copiadas —con un siglo de anticipación —tal como se dijo, se gritó, se aulló en un desesperado alarido, que no supo imponerse, que no quedó como voz de los grandes, sino como estertor de los... jamás me atreveré a escribir una frase —ni media— en latín, pero ante esto, sólo convendría lo que sigue a ¡Ave César!... y no hay resignación, ¡algo peor!, no hay comprensión. Ésa es la diferencia.

Aquí, ahora, la piedad no está maculada por el rencor. Aquí hemos visto, cara a cara... ¡sin cara!, la muerte. Eso es, por no tener cara —por no poder inculparla, echárselo en cara— la vemos como lo que es, lo que acaba con todo rostro humano. De esto nos acordaremos el resto de nuestros días. Esta convicción, esta seguridad de su nada, de su contrasentido —la acción de la nada que se traga todo lo que *es*—, esta seguridad me hace poner fin a estos estúpidos cuadernos. Me avergüenza —por el contrasentido— emplear en esto la soledad —mi soledad—, es falso, la soledad ha sido el silencio, el éxtasis ante las formas. Ver y callar, ver la gentileza del avefría, pensar, ésta es el avefría que se nombra en las novelas inglesas y que no hay en mi tierra, o la hay con otro nombre. Aquí tampoco es avefría, aquí se pasea por las veredas encharcadas mirando, desde la altura de sus zancos, lo que vale la pena de picar... Basta de absurdo, basta de imposible: dejar aquí cosas banales, pretendiendo concretar lo absolutamente indecible, la inmensidad de lo profundo, de lo total que afluía a mi mente —alma o lo que sea— callando ante la lagunilla donde se paseaba el tero.

V

El trabajo, modificado por circunstancias oportunas, deja, sin embargo, tiempo suficiente para poner en la pared, con unas escuadras, cuatro tablas de metro y medio. La herencia del maestro se reparte, según su peso específico: en las tablas se asientan los libros, las carpetas, los papeles, en fajos mal pergeñados, requieren examen lento y docto: tendrán que esperar días ociosos de Montero.

Se reanudan, en Guido —disminuida la sala por la estantería— las tertulias vespertinas. Afluencia, en rachas frecuentes, de los muy queridos, visitas esporádicas de los inevitables. Sería delicioso evitarlos, dejar a un lado los menesteres de la vida, sin dejar la vida en sí misma: sería delicioso evitar los enganches, las agarraderas, poner las tablas en su lugar, como en el sueño, sin escuadras, pero la vida se empeña en afirmar que no es sueño.

Aparecen los que ofrecen y, al mismo tiempo, exigen —con derecho, se entiende— los que esperan *La educación*, traducida, que ya está, informe, falta de pulimento, pero en gran número de páginas. En el mismo estado se encuentra la editorial incipiente, NUEVA CANCIÓN, que tal vez llegue a lanzarla al mundo... Por otra parte, es decir en otro barrio de las letras —también empresa novedosa, especie de academia— brota un CENTRO PREPARATORIO de juventudes que aspiran a ser —disciplinas diversas, teóricas y prácticas. Montero, llevado por sus ángeles benéficos, invoca al niño aquel de la viuda, oye hervir el pucherito del cocido diario... Ahora son quince o veinte chavales —escuadra en la pared, para él y él para ellos... En unos y en otros, en los barrios diversos, tan distantes, las letras, la mente del hombre —levedad onírica—, sueño diario del pensamiento, que une y enzarza a unos y otros.

Vuelven los muy queridos, con cierta modificación que parece rehacerlos, pero que sólo les añade algo ajeno y, por ajeno, admitido: aparición de Nacho Cruz. Nacho no pretende suplantar a Fermín —raigambre de infancia, de pubertad, de clima fraterno sostenido durante años, y un día desgarrado—, Nacho ha asumido la nostalgia del recuerdo, se ha hecho —convertido, neófito— en uno de los que fueron, y seguirán siendo, tres. Claro que su extrema modestia —veracidad cordial— no enturbia su carácter munificente de alegría. La alegría como carácter, como fenómeno natural, incontenible, se ha incorporado al trío, sin substitución, sin suplantación. Nacho ocupa un puesto que no es canjeable: es una realidad trinitaria, que rebosa, algo como un brote de savia inmortal que da yemas nuevas. Nacho es *el nuevo*, el que, sin transformación, prolifera, impone la hojarasca de su música... Nacho toca el piano y no por afición —no sólo por afición—. Nacho vive de su piano: el piano no es suyo, lo suyo es el talento y, por modestia o inmodestia —o las dos cosas— se cree capaz de sacarnos a todos del abismo. Todos, él y todos, saben que no hay medio de salir, pero él cree que hay un medio de *estar* en el abismo. Un modo de *estar* que logre el tono de la vida, sin descargarse de la muerte. Un tono que sea, simplemente, conciencia, algo tan firme y definido como el tono de la música... ¡De mi música!, dice, y ahí su inmodestia, confía en su poder y lanza sermones contra las actitudes que se aceptan de oídas... como si tuviesen un fondo ético, que nadie pudiera negar. El prestigio de las cosas elevadas, ¡los conciertos!... nadie se niega a ir a un concierto aunque vaya cargado de dramas, pero a una *boîte*... Lo peor es que no hay medio de hacerles ir a oír su música.

—¡Mi música! —dice—, lo que importa es que vayáis a oírme a mí, a juzgarme, a decirme, hablando en plata, si creéis que algún día tocaré en algún sitio que no sea una *boîte*.

—Claro, claro —dice Elena (todos asienten)—, la música tiene el inconveniente de que no es transportable, ni fotografiable como un cuadro. La música necesita un espacio donde sonar, y no sé si será soportable ese espacio.

—¿Por qué no va a serlo? ¿Por qué no vais a poder abstraeros, concentraros en lo mío?...

—Y, en resumen, ¿qué es lo tuyo, lo que puedes hacernos oír?

—Ya puedes figurarte, como lo mío no es cosa de batería... tengo que tocar las canciones de moda.

—¡*Vade retro!* Eso es lo peor.

—No, no es peor porque son a la medida de mi público que, ahí, en su mundito, sabe apreciar mis facultades y me da el suficiente prestigio para permitirme, a veces, tocar cosas extraordinarias. Creo, incluso, que mis extras les dan prestigio entre la gente bien, intelectual... Un día dirán los críticos, este fenómeno es aquel chico que tocaba en una *boîte...*

—Dirán muchas cosas, creo que puedes creerlo... —dice Elena—, pero en el presente, ¿hasta dónde pueden llegar tus extras?

—¡Oh, a donde quiera! Todo es cuestión de maña. Si les digo un día que voy a tocar Beethoven es como si les dijera que voy a cantar misa... Beethoven será, si llegáis a ir, te lo prometo.

—Perfecto, sabes que, en general, lo detesto, pero sirve para el caso.

—Sirve: es lo suficiente sacrosanto como para poder desoírle y atender a mi demostración de facultades.

Se hace un silencio rumoroso, como si consultasen entre sí, pero no consultan unos con otros, sino cada uno consigo mismo, para vencer la repugnancia de ir a un sitio tachado de esnob... que, además, es caro, dificultad casi insalvable... Elena sonríe delatando su poco de tentación.

—¡Elena!, convéncelos y te dedicaré la *Appassionata.*

—¿Cómo es la *Appassionata*? —dice Juan—, ¿es tan arrebatadora como la *Sonata «Kreutzer»*?

—Es tanto o más: es lo más concebible.

—No lo creo. Si lo fuera —dice Elena—, se habría des-

bordado de la música a la pintura: alguien nos habría dejado su imagen, el misterio de su garbo... *L'arte, nel suo mistero, le diverse bellezze insiem confonde...*
—¡Oh!, cántalo —dice Juan—, eso es pintarlo.
—Sí, la escena es un cuadro, pero dura poco, en cambio la pintura retiene... En el cuadro, que todos recordamos nada más nombrarlo, está el violín apasionante y el silencio como su más alta vibración, ¿veis?, hoy podría hacer eso el cine, pero no lo haría: haría otra cosa, nos relataría el caso: la pareja, arrebatada por la pasión y la ola de la música que viene desde lejos y rompe o se deshace en el contacto. Eso es lo que haría hoy el cine, rematar la cosa con un beso documental. El cuadro es más violento que eso, más que la sonata misma, más que la exégesis de Tolstoi que la arrastra por la prosa. En el cuadro está el deseo, el deseo es lo que en el cuadro se mueve, lo que está pintado es el arrebato que la arranca a ella de su asiento en el último acorde y calla, callan los dos.
—Bueno, bueno, pero la música no es para pintar... todo eso del cuadro es muy bonito, pero no es música —dice Nacho, un tanto mohíno.
—De acuerdo, las dos cosas, música y cuadro son romanticismo y del romanticismo lo que nos queda a nosotros es el deseo, —dice Elena—, yo lo he deseado toda la vida, podría contaros... Corría la guerra del catorce, pasaba —paseaba— por nuestro barrio mísero, no con la miseria harto cantada de piojo y hambre, sino con la otra que nadie cantó, paseaba el poeta romántico —capa española, sombrero haldudo— Emilio Carrere: él pasaba y se dejaba ver de los que querrían ver más... Cómo supe yo que había más: el caso es que lo sabía, de un modo que no puedo transmitiros, la ansiedad insaciable... La guerra pasó, al fin, y la dicha de haber sido salvos tenía, en el fondo, como un resquemor, algo así como la vergüenza de haberlo sido... No es una aprensión personal, esa vergüenza yo sé que existe, que es algo intemporal, universal. Es una vergüenza que está agazapada al margen de Troya, al margen del Vellocino de Oro, del Santo Graal, del Sepulcro de Cristo...

Es una vergüenza latente, como una rubéola que brota siempre que nos ponemos a considerar nuestra falta de arrojo... Cuando llegan las guerras todos lo derrochan, el valor, el heroísmo, la vida... Pero es que llegan las guerras porque antes, cuando se vivía y se pensaba, faltaba el... estilo, creo yo, bueno, la depuración.

—Convencidos —dice Nacho—, pero dejando aparte las cosas intemporales, ¿iréis? ¿Tendréis el suficiente arrojo para ir?

—Iremos —dice Juan—, pero por mucho prestigio que tengas no te dejarán apagar las luces y hacer un profundo silencio hasta que tú toques. ¡Eso sí que sería fantástico!, entrar silenciosamente, andando a tientas entre las mesas y, de pronto, un foco luminoso, como un halo santificante, cayendo sobre tu teclado.

—Muy bonito, muy bonito, pero también sería muy bonito —o más— todo lo contrario. Figuraos que entráis en una sala luminosa, agitada por una música bárbara que baila una tribu de gitanos rusos en un tablado...

—¡Un tablado! ¿Tú tocas en un tablado?

—No, ¡qué disparate! ¿Cómo se os ocurre?

Nacho desfallece, siente que ha perdido terreno en la captación, por haber pronunciado una palabra proscrita, un *tablado*... Nota el retroceso de todos, la oposición unánime que se ha creado en un instante, teme perder el juego, pero no tira las cartas y sigue.

—El tablado está al fondo de la sala inmensa, a la izquierda hay otra cosa también levantada del suelo, tarima o tribuna... como queráis, y allí está el piano, a mi disposición.

—Pero no puede ser sólo ése el tiempo que tratas con un piano. ¿Dónde estudias, no habrá otro sitio más acogedor donde podamos oírte?

—No, no lo hay.

—Luego ¿no estudias?

—Estudio hasta morir, en una especie de garita de topinera en la que la anchura del cuerpo es la del recinto, el lugar suficiente para estar de pie en la vigilia, sentado en el estudio, enroscado en la cama, más corta que la medida del cuerpo.

—¿No has encontrado algo mejor?

—No, no lo hay en ningún sitio donde se paga... en teoría y por no sé qué azar, se permite o se aguanta —tal vez por ser un ámbito infrahumano, de embrutecimiento—, la cantinela diaria.

—De ahí sale tu música, limpita y llega incólume al Balalaica.

—Así es y, ¿siendo así?...

—¡Chantaje no! —dice Claudio—. Iremos a oírte en tu salsa de esnobismo...

—Bien empapados en la salsa, Elena —dice Nacho—, no te pongas de terciopelo negro y cuello blanco, como Pascal.

—¿Pascal iba de terciopelo? No es tela eclesiástica. Me pondré una blusa magenta.

—El magenta tiene muchos bemoles: el magenta es un rojo ambiguo.

—¿Qué quieres, sangre de toro?... Algo encontraré...

*

Un *remue-ménage* se ha armado, cada uno lo lleva consigo, se lo nota y se lo niega a sí mismo. Temen que crezca: saben que puede crecer... Claudio y Juan se sienten convencidos, ganados, Montero hace la higa al diablo. Un no, no, no, no, como un moscón le zumba en las orejas, hace esfuerzos por recordar qué cara puso, qué grado de sonrisa benévola le comprometió. Por otra parte, la dificultad era tranquilizadora, en fin, una tranquilidad que, al mismo tiempo, le inquietaba —a él, Máximo Montero le inquieta profundamente— albergar en su mente una intención atravesada —impura le parece, por no ser íntegramente adhesiva, afín, armónica... Le inquieta la dificultad y el deseo —el deber—, el caso anómalo de ser deseo el deber —simplemente un tema de insomnio... Es anómala, por desproporcionada, la magnitud de la preocupación, por el mero hecho de que lo inmediato exige inmediata solución y caen al fondo las grandes amarguras, los grandes dolores que abarcan el horizonte hasta el primer oriente y que en el último tiempo han culminado en su fin. Inmenso, absoluto en relación con su propio ser el hundimiento, el acabóse y, sin embargo, las pequeñas, inmediatas inquietudes por si será o no será posible ir... El insomnio es el desierto frío, el desierto que no se puede desafiar contando con las propias fuerzas porque en él no se anda, no se marcha: en el desierto del insomnio se permanece fijo sin caer en un posible fin o descanso.

*

Gitanos rusos, gitanos, pero... El tablado no es tablado o, al menos, no se impone como elemento sonoro bajo el taconeo. Las botas masculinas, camperas, las flexiones de piernas fáunicas, pateando la tierra, no la madera. Los vestidos de las féminas, sin volantes, colores intensos, pesados, fuertes, ciñendo cuerpos de bravías, esquivas, de gracia misteriosa, es decir, íntima de la tribu... Y una proximidad ocasionada por el azar. Invitación y transporte milagrosos.

*

Triunfo personal de Nacho, conquista del asiduo que aplaude con frenesí, que entabla la charla, larga e inquisitiva: «Y usted, ¿dónde estudió, a quién conoce, dónde se mueve, con qué gentes anda?» Aviso telefónico en Guido y, al poco tiempo, un Ford, visiblemente cuadrúpedo, que viene a recoger al grupo y lo lleva hasta una mesa reservada.

Nuevamente se pone sobre la mesa la filiación inestable, patética... Exilio como punto de partida, terremoto como cúlmine: una especie de élite que Nacho expone confesando su adopción o más bien mostrándose adoptado, triunfo inicial, que le sostiene porque llegar al triunfo por sus pasos contados, ganando a la sociedad real asentada, a la que está en lo alto de la escala, requiere una previa seguridad, una corroboración que sólo se obtiene con el juicio puro, el juicio de los que no pueden dar nada más que su juicio. Nacho, en el intervalo sentado a la mesa del asiduo, había afrontado el vodka y el tequila, sin miedo, pero con precaución: no le había hablado de su garita en el conventillo, le había relatado las tardes y las noches, las cenas bohemias en el living minúsculo de Guido, con las gentes que traen el aire del heroísmo, del sacrificio y el cargamento de la inteligencia, de la cultura oprimida, que buscan aquí la libertad.

La novedad del ambiente es como un primer capítulo después de una larga introducción, o más bien como un primer acto: la actuación se impone. En la presentación quedan asignados los papeles. Corresponden a los chicos plazas juveniles que les ponen en lugar casi, casi de niños cantores —adhesión, admiración, entusiasmo que cantan en incansables loas—, la personalidad representativa, el discípulo del maestro victimado en San Juan —breves notas necrológicas han difundido su paso por la Argentina, Elena, discípula también, ¿secretaria?, tal vez. Demasiada seriedad, demasiada presencia para tal cargo y, a pesar de esto, ella, Elena, en su fondo, temiendo mostrar una excesiva juventud, una figura demasiado atrevida, una blusa colorada, sangre de toro. Con una profunda satisfacción, siguiendo el juego que tal vez resulte colaboración en el encumbramiento de Nacho: para eso se ha vestido. Una blusa japonesa se hace en media hora y el rojo es justo lo pedido, tal vez más, más de lo imaginado, lo más, lo recordado —el rojo, exactamente ese rojo como secreto, como confidencia, como respuesta simpática en las prostitutas de Alejandría: el rojo estableciendo el intercambio de miradas, el reconocimiento de la tribu, la consigna poética porque «De rojo se viste la bella»... y el rojo, el colorado de un percal barato se levanta de entre los muertos, con un atrevimiento que... ¡demasiado increíble, intolerable presencia! —aplacadora reflexión el triunfo de Nacho, el propósito, el empeño de contribuir, de representar el papel de personaje anunciado, con toda su gloriosa filiación. Y termina la danza: la agitación se resume en golpes definitivos, gestos, desplantes acordes en los que se unen todos como en una concluyente actitud. Grito salvaje, unánime como despedida, grito como adiós de caminantes, que dejan su polen de nostalgia y se van... Aplausos de toda la sala, que se aplacan pronto y se hace el silencio: se le siente ir rehaciéndose entre las ligeras charlas o rumores, que se extinguen. Nacho sube a la tribuna.

* * *

El primer acorde, efecto de las manos límpidamente posadas, se posa —el pulcro, neto y grave sonido—, parece ser el que se posa como un pájaro, oscuro y luminoso a un tiempo, imperioso: un sonido que impone silencio, más bien como si el sonido mismo fuese silencio, es decir, crease un ámbito sonoro que cortase el aliento, que suscitase el gesto de la boca apretada —el que tanto conocemos en escayola o porcelana— que con su cerrazón comunica la armonía propia, que el mundo acata. La melodía avanza y se desviste, se muestra galopando con miembros de *pure sang*, o más bien de Pegaso desmelenado, y la sala entera se inmoviliza, achantada bajo el trote de sus cascos. Se cumple, como un meteoro, la tromba de la *Appassionata*.

La gente recobra el movimiento, se dilata en la explosión de los aplausos y las consabidas efusiones. Javier —debutando como Mecenas— abraza a Nacho, en el público florecen sonrisas de mujeres brillantes. La casa entera, el servicio, los dueños o gerentes del negocio, los artistas que le precedieron, los gitanos, que se habían escapado a sus camerinos, volvían: el más bravo, el Iván, que cruzaba el tablado de un lado a otro con sus flexiones de piernas, acuclillándose en el baile: el gitano, rector de la tribu, alza los brazos, con las manos apretadas, mandándole un violento apretón de manos. El triunfo de Nacho le transforma, cambia su cierta amarillez, habitante del conventillo —un tanto Greco, un tanto medieval—, en gentileza —también fragilidad chopiniana—, atrevimiento, riesgo, confianza romántica.

Elena se sume en cálculos de agricultor: las posibles sequías, las posibles riadas, ¿qué se recolectará al fin para el grupo, un Javier maduro, su madurez como una cáscara de vivencias ajenas, burguesas, firmes en hectáreas de tierra, en papeles de bancos, en leguas rodadas o paradas en hoteles de medio mundo? Algo así, más o menos, algo así como adquisición de amistad, de presencia, de compañía y tal vez de orientación y, por esto, a causa de esta disipación, ¿alejamiento de Nacho, pérdida de un equis por ciento de su amistad y ¡más grave!, pronóstico de su sino, realización o disipación de su genio? Elena adopta la meditación como una tarea... Montero, Máximo Montero medita, pero no con la paciencia expectante del agro: piensa, ¡dónde nos hemos metido!, pero ¿es que nos hemos metido o es que pasamos —yo— sobre ascuas, y ellos, ¡ella!, sobre flores de primavera efímera, de... ¿quién puede saber?...

¿Quién puede organizar o dirigir el núcleo formado: más bien el núcleo informe, pero real, el núcleo poderoso de adhesión irrompible, absorbente y, al mismo tiempo exigente de cuidado, como criatura parvular?... Lo imprecisable —bordeando el misterio— era la formación fortuita de lo que era —de lo que había llegado a ser— grupo. Su estructura sólo tenía un punto fijo, un centro, Elena, pero ¿por qué Elena era centro del grupo, siendo ella, después de todo, un miembro de la brigada —forzosa designación bélica— del exilio invasor? Lo que el exilio tenía de invasión era lo más —o lo único— simpático, en la acepción alta de la palabra, que implica totalidad de pureza natural. El exilio, no siendo invasión, siendo colocación —necesidad justificante, claro está— pero su *cómo*, su sistema de explotación —también este término en sentido elevado, como se aplica a la tierra o a la ciencia—, esto es lo que la cosa da de sí. El exilio, como situación coherente de adhesión al exilio, sería lo lógico y, sin embargo, no había funcionado... o habían sido ellos, los tres —tres llegados por distintos caminos, tres unidos por lazos antiguos, distantes, no ajenos, pero sí diferentes. Los tres inclasificables por no tener filiación profesional, intelectual, ¿social?, llamando social a lo que se consideraba movimiento, *clase* de una sociedad supliciada: por lo tanto, idénticos ante o respecto al *caso*, diferentes en particularidades, sin más características que reclusión, esquivez cerrada y sin causa notable: abierta de par en par, como puerta a una estancia cuyo clima es ráfaga arrebatadora que crea vínculos, acordes —milagro de la consonancia que abarca las teclas con una sola mano y lo vario suena como uno—. Así el grupo, mera armonía subyacente en lo diverso externo, con una sola vaga información, parásito de la aceptación sustancial, existía. Existían, claro está —a mano para ser usados a veces— datos, más bien filiación ignorada, que había salido a la superficie: obras o conatos —más que ensayos— del maestro y, respecto a Elena, colaboración reciente, en su teórico secretariado. Respecto a Montero, magisterio antiguo y básico, adoptado de por vida. Montero, el último en llegar, no había tenido que pedir entrada, su nombre le había precedido, así que cuando llegó no tuvieron más que decir, ¡éste es aquél! El grupo no tenía más demostración de su verdad, que su ser exento de artificio, nada más que el síntoma infalible de todo lo viviente, el espíritu de conservación, el temor a la disolución. También a la inclusión o incorporación de elementos, de armónicos dudosos, no experimentales, sino funcionales hacia la... cotizable estabilidad.

Nacho, con su alegría gloriosa, antes efervescente, ahora asentada, con cierto aplomo, no sin entusiasmo.

—El próximo será Chopin.

—Pero, ¿es que habrá otro?

—Claro. ¿Creíais que esto no iba a seguir? ¿Creíais que todo había sido sólo *pour vous épater*? Nada de eso, Javier vive esperando que llegue el sábado, interrupción semanal de sus muchos quehaceres. De modo que el sábado a las nueve, dispuestos, Elena, embellecida: los chicos vendrán antes para que no se te olvide.

—No se me olvidaba, ni siquiera lo del embellecimiento.

—Ah, lo que se me olvidaba a mí es el comentario de tu éxito clamoroso. Al llegar a primera hora, yo había dejado mis partituras sobre el piano y al pasar el Iván hacia el tablado miró y dijo, de modo muy teatral: «¡La *Appassionata*!» Intercambiamos una sonrisa. Al otro día, cuando ellos ya habían terminado y yo estaba en el descanso, viene, poco a poco, y me dice: «¿Quién es la *appassionata*, es la de *colorao*?»..., preguntando con una especial avidez y entonces me di cuenta de que durante el baile había estado sin quitarte ojo.

—Qué disparate. Aunque bueno, el colorado ya otras veces me ha hecho notar. Debe de ser mi color, aunque no comprendo por qué.

—Veremos si se repite. A las nueve preparados.

—No hay por qué ir tan pronto, tú no empiezas hasta mucho después de las diez.

—Por supuesto, pero el coche vendrá a buscaros a las nueve: si no vas a primera hora, el gitano estará esperándote.

—Ni lo pienses, los gitanos a lo D. H. Lawrence, son adecuados para violar jovencitas: yo le pareceré una persona respetable.

*

Últimos acordes, redoblar de las panderetas, gritos unánimes de despedida, adiós de la tribu que marca su pasaje de adiós nómada... Rusa o balcánica, la tribu evoca siempre al húngaro errante. Historia cantada, historia borrada de su fealdad —la de toda historia— de muertos y trastos rotos: destrucción, contaminación de la materia maltratada: todo borrado, todo el campo allanado por el paso de la poesía, así que la tribu errante grita su adiós y desaparece al fondo... La mesa reservada está en la primera fila, en la máxima proximidad al tablado. No se pierde el menor detalle de los pies ligeros, que hacen revolar en pesadas curvas las faldas —casi manteos— de las bravías, y los golpes de las botas guerreras, que curvan y estiran piernas masculinas...

La violencia del baile macho se acentúa, como si lo bárbaro primitivo se esmerase en dedicación. Elena registra la ofrenda del baile y, sobre la danza, sobre el ritmo y el estruendo, registra la mirada del gitano, que se esconde en los giros del baile y vuelve a lanzarse en cada vuelta, como una flecha que permaneciese firme en la tensión del arco. Elena se abanica con la cartulina del menú, la pone, a modo de abanico, sobre su blusa colorada. Se hace el silencio, Nacho se sienta al piano.

Chopin se posesiona de la sala, con su elegancia tan leve como grave. Se instala, con la seguridad de ser comprendido, sin que la comprensión del más grueso ejecutivo, de la más banal mujercita puedan macular su exquisitez dramática. Empieza por una sonata exquisita, sigue con... mazurca... Melodías de suntuosidad vienesa, luego brusquedad saltarina de ritmo polonés. Lejos de la apocalipsis beethoviana la sala vive una ráfaga de felicidad, más allá del bienestar físico, felicidad, con o sin base en hechos reales: creada por la música como un olvido superador. Los aplausos, no menos entusiastas, pero sí más atentos al ejecutor, más aplacados para dar acceso a los comentarios. Nacho triunfante, con alegría comunicativa, se une a la mesa —que preside Javier— y goza allí de la seguridad de las opiniones supervaloradas. Elena le ofrece su tranquilidad, su mirada al porvenir. Montero, con seriedad ratificante, le sonríe paternal, pero de pronto, exclama en voz alta: «¡Gregorio Varda!»... Un muchacho que está en la barra se vuelve y viene a abrazarle, Javier le acoge con extrema confianza.

Hay un largo diálogo de explicaciones, salen a relucir nombres conocidos, Gutiérrez, el bar de la calle Reconquista, justificación de las diferencias de atavío —por las dos partes—, entronización o más bien acatamiento del trabajo. Ahora trabajan los dos y hay una especie de exhibición de blasones... Antes, no se trabajaba, antes se era de esa casta —los motivos diametralmente opuestos—, cansancio y decepción en uno, recapacitación, arrancamiento de un amor, UTOPÍA, en el otro y en los dos casos aceptación —nupcias con la dama pobreza—, nupcias sin amor franciscano, nupcias forzosas con su resultante fatal de impotencia. Ruptura al fin, adulterio con el trabajo, aceptado como lo ilícito ante la verdad íntima que nunca se sintió unida más que a la ensoñación, ambición, creación propia.

La noche terminó empezando... el ingreso de Gregorio Varda en el clan no era un grato recibimiento, no era una adquisición amena para las tertulias de Guido: era la incorporación de un elemento que constituía la urdimbre de un entramado complicadísimo. Y no sólo su incorporación personal, sino su ingreso como dato aclaratorio de Javier. En ese momento, Varda era un conocido que Montero descubría, bebiendo una copa en la barra, pero Javier lo admitía, no como uno que andaba por allí, sino como uno tal que se le hubiese olvidado invitar. Tanto le apenaba el olvido que le abrumaba su torpeza, su falta patente en la comprensión del problema —el olvido creaba, de la nada, el problema— que no pedía solución, sino sólo patencia, y Javier, impuesto en lo jurídico —por profesión— pero más atento a la tierra —a sus queridas bestias camperas— había olvidado el conocimiento de aquel gringo, no por insignificante, sino por su concomitancia inevitable con un tema doloroso, hondamente sentimental —nada de lo que se llama sentimental, o sea amoroso, siendo, en su más puro fondo, un yacimiento de amor—, el anterior conocimiento de Gregorio Varda no había sido relegado, no había sido negado sino puesto en su lugar por Javier, por provenir de lo inolvidable que se quiere, a toda costa, olvidar, y ahora, al aparecer entre los exiliados, artistas, trotamundos, se destacaba como ejemplar eximio, se diría que premonitorio y también exégeta de aquel momento de incomprensión cruel, de negación —¿qué imagen?... San Gerónimo con la piedra en la mano, le golpeaba el pecho. Porque, ¿qué obtusidad acomete al que no entiende la frase, «Voy a hacer un poema»? El hecho es que no lo había entendido. Se había negado a entender, había apretado el acelerador y dejado atrás la tarde de La Plata, los abedules del camino y el tiempo perdido en fracaso, que había hecho incomprensible una frase tan sencilla, «Voy a hacer un poema»... Voy a *hacer*: no había dicho voy a escribir, ni nada parecido. Todo esto brotaba con la presencia de Varda, que henchía y consolidaba el grupo. Javier sentía —no lo decía, no tocaba el punto doloroso—, sonreía, sabía que iba a hacer un poema. Una confianza súbita le arrojaba hacia Gregorio Varda, una especie de gratitud como se siente ante el que devuelve la cartera perdida con el manuscrito de la obra... En esa iluminación auroral terminaba para Javier la noche, de Chopin.

*

Para Elena en un titubeo, en un restablecimiento del equilibrio, después de un leve tropezón o sólo en un temor ante el suelo inestable, alterado por la presencia... que acometía en el momento justo en que la ciudadela acababa de ser atacada por la simple afirmación de una mirada salvaje: afirmación, constatación de un juicio hombruno, que negaba la habitual compostura bajo la blusa colorada... Para Máximo Montero un verdadero terror, la percepción de un rugido de salvajina oculta en lo espeso del bosque... Al mismo tiempo un propósito de templanza, una firme oposición a ensoñaciones mentales, a resurrecciones juveniles. Una perplejidad, ante todo, una perplejidad, cruzada de brazos ante el fluir de los hechos... porque los hechos iban a fluir.

De aquella noche —segunda noche— sólo *los chicos* —designación inmodificable— habían salido plácidos, con sus notas —las de Nacho, las prodigadas por él, como un bien común—, sus notas de recibidos con matrícula. El fluir de los hechos transcurriría como riachuelo, que iría engrosando —no especialmente dilatándose sino haciéndose más denso. Más acentuado por la proximidad, la intimidad desbordante, tal vez. En fin, algo podía pasar, algo imprecisable, pero demasiado probable, demasiado obvio o natural.

*

La semana se dilató en un doble, se anuló el sábado por viaje imprevisto de Javier. Como si una tregua asentase la bullente conjunción de los hechos, no se temía —los partícipes del grupo no temían que nada externo... no lo temían porque se sentían actuantes: cada uno percibía la acción de cada uno y se acomodaba en la concordia. Montero no estaba tan cómodo, precisamente porque percibía hasta un cierto punto, creía percibir y ¿cómo se puede ignorar? ¿Qué faena o labor artesanal del acervo psíquico se puede ejecutar para no temer lo temible? No había medio de eliminar las situaciones —ni siquiera comprobadas, pero supuestas—, como se supone que el árbol dé frutos—, en vez de eliminar, lo único probable —digno de probar— era añadir, inventar nuevas situaciones que acaparen, no el tiempo real —cosa demasiado difícil— sino el tiempo o transcurso de la mente, en fin, llegar a la conclusión de que el saber —el querer, el amor— ocupan lugar. La atención —lo que no se puede hacer con el reloj, cambiarle las manecillas pero no el funcionamiento de las ruedas que dan la hora, en la atención tal vez se pueda adelantar o atrasar la hora, anulando, acaparando la energía, cuerpo del tiempo, logrando nueva inversión. Se podía, acaso, poner en juego una de las —una escogida entre las varias— proposiciones referentes a la situación práctica, o sea económica, existencia de una *boutique* de arte o decoración que acaso... La idea rondaba desde hacía algún tiempo y había sido tenida a raya: no rechazada con desplantes —ni siquiera eso— había sido mirada como materia ajena, ni siquiera emulsionable —a discreta distancia de agua y aceite... Se podía considerar ahora que tal vez fuese un buen empleo del tiempo, un lugar que pudiera oponerse al tiempo libre de Guido, donde ¿quién podía saber lo que pasaba?... Había que exponer la fase práctica porque era cosa que se podía exponer y, con lo que había que luchar como con un dragón de siete cabezas, era con los gérmenes de juventud, no extintos, escondidos, cavernarios... no había caverna, como no había alud que ocultase el esplendor... Difícil pedir ayuda a quienes casi se negó el saludo, a quienes se demostró la aceptación de la pobreza como lujo supremo.

En el seno mismo del grupo bullía la gozosa continuidad. Nacho celebraba la interrupción de sábados, que le había servido para perfeccionar su Brahms —tan en boga. Contaba, radiante, que hasta sus víctimas del conventillo le sonreían con admiración y decían: «¡Lo que trabaja este chico!» El sábado abolido le había dado espacio para ejercitarse sin parar, y no sabía si dejarlo en secreto para producir, luego, el pasmo o si sería mejor prepararlos para que fuesen con el tono ya dado, con el recipiente dispuesto para recoger el maná.

*

Llegó, al fin, el sábado y el Ford apareció en Guido a las nueve. Ninguna novedad al llegar, aunque se esperaba que fuese ruidosa la despedida de la *troupe*. La tribu nómada se asentaría mañana en Montevideo. Y por eso mismo o tal vez a pesar de eso, se percibía en la sala un carácter —luz o clima— de habitáculo propio, inmodificable —anticipación de la melancolía ante lo que se va—. Y tal como se esperaba, la actuación frenética magnificaba cada salto, grito, giro o jaleo de panderetas. Afirmación descubierta del cruce de miradas —ardiente declaración, risueña aceptación—, trivialidad, al mismo tiempo, adoptada, mantenida como un pacto, como un juego dramático y obstinado: en todo caso, como un juego. Y se siguió jugando largamente hasta el último grito de adiós de la tribu. Luego, un largo silencio.

Como una presa que se desborda, con majestuosa y untuosa prodigalidad, se reparte y anega gratamente a... la gente, por supuesto, pero se diría que todo queda envuelto: los breves choques de vasos, arrastrar de sillas, pasos de los servidores, todo es envuelto por la música densa a ratos, fluida o brillante, que termina con el clásico remate que abarca, como la mano que recoge el ramo recién cortado, y los aplausos se dilatan largo rato, con entusiasmo, hasta que el público sale de su pasmo.

Los sábados de Balalaika se han impuesto, tal como Nacho presumía. Los *habitués*, que venían principalmente a beber, con música de fondo —ese estúpido hábito que han creado, usar la música mientras se hace algo, lo que sea, beber, comer, o cualquier otra cosa. Y se había corrido la voz de que allí, en Balalaika, los sábados se oía buena música. Esto daba una cierta irregularidad a la conducta de todos —la más insólita y valiosa, el silencio. Se hacía el silencio en la sala cuando Nacho se sentaba al piano y algunos movimientos se cortaban como imágenes congeladas, que interrumpían el glu-glu del líquido que iba a caer en el vaso. Había cambios de actitud o postura en las sillas, no demasiado cómodas, para abandonar el cuerpo al perfecto estado receptivo. Había quienes se quedaban parados cuando venían por entre las mesas. La noche de Brahms —esta noche, que se impone desbancando al mismo Brahms, incluso a Nacho, a toda solemnidad. La noche se apropia de una actividad terrestre, patética, que hace, con la voz del tango, «sentir que una amenaza se aproxima»... Los que permanecieron en silencio, ahora se rebullen. Al fondo del tablado, el gitano, que fue el último en dejar de aplaudir, anda como indeciso, de pronto coge algo del suelo, algo que cabe entre sus dos manos y lo muestra, en actitud de ofrenda... Viene hacia la mesa, como atraído por el destello de la blusa colorada y, con ademán cortés —teatralmente cortés—, ofrece a Elena un gatito negro, de pocos días. «¡Porta fortuna!», dice. Elena lo acepta, lo recibe de las manos del gitano, que lo pone en las suyas —lo pone en una mano de Elena y, sin coger la otra, sin cogerla, pero induciéndola a posarse encima, a cubrir el bulto del bichito... Un diálogo de calores se entabla entre cuatro manos que se ofrecen algo vivo. Vuelve a hacerse el silencio, un silencio tan intenso que parece no ir a tener fin, pero se disuelve en otro saludo cortés.

Nueva evocación de Lawrence, pero no del asaltante fortuito, sino del hábil, experto montaraz que suscita el calor genesíaco —pollito o gatito— arrebatando y prendiendo el incendio.

Elena queda, con el gatito en el regazo, como una *madonna*: todos la rodean en una especie de adoración de pastores. Absurda y sacrílega metáfora —siempre sacrílega la ironía—, pero no tanto, no, porque una vida minúscula ha venido a posarse en sus manos... ¿Pueden las manos no cumplir su misión?... Las manos lo acercan al pecho, la misión de las manos es el movimiento justo, el pintiparado, el pintado —de Giotto a Miguel Ángel—, el movimiento justo que dice lo que es y Elena queda con lo que hay en sus manos junto al pecho... Lo grave, lo inefable, es que es el pecho de Elena y hay que hablar de lo que pasa, de lo que ha pasado.

—¿Qué va a pasar, Elena, vas a escaparte con el gitano?
—¡Inocentes! ¿Creéis que el gitano cargaría conmigo?

Se arma un revuelo de controversias, se plantea el conflicto. ¿Por qué el largo asalto y la fácil rendición? ¿Por qué la ofrenda, con tácito vaticinio de fortuna? ¿Se puede romper? ¿Se puede afrontar, tal vez, el maleficio del gitano? ¿Se puede organizar, a partir de esta noche triunfal...?

—¿Qué queréis que organice, una mudanza de domicilio... sin olvidar mi Olivetti?

—¡Oh, si lo vulgarizas tanto!...

—Vosotros lo vulgarizáis —dice Elena, ofendida—. Me indigna que no os haya parecido suficiente el escándalo.

—Pues no sé... la verdad... —arriesga Claudio.

—¡Cómo que no sabes! No sabéis porque no os ha parecido suficiente. Os habéis quedado esperando que yo hiciera lo espectacular consabido, que yo me sumase a las redimidas por Lawrence... Vamos a ver qué hace ahora... porque no habéis entendido del todo... lo que era todo. No habéis visto que el escándalo quedaba ahí perfecto, insuperable... Casi os diría que superando lo que el poeta —el especialísimo— dijo, envolviéndolo todo —¡todo!— en *La realidad y el deseo*... Ahí está lo que yo os he puesto delante de los ojos, y no os habéis escandalizado, os habéis quedado realmente con el aperitivo... No veis que no ha sido una rectificación del poeta, sino un extracto, un llegar, de una vez, a la *realidad del deseo*... Lo que nadie se atreve a ver en cueros.

—¡Carajo! —dice Juan—. En cueros no estabais...

—¿Cómo que no?, el fogonazo ardió, complacido en sí mismo por sí mismo. ¿Hubo algún disimulo, algún velo u hoja de parra pudorosa? Nada, el deseo era puro, descubierto, ¿qué esperabais?

—No sé, no sé —dice Juan—, yo creo que en el fondo nos defrauda no tener que sujetarte, ¿no es eso?... Todos nos decíamos, ¡no hay que dejarla escapar!... Y no digo los viejos, Javier, Montero, por precaución, todos, todos pensábamos lo mismo. Que diga cada uno lo que piensa...

*

Cada uno piensa por su cuenta, hace el balance de lo que ha estado pensando... Piensa Javier, ¿por qué este gringo, Varda, el más seguro, el menos —o nada— confuso ante esta casta de enigmáticos —lo que se llama artistas—, por qué al verle trasplantado a esto de ahora, me hace, me empuja a entender lo de antes? Si yo hubiera entendido entonces —es uno de los raros casos en que se puede pensar, *yo pude*... Yo pude haber impedido, pero no pude, por mi fatal torpeza, porque la verdad es que pude, que habría podido. Está claro como el agua, si yo hubiera entendido, habría permanecido allí, con esto bastaba, con que yo hubiera seguido allí, a su lado, en aquel tiempo de tragedia —insoluble— que se cernía sobre su casa... Si yo hubiera estado allí...

Piensa Gregorio Varda... el esplendor de una pasión tiene tan infinitas formas, tan inconcebibles medios o modos de encender el alma... Un chispazo, una mirada, un contacto y todo se convulsiona y se pone de pie la... bueno, la causa de la vida. Pero sin mirada, sin contacto, sin vida, en fin, una idea adquirida, extraída del plantío de frutos que se suministra a los niños. No, no, lo que se mama es lo que crea la disposición, las facultades, pero lo que se absorbe o se devora a diente, con los dientes de la adolescencia: las ideas que deslumbran porque parece que van a saldar los dramas del corazón —aquí se trata de corazón, el alma es la que se compromete a arreglarlo todo— y surge la pasión UTOPÍA, pasión casi pasiva, permanente, aferrada al alma hasta estar a punto de acabar con la vida... Y de pronto —un pronto de años— cualquier cosa, cualquier ser humano, con otra idea, con otra pasión, interfiere y hace cambiar el rumbo...

Yo sabía, piensa Nacho, que aquel hundimiento en la tragedia —siendo tan real la tragedia— tenía que terminar. Todo había sido atroz: la vida de los tres se había desequilibrado, se había deshecho, ya no eran tres, pero no había que dejar hundir a los dos, sobre todo, a la una. Yo ya os lo dije, yo sabía que en Elena había cada misterio, cada... ahí está. Ya habéis visto la mosquita muerta, que no es ni mosquita ni muerta, que es bueno, bueno... hipsipila que dejó la crisálida...

Nada claro, nada que se pueda creer que es pensar, piensa Montero, sufre Montero la afluencia confusa —confusión combativa— sin posibilidad de triunfo ni represión del flujo. La avalancha deriva sin poner a la vista nada delimitable: sólo algo emerge sin destacarse, sin liberarse, algo que no es lo mismo que todo lo demás, pero sí es de lo mismo, de todo ello, ¿en parte?, no, en esencia. Es algo que es de todo y todo es de eso, de ese todo que emerge como, en fin, como amor. ¿Puede darse algo más horrible que el amor?... porque tranquilamente soberano se posesiona y nadie rechista, nadie teme que en su reino, en sus murallas algo tiemble descontento y, de pronto, el asalto, la invasión, el huracán de fuego y ¿qué pasa, quién ataca, quién arrasa?... él mismo, el soberano se vuelve, como el alacrán... Claro que no como el alacrán porque el alacrán sucumbe y el amor, que de sí mismo levanta el dardo, no pone fin al amor, al contrario, deja correr el cauce hacia el remanso... El esplendor fue sólo un instante en el que el iris brilló en las gotas de la cascada como un adorno, una flor o lentejuela que la mujer... esgrime, ésa es la palabra. La lanza, segura de sus dimensiones y su alcance, ella —toda ella— lanza el boomerang del deseo, que describe su curva desnuda, ¡eso es!, se dejó ver sin pudor en cueros, es como si ella —toda ella, cualquier ella— quedase en un instante —una mirada, una palabra, «sí, *my love*»—, ella, cualquier ella quedase mágicamente en cueros, con el breve chispazo que se sume, inmediatamente en la compostura de la blusa colorada, y todo pasa porque no era más que aquello. Aquello era tan puro como la compostura, la serenidad —¿virginal?— no es maculada por la desnudez, así la pureza de la desnudez no podría jamás ser maculada por la prosa de los actos consecuentes... Nada, nada puede enturbiar la corriente perfecta del amor, así pues... sólo queda temer, huir, odiar el amor. También un poeta... yo también tengo uno para mi uso personal, uno que dijo al amor: «Yo te destruiré»...

*

Pensar es un actuar vano, si no pone en pie la cadena de los hechos, porque ¿de qué sirve pensar? Hay en el fondo —en el fondo de todo pensar— un deseo pugnante de que pensar sirva para algo, y no sirve si no descifra el porqué de todo esto —esto quiere decir *presente*—. El porqué de esto que estamos viviendo y que ¿quién sabe cuándo empezó?... Acaso empezó ¿para quién?, para los actuantes: completamente imposible saber, porque —años atrás— en un bar de Reconquista, rondaba un *linyera* —digamos un emigrante como tantos, tantísimos otros... especialmente original, tal vez porque alardeaba de su derrota —no aceptada—, no anuladora del alarde, del invencible impulso de la utopía. Por un capricho del azar, allí coincidían los incalificables, los extravagantes, artistas en fin, y, tan afines, tan viejamente relacionados con el fugitivo, con el que había gritado su nombre y le había abrazado, suscitando el bar de Reconquista, donde los dos morían de hambre, más bien inanición de esperanza. Ahora, después de aquel abrazo, todos juntos en torno a la mesa, con el whisky y el hielo y toda la pesca, todo lo armoniosamente actual: eso es lo que gritaba actualidad y, por gritar eso, quedaban suscitados, instalados allí los indigentes de otros días y Javier evoca —su mente provoca el retrospectivo— aquel tiempo en que le fue confiada, en que se le entregó la custodia de unos papeles, en un acto de confianza —principalmente en sus méritos—, confianza en sus facultades defensivas... Se le encomendó una vida porque se sabía que él, Javier, era capaz de defender —vocación de abogado defensor—, pero aquella tarde, volviendo de La Plata, pasando por entre abedules, no había entendido..., consecuencia, no había defendido a quien tanto se hundía...

Y ¿cómo calificar esta conjunción tácita —real, porque nada espurio ni nada accesorio o externo la crea—, cómo llamar a este engranaje de tan lejanas, dispares y milagrosas o matemáticamente ajustadas notas, piezas, entes? Sin buscarle un nombre constatamos su secreta existencia, su armonía fatal, su pasmoso cúmulo de diversidades, de dimensiones y distancias. Hay que entenderlo por el mero hecho de haber llegado a ser: hay que entenderlo: el haber o tener que entenderlo es el latente impulso que hace a unos y otros unirse, sin saber por qué y sin que el ignorar quede como materia opaca, hostil al tacto... Las más descomunales tragedias —tragedia descomunal fue la de San Juan, pero también otras que no se resolvieron en escombros, que no incendiaron ni arrasaron campos—, hubo tragedias —una, de todos ignorada— que habían deshecho vidas, amores —había sido mera cuestión de amores, bastaría decir de amor—, y su influjo, su aura, llegaba a todas partes, llegaba hasta aquí —aquí es el momento actual, y tal vez parezca hiperbólico decir que llegaba, pero todos se guardaban —los unos a los otros— el secreto. Lo más grande o raro o indecible es que el fenómeno resultante había sido previsto y anunciado, como vaticinio benigno por Nacho. Había sido expuesto como gloriosa finalidad, cuando él toreaba con todas sus fuerzas para sacarlos del acabamiento en que estaban: cuando discutía persuadiéndolos de que no se trataba de vivir o no vivir la tragedia, sino de encontrar un modo de vivir la vida y la tragedia a un tiempo, es decir no sistemáticamente, vivir de cierto modo, en vista de... ¡nada de eso!, tener una justa ponderación química de lo uno y lo otro —vivir con fruición lo de uno y lo del otro; con fruición es el intríngulis, dice Nacho, la música está dibujada sobre leyes estrictas, pero ¿quién lo nota? ¿Quién no se abandona y olvida esas leyes, cándida inocencia de la melodía, enajenación, deleite del oso que lame el panal... o dureza arquitectónica, caminar entre pilastras o arbotantes, también en esto con inocencia porque todo ello es algo que, simplemente, sucede, la música, empleada como aglutinante había reunido y condensado o congregado lo que, por sí mismo, se llamaba, se atraía, había producido una asamblea de lejanías, de tiempos inmunes a todo olvido. Con las manos cogidas seguía el corro, la regularidad interna era semejante a la quietud, es decir que corría el corro y parecía fijo en un ensueño que abarcaba su correr inmóvil tan veloz que el tiempo —suspenso— no alentaba.

*

Montero rompe la quietud. Sin decir pío, se levanta y, con dos dedos, como con pinzas, coge el gato por el pellejito del lomo, lo levanta un momento —como un esbirro de Herodes—, Elena dice «¡Ah!», y pone las manos en el lugar de su pecho donde quedaba el calor del bichito. Montero, autoritario, dice: «No permitirás que tu casa apeste a gato... Además, este infeliz tiene que mamar.» Y lo echa al suelo.

Algo se disgrega, pero algo que es mera situación o más bien posición, o todavía más bien conjunto de posiciones, creadas en vista de —o a causa de— lo no visto. Más justo es en vista de, por tratarse de una mayor o más estrecha unión entrevista, de una, más profunda e incompatible con las viejas uniones... Ocurre algo —término que abarca toda cosa o hecho— con tal diversidad de efectos, tan íntimamente semejantes o idénticos, como la explosión de una granada que estalla y disgrega sus gotas del mismo rubí o carbunclo incandescente... Lo que ocurre, sin más, es que cada uno guarda su secreto o acapara la porción que le corresponde del secreto latente.

De pronto, Claudio, sabiéndose partícipe, azarosamente instalado en la ladera más suave, manteniéndose en ella, irrumpe —como un actor novel en su primer parlamento— titubeando tras la máscara del teléfono.

—¿Voy a buscarte a las siete?
—Bueno, a las siete en punto —dice Elena.

Durante dos horas fluctúa el porqué de la llamada. ¿Será, simplemente, por poner fin al silencio —ausencia— de unos cuantos días? ¿Será por pedir una explicación de lo archisabido, que se teme debelar porque no se sabe si una vez descubierto será aprobado o detestado, irá por sí mismo —por su patencia— a mostrar un cariz o gesto o fisonomía grata o quién sabe si hostil... quién sabe? Durante dos horas se piensa en por qué llamó el que llamó y más —mucho más dramáticamente— en por qué no llamó el que no llamó, ni llamará.

La semejanza es tontamente obvia, y se acude a ella porque no existe un parangón más justo que el de una orquesta: sin embargo, no sirve. Cuando las notas son tan puras como los números, «Forman una dulcísima armonía», pero cuando, en primer lugar, las que designamos como notas son, cada una de por sí, una orquesta... Ahí está lo arduo: el conjunto de todas ellas no está dirigido por una batuta omnisciente, en cambio cada orquesta individual, cada piña o racimo —que no se puede llamar acorde, como los que la armonía cuelga en su emparrado, sino que son grupos de diferencias juntas—, en ésos sí que manda el director, maestro, no por más sabio sino por más potente —manda el que intenta aunar a los potros salvajes, el Yo, que quiere lo que quiere y no quiere lo que no quiere. Esto parece terminante y lo es, en lo posible, mantener lo querido, lo elegido en la más estrecha y directa relación... No se puede decir sumergidos, pero sí —todos y cada uno— inmersos en el clima que hay que llamar social, porque no hay otra palabra... se anhelaría una de más nítida densidad humana para designar, por ejemplo, las guerras, pero éstas, concertantes de la negación, dejan sus residuos, que —en verdad, en puridad— son sus causas patentes en la trama social, de modo que sí, hay que decir social a este hecho que convulsiona la vida urbana, trayendo gérmenes de los bajos fondos, bajos en la extensión o lejanía. Bajos, suena mal, pero quiere decir hondos, profundos yacimientos que, de pronto, dejan de ser yacentes y salen a fuera, irrumpiendo en la ciudad. Todo —todos, repitamos cada uno— agarrado a su elección —predilección— con el rumor en torno de la realidad social que se convulsiona: se habla, se escribe y, puesto que hay baleo, se muere. Es decir que la, por no decir adoración conviene decir meditación nocturna, ante los mármoles de la Recoleta, se amplía a las muertes actuales... a la muerte actual de lejos o de cerca y al mismo tiempo se mantienen las cosas dilectas abrigadas bajo el sayo de *lo uno*... Cada uno llamando, citando para dentro de un rato: ¿a las siete? Sí, a las siete... Y a las siete se mantendrá lo que fue por contingencias triviales interrumpido y que se sabe —se teme— tal vez suplantado por lo que no es contingente, sino poderoso y fatal.

*

Lo fatal disfraza su poder con metáforas que perviven y se reproducen, manteniendo su significado con diversas —e idénticas— fisonomías... El río... repetida mil veces la imagen romántica: más tarde cantada en la película mejicana, *Tú eres el ángel que nos trajo el río*... porque el río deja en la arena una criatura que por ser eso, dádiva del río, convoca a salvadores, adoradores, en una adoración que no es más que oposición al río. Eso es, ella, la dejada en la orilla, crea en torno una corte de firmezas, de sólida solidaridad contra corriente, y todo ello en la más perfecta mudez de la confianza. Porque eso es lo que había ocurrido: mientras no se hubiese presentado una amenaza no había por qué hablar... Ahora se hablaba y se callaba porque hablar del todo era peligroso, no sólo por la probable incursión...

No, más bien porque se impone —si se habla— la revisión de unos años, no muchos, pero infinitos, que se habían vivido sin saber... Sin saber por qué en torno a Elena, que no había aparecido sola, pero que, en fin, estaba —o era, sola, solitaria— su soledad tan acompañada como una virginidad inmarcesible, que sólo había tenido alguna tentación de fuga. Sólo en el aparte confidencial con Fermín pudo parecer prófuga, pudo demostrar —o indicar— una predilección de madre o de pastora, acariciando más íntimamente a su cordero fugitivo. El hechizo del suicidio como elitismo, distinción, alarde... pero aquello se había borrado porque la muerte, con otra cara, con la cara fea, ciega, bruta, aplastando y destrozando, sólo inspira aversión y, sobre todo, rompiendo el lazo conductor, dejando más desamparada y más estrecha la relación incomprensible del —ni hermano ni padre ni hijo— afecto de vínculos remotos, proximidad casi fetal en el seno de la memoria, que los había soltado a la vida como gemelos inseparables.

Todo esto, largo, detallado, minucioso en recuerdos reales de la vida práctica: intensos... tan palpitantes como pensamientos, ideas breves que fulguraron un instante y fueron formando toda esta historia que surge como un relámpago en la mente de cualquiera de ellos —de todos ellos, que son unos pocos—, en la mente del que decide telefonear, llamar pidiendo el socorro de un poco de claridad... También surge en la mente que no llama, porque ése sabe demasiado, sabe tanto que calla... Los que quieren saber no padecen una trivial curiosidad, quieren percatarse de si el recién llegado, el que había sido incorporado precisamente en el ambiente de disipación, aceptado por la —o el— hechizo, uno más, la única siempre abismática embriaguez del eros... Todo se había desnudado en el juego del deseo, ¡sacrilegio semejante juego! Desnudar, ¿se puede desnudar un abismo?... Invocación o provocación, algo había sido conjurado aquella noche, algo que justificaba todo, sólo por su dimensión. Porque todo bicho viviente conoce su dimensión y ese conocimiento causa el pánico. Porque se había vivido obrando mal, asumiendo el mal comportamiento que significa no atender, cerrar los ojos a lo que está pasando: cerrarlos a medias, viendo, observando con brutal reserva lo que está pasando, que es lo mismo —poco más o menos— que lo que pasó allá, es decir lo que pasó como pasa el río, que no es poco más o menos, sino que es el mismo, siendo otro distinto de aquel en que se bañaron y que, al pasar, la dejó en la orilla... La dejó a ella, Elena, que, por sabe Dios qué poder, los convocó a todos, los reunió, cegándolos —cegándose ella misma— a las transformaciones, imposiciones de bizarros personajes que había que rechazar porque no correspondían —a pesar de apariencias histriónicas—, no correspondían a lo elegido y ya realizado en otros pagos. No tenían el color de lo querido y sí de lo temido, de aquello que en los sótanos de los bares se cantaba, suscitando mitos tradicionales que formarían reductos de hostilidad y cerrazón. A todo lo que pasaba era fácil, era grato cerrar los ojos y permanecer en un ámbito fraternal hasta que irrumpió la música y con ella el huracán... la verdad es que la puerta había sido derrengada por el juego sacrílego, que no parecía juego. ¿Lo era o no lo era? Tal vez no. Tal vez era, en realidad, un conjuro, como si un conjuro pudiera ser algo real. A la realidad siempre se le pide inmediatez: el FIAT... Sí, eso es lo que complace, y, a lo mejor, así es: lo invocado brota como la chispa del pedernal y su destello infinitesimal queda inadvertido, pero arde, lleva el ardor a toda cosa.

Eso pasó la noche famosa, apología del deseo, que no admite ditirambos: su patencia, por sí misma se ensalza, se presenta la mínima chispa de su existencia y se la deja ir, se le concede un largo tiempo para arder de verdad. Tiempo y verdad son la incógnita de todo lo que puede haber ardido, pero, al mismo tiempo, también se ha desencadenado la verdad razonante. También una chispa levantó —como llamarada— una imagen... imágenes reflexivas como... ¿espejos?, no, porque aparecen opacas, cargadas de sentido, de modo que aparecen como fueron y como dejaron de ser... Aquella noche, esta noche inextinguible, se mostró —siempre pavo real, siempre vía láctea— con todo el esplendor mirífico de su absurdo: porque era el absurdo lo que brillaba, lo que ardía en los vasos cargados de hielo; ardor decreciente, que se repetía vaso tras vaso, acumulando... no, multiplicando la pirotecnia del absurdo. ¿Por qué la inclusión del anfitrión en el mundo íntimo, tan cerrado, tan exclusivo que fue... y ya no —en aquella noche—, ya no era? Porque el anfitrión no era tal: no ofrecía su techo doméstico —sagrado sería, si lo fuese—, acogía, convidaba al mundo íntimo... Lo cierto es que era éste el que se dejaba llevar a un recinto público, burgués —palabra desgastada—, flamante, pimpante de novelería. Allí se puso a la vista, se deshizo, se desarmó su hermetismo, el que impedía oír lo que pasaba en la calle porque se mantenía en una integridad... Claro que todo había empezado por una concesión que era, en el fondo, una aspiración latente, unánime: el triunfo de aquel que, por su profesión, necesitaba —¿por qué execrarlo?— el público y que, además de la triste cosa que es la necesidad, era —¿por qué negarlo?— mundo incógnito, en la medida que en nuestro mundo actual queda algo incógnito. No, no queda, ¡nada de inocencia!, la propaganda que duerme bajo nuestra almohada fue —desde el primer día— con el Ford que esperaba a la puerta y hacía del camino levitación... ¿Puede la costumbre entrar como novicia y lograr el hábito?... Sí, siempre que sea al hábito a lo que se aspirase. Pero la costumbre polvorienta carcome la enjundia de las cosas, es lo que suele pasar, es a lo que se quiere escapar. Claro que la costumbre bifronte, dodecaédrica, tiene insospechados brillos según le dé el sol y eso, que también puede parecer costumbre —tal hora, tal claridad o penumbra— tiene poder persuasivo, como la fuente que está en el camino, al paso, y siempre incita... Ser —llegar a ser costumbre— la verdadera *terra* incógnita de la facilidad, del poder insensible porque no se ejerce sobre nada ajeno, sino en borrar distancias, evitar esfuerzos, reposar sin hacer... gozar del hacer algo o no hacerlo... todo ello se va infiltrando hasta dejar de aparecer como costumbre o falta de costumbre y quedar en simple hecho que *es así*.

La reflexión de aquella noche, examen terminante, sin más término que su disiparse en los cuatro horizontes, dejaba la noche —su enigma— difundido por las mentes, por las almas en tinieblas, hasta que aquel que, por su propia cuenta, le había marcado una duración razonable, vio que en su reloj llegaban las siete de la tarde.

—Te llamé tan anticipadamente para que no hicieras alguna combinación.

—Muy bien, no hice ninguna. ¿Tú sí?

—Sí, llevo días haciéndola. Bueno, queriendo hacerla, pero no solo, no, tú tienes que entrar de lleno en ella.

La combinación no está lograda: se trata de una mera reflexión sobre los cambios acontecidos, difíciles de combinar entre sí, si se quiere conservar la coherencia anterior. La antigua —una década escasa— unión de amistad que, por el orgullo de su timbre singular —fuera de serie— se atrincherara en el rango sublime que la palabra amistad, de por sí, tiene. Así, simplemente, sin más motivo ni razón, ajenos a todo, entreteniendo a la ligera, toda actividad profesional, acumulando ella —Elena— pastora o musa —lo que la situó en un plano seudointelectual detestado—; todos, en torno a ella se habían negado a ver... Y lo que pasaba era digno —cuando es colosal, hasta lo indigno— de verse, digno de sentirse, digno de temer, de combatir, de acceder, en fin, a lo que pasaba y no, no accedieron. Se conservaron puros... Aquí está el intríngulis, ahora ¿se conservan? ¿Dónde está el retraimiento de la pobreza —que nunca fue voto— vivida como vive el pez en el agua? ¿Dónde está la antigua oposición a todo intruso, a todo género —o clase social o especie animal— de los que medran en hábitat fácil, cómodo, tan cómodo que convida a su facilidad, a su mesa —cualquier mesa es suya— y acuden los que no tienen mesa, los que estudian en conventillos, los que no estudian, los que vagan?...

—Estás poniendo el dedo en la llaga. Ahí es adonde querías llegar, a la admisión de alguien que vino por ese camino y que no queréis ver que pertenece, por naturaleza...

—¡Ya, sí, claro!...

—Lo que queréis saber es *lo que ha pasado*... Os atrevisteis a preguntar cuando se trató del gitano y ahora os recome la duda... Dudar de lo que está a la vista es suponerle una faz oscura, turbia, sobre la que no se debe preguntar... No hay nada oscuro. Todo es como es, sin modificarse nada de lo que siempre fue. Quiero decir que yo sigo siendo —siempre, en verdad, en todo caso, pase lo que pase—, yo seguiré siendo, para vosotros, la doncella que soy, en verdad, en realidad.

En una confesión general quedan aplacadas las momentáneas —cosa de pocos días— distancias producidas por una torpe precaución, innecesaria, ¿infundada?... No, dijo la insuperable: «Hay amor, luego habrá celos. ¿Hay celos? Luego hay amor»... Y no se podía, más bien no se sabía por qué se negaba, se escapaba a toda indagación si había o no había amor... Lo patente, lo sabido por vivido bajo su imperio, conocido, venerado en el ámbito de la Venus Urania, el amor *inter pares*, que no trastrueca el sexo, sino que lo deja en su esplendor impenetrable —penetrante—, invasor de toda cosa o ser que queda —a veces— trastabillando...

Se hablaba —hace tiempo— del amor de las almas y todo iba bien; la amistad, como un canon arquitectónico, se mantenía intacta, pero se alejó —cayó en desuso— lo del alma, se impuso el cuerpo, con su vulgar —radiante— naturaleza y se cerró la puerta, la amistad quedó del otro lado... ¿Por qué?, porque no está claro eso de que haya un lado y otro, así que los celos fueron pasando —como pasa el olor de la chamusquina por las rendijas de la puerta— y se enturbió el ambiente porque el deseo —sublimado en su desnudez, en su presencia corporal— disfrazado, no obstante, en el carnaval de una *boîte* esnob, expuesto, ¡impuesto, como omnímodo!, no había quedado suficientemente expuesto. No, *ello* era mucho más: no quedaba a la vista su poder anhelante, su esencia deseante, sólo quedaba su empeño irreprimible de posesión... Las ideas, los hechos que, al hacerse, quedan tan exentos, tan racionales —razonables—, como ideas que vienen enredadas dentro de la ces-

155

ta; ligadas por sus secuencias correspondientes y claro, mirando, considerando las rencillas que se producen en el seno de un clan libre —inhumanamente libre—, capaz, sin embargo, de acusaciones, sospechas, silencios, fallos en la corriente, cortes de comunicación... mirando en la pantalla lo que se ve, el núcleo *encabulado*, pendiente la cerrazón de su capullo de los hilos aislantes: trama de imperceptible hostilidad... Mirando bien todo *esto* y lo *otro*... La corriente acéfala que saca de sus casillas —de sus casas— a los que viven en casas, como la gente —gente que ataca, gente que defiende sus casas, por leguas y leguas en torno—, gente que se revuelve con un furor ciego... ¡nada de ciego!... con el furor del ojo bien puesto en la mira... Todo lo que se proyecta en la pantalla establece valores, netos como los precios en el mercado, pero no mensurables, no manifiestos en porciones evidentes... ¿Evidencias?... Descanso en alguna evidencia es lo necesario, lo vitalmente necesario... Comparando, con pesos y medidas, el porqué, los porqués de donde pende el núcleo aislado, se hace *el porqué* irrespirable; se hace necesaria la comunicación de la asfixia mental, sentimental tal vez, porque ataca —podría decirse convoca— a todos los mejores, los más firmes sentimientos, para hacerse sentir... Elena concluye.

—A veces me siento en pecado.

—La penitencia puede ser tentadora... tanto como inútil.

—Lo útil no se siente, el pecado sí. El pecado sólo existe si se siente, como se siente el dolor de estómago.

—Comprendo: nunca sentí ninguno de los dos.

—Yo, los dos.

VI

Montero va a encontrarse con Javier en el Richmond de Florida. Cita telefónica —por parte de Javier— apresurada, reiterativa, de la advertencia, «Es cosa sin importancia, cuando quieras, a la hora que te convenga». «¿A las cinco?» «Sí, a las cinco... Ya te digo, sólo para charlar un rato, bueno, un rato largo: algo muy complicado, pero nada grave.»

Montero va con una anticipación discreta, llega a las cinco menos siete minutos, Javier, menos cuatro. La anticipación, a pesar de la poca importancia, no se hace notar... El Richmond es tan confortable, los sillones tan acogedores, la luz atenuada por las vidrieras, ausencia de charlas ruidosas, silencio casi perfecto. La conversación no se apresura a lo que se dice ir al grano: más bien se detiene en una especie de titubeo escolar: una búsqueda del tema que, habiendo sido claramente, intensamente formulado, se resiste a volver a la memoria... Hay un preámbulo que toca el pasado inmediato, como final de un capítulo que establece el punto de partida: un breve retrospectivo que justifica —un hecho real, espontáneo, libre, simplemente sucedido, no necesita justificación—, pero cierta singularidad, la diferencia de los años que los separa a ellos dos ante —o frente— a los chicos —Elena entre ellos. Elena, que no disimula sus años, confiere aspecto razonable a su amistad, como si fuese una vieja amistad, de otros tiempos.

Después del primer café, Javier se echa al agua, impreciso y fluctuante elemento que le ahoga.

—La verdad es que no sé por qué no hemos hablado nunca, ¡con lo que hemos hablado!, con las horas que hemos pasado hablando sin parar y nunca...

—¿Qué es lo que nunca?

—Pues no sé cómo decirte: hemos hablado muchas veces de tu maestro, sobre todo de lo del terremoto. Creo que por eso es por lo que no me he empeñado en hablar más... Pero tú has dejado escapar, a veces, ciertas cosas, que se me han quedado entre ceja y ceja... Ahora tengo una temporada en que duermo mal.

—Cosa horrible: esperemos que sea pasajera, si no está motivada por algo en activo.

—Pues no —dice Javier—, en activo no; aunque quién sabe si se pone en activo algo pasado... que nunca fue pasivo.

—Ya, comprendo que eso sea temible.

—Es invencible, porque no hay motivo para tolerar su actualidad y, sin embargo, se impone... Fíjate, qué casualidad, tú introdujiste, sacaste del olvido al sujeto.

—¿Qué sujeto, Varda?

—Sí, eso es, o parece ser. Pero no es ése el sujeto que me quita el sueño.

—No sospechaba que le conocieses.

—Le conozco poco, pero él me ha llevado a pensar en algo que conocí, que creía conocer, y que debía haber conocido más... Apareció Varda —dice Javier—, y veo que encaja tan bien con vosotros; me hace considerar lo insólita que es mi amistad con vosotros, eso lo primero; y retrocediendo unos años, veo que tu amistad con él data de aquellos mismos años. Le recuerdo y te recuerda, no habiéndote conocido entonces, cómo era él. ¿Recuerdas tú cómo era él?

—Recuerdo cómo era yo.

—De eso se trata. Si recuerdas, piensa que así como era fue puesto en mis manos: nada de protección, sólo el arreglo de sus papeles de emigrante... y, por haber aceptado yo el encargo de esos trámites, largos, por supuesto, he ido viendo su cambio de fisonomía... Ahí está la pistonuda incógnita, que no me esforcé en desentrañar. Fíjate en el absurdo, su transformación me parecía rara, lo que se dice rara, y me daba cuenta de que partía u obedecía al contagio de otra rareza... Contagio es lo que se me ocurrió y no hice nada por averiguarlo.

—Que te parezca raro no me extraña, pero que pretendas averiguarlo... es posible que ni él mismo lo sepa.

—Claro, ya lo sé: lo grave es que no me esforcé en descubrir el origen... Varda no era un simple vagabundo, sin oficio ni beneficio, a la expectativa de un cualquiera que le echase de comer... No, Varda era otra cosa: tampoco se presentaba como uno de esos que luchan por un movimiento social que los mantiene y los empuja hacia el triunfo o la derrota. En realidad, Varda no tenía nada ni nadie detrás de sí.

—Me asombra que sepas tanto. ¿Te ha hecho confidencias?

—Jamás me hizo una sola. Su historia, inverosímil, eso sobre todo, inverosímil, la entendí, de golpe, el día que le conocí, el día que lo pusieron en mis manos; como ya te he dicho, y repito; así fue como toda su rareza se me hizo patente. Hubo una inevitable presentación tranquilizadora: si quieres ocuparte de su reglamentación oficial, puedes estar tranquilo, no es un malhechor, es un idealista, un crío, escapado de su casa a los dieciocho años, que vive con una utopía, absorto en ella, consagrado a ella como si viviera con una querida de lujo.

—Sí, ése es el tipo. Así se le conocía, como tipo especial, incoercible. De su transformación creo que tú sabes más que yo.

—Debería saberlo, ésa es la verdad, pero sólo entendí que antes no comía y que ahora come. ¿Habría encontrado algún benefactor? Eso es lo que se le ocurre a cualquiera... El que lo puso en mis manos fue mi primo Santiago, Santiago Hernández, para mí, la confianza más absoluta, el afecto más fraternal y el misterio más impenetrable. Por eso, ¿comprendes?, por eso vi que no era cambio de alimentación, sino de régimen de vida: cambio de metabolismo de mollera.

—Exacto, eso es lo que se le nota. Pero entonces, ¿por qué no preguntaste a tu primo?

—Por... bueno, puedes figurarte, desapareció. Claro que aunque hubiera sido posible, aunque hubiera existido... Eso es lo que me obsesiona, que podría haber seguido existiendo.
—¿Complejo de culpa? Es cosa que hay que combatir, pero sabiendo que es un mal que puede atacar a cualquiera.
—Si fuera eso, no me faltarían motivos, pero es que hay mucho más. Bueno, ya te dije que no creí que se tratase de protección, o sea solución económica: eso no me habría extrañado. Mi primo tenía una gran posición, un gran carácter, una gran alma: si le hubiera dado la mitad o más de la mitad, de lo que tenía, no se habría asombrado nadie: lo que no se puede comprender es que le haya dado lo que a él le faltaba.
—¿Qué es lo que le faltaba?
—No lo sé: sólo sé que le faltó.
—No quiero darte consejos, pero estoy viendo que en este asunto hay algo que te afecta demasiado, y por eso es por lo que no acabas de entender.
—Es posible, es posible que sea eso, y entonces, ¿qué hago, me aguanto con la angustia?
—No, todo lo contrario: somete el caso a un examen frío.
—Examen, ¿de qué?
—De todo. Rehaz en tu memoria el proceso de la transformación que presenciaste: recuerda las pequeñas, confidencias, dices que no hubo, siempre las hay, observaciones o reacciones ante las cosas, todas las cosas, las más ajenas, en ésas, ante ésas, las más indiferentes, se escapan las miradas al sesgo, el arrugar la nariz, hasta soltar el taco adecuado.
—¡Calla, calla! Creo que incluso yo, sin decirle por qué, le conté... le hablé, simplemente, de algo que no había por qué preguntar, ni contar, ni comentar.
—Cuéntalo, sin embargo.
—Es larguísimo, tendría que describirte el paisaje.
—¿Quién te priva?

—Ya, claro, nada... pero por qué estábamos en aquel paisaje: eso es lo arduo.

—El paisaje empieza en el porqué.

—Bueno, en aquel paisaje yo era la misma figura que soy en éste.

—¿En cuál? ¿En éste, yo en segundo término, o en el de Varda, o en...?

—Yo era, como en el de Varda, agente oficial, jurídico, algo así como servicio de urgencia. Volvíamos Santiago y yo de La Plata. Habíamos estado echando agua en un puchero agujereado. Santiago no lo notaba, o le era indiferente, se empeñaba en hacerme mirar los abedules, junto a la carretera. Y yo le digo, pero ¿estás en Babia?, y me dice, es que estaba pensando... Voy a hacer un poema... ¡Date cuenta! No sé cómo no nos estrellamos porque yo iba ciego de cólera. Le dejo a la puerta de su casa y punto. Al poco tiempo apareció Varda.

—Y el negocio de La Plata, ¿se hundió?

—Nada de eso, prosperó, un doscientos por ciento sobre lo pensado.

—Y entonces, ¿qué es lo que hay de lamentable?

—Allí, en aquel momento, en aquel caso, nada, nada. Eso es lo aterrador. Y te confieso que, ahora lo veo claro, yo traté de averiguar, por medio de Varda... Me inspiraba una especie de envidia, vergonzosa por lo pequeña... infantil... eso es, yo enfadado con mi primo, sin contemplar su prosperidad, sus juguetes, porque para él todo era juguete, y un recién venido moviéndose a sus anchas por allí...

—¿Por qué allí?

—Eso es demasiado: no puedo describirte más que lo de los abedules, pero allí, lo que sólo puedo llamar allí, era un paraíso. Dinero, belleza, salud.

—¿Amor?

—¡Claro que amor! ¡Pues sólo faltaba!

—Y tú, dime, a través de Varda, ¿no percibías algo de lo que estaba pasando allí, en ese allí misterioso?

—No es que lo percibía, es que eso, con toda naturalidad, simulando la más perfecta naturalidad, se lo preguntaba, «¿qué hay, cómo anda aquello?»... Allí él no trabajaba: se ocupaba de la propaganda o algo parecido; eso es lo que me daba ocasión de preguntar.

—¿Y él qué decía?

—No decía nada claro. Cómo lo decía, eso ya merecería recordarlo. Un policía se acordaría del traje que llevaba. Yo creo que cuando llegó a mi despacho, no se podía sospechar que llevase algún traje debajo de la gabardina. Era un perfecto náufrago, sacado afuera contra su voluntad. Los trámites, molestos para mí, para él eran intolerables, eran un atentado a su integridad. Mi eficiencia le sacaba de quicio, como si le distrajera de algo en lo que estaba absorto. Eso fue lo primero que empecé a ver que cambiaba, su atención a los papeles: empezó a darme noticias de su padre, que tenía una industria, cosas de construcción, más bien ruinosa, pero no extinta, y tal vez...

—Eso ya será más fácil; comunicarse con su padre.

—De comunicarse, ni hablar. Ha jurado no volver a su tierra mientras viva su padre.

—¿Y crees que después de tanto cambio se mantendrá el juramento? Es un tipo muy duro, quién sabe...

—Yo he pensado, ya puedes figurarte, que a ti, que has pasado por despeñaderos semejantes, te contará algún día... porque, vamos, algo os habréis dicho, al encontraros.

—Pues algo sí, casi nada.

—Me pareció, cuando le llamaste en el bar, que te alegrabas de encontrarle. ¿Es que luego no?

—¿Por qué no? Me alegro de que no se haya hundido.

—Eso es otra cosa. Se me ocurre que tal vez... Es más joven que Elena, pero...

—¿Qué tiene eso que ver? ¿Qué puede a mí molestarme?

—¿Estás seguro de que no te molesta? Tú te pusiste furioso con el gitano: tuviste ganas de echarlo con sendas patadas.

—Bueno, eso sí. Me pareció ridícula toda la comedia. Me parecía absurdo que Elena no se diese cuenta de que ya ha salido de la infancia.

—¿Y no será que te parece trágico que haya salido, y que se haya dado cuenta... y no sólo ella?
—¡Oh!, deliras. No sabes nada de nuestra historia.
—No, no sé nada, y querría saber...
Algo cambia en la atmósfera del Richmond, no es la luz ni el agradable silencio: una breve intromisión —discreta, imperceptible— del camarero y una aparición, sobre la mesa, de un ejército de bocadillos, lomo, achuras: todo revestido de pan tiernísimo, para poder despacharlo a mano y seguir hablando; whisky, café, montones de cosas, que sólo distraen de la conversación un instante. Más bien la sepultan en ellas, se convierten en muralla alrededor, de donde no se puede, ni se quiere, salir. Montero, acorralado, caído en la trampa de Javier, se siente bien en la trampa: incluso le parece haber llegado al centro del laberinto, en el que lo arduo no es ni entrar ni salir, sino darse por llegado, decir, «En esto estamos»... Acaba de decir nuestra historia y se queda perplejo ante la palabra porque la insinuación de Javier le ha hecho reducirla al núcleo que envuelve el posesivo. *Nuestra* historia, ¿puede contarla? ¿Tiene derecho a existir exenta, es decir, existente? ¿Tiene un contorno real la intimidad de tres vidas que carecen de nexo vital para seguir en su unión?... Mágico, fatal, apocalíptico, el terremoto le ha hecho mella y los dos tercios que quedan, quedan ahora expuestos a otros peligros. Sea atropellada la insinuación...
—Si te cuento hechos innumerables serán, más o menos, los que pueda contarte cualquiera, pero tú encuentras que somos raros, aunque no hacemos cosas raras y es que tenemos bases muy particulares.
—Eso ya lo sé. Te dije antes que cosas que dejas escapar a veces me intrigan.
—No sé qué cosas serán, como no sea el modo de decirlas. Yo, a veces, digo cosas, por ejemplo, de Sófocles, como si fueran cosas de mi abuelo.
—Eso es porque yo —aunque jurídico— soy lo suficiente civilizado para notar que son de Sófocles y encontrar raro el trato que les das... Si me echo a volar en redondo,

vuelvo al mismo sitio, la angustia de no entender lo que sé que es fácil.

—Nada es fácil: te quedarás tranquilo cuando te convenzas de que nada es fácil, ni lo que te es más próximo. Yo vivo ahora sumergido en mis primeras letras, pasmado ante la dificultad de lo que sé... bueno, de no entender lo único que sé.

—¿Pudisteis salvar algo de los papeles? El agua de las mangas es tan destructora como el fuego.

—Algo se salvó: si yo lograse ponerlo en orden.

—Eso exige mucho tiempo y tu trabajo ¿te deja bastante libre?

—Es lo único bueno que tiene mi trabajo: apenas trabajo.

—¿Y eso te satisface... te resuelve?

—Me conformo con que me satisfaga. Pero no te creas que me permito el lujo de no revolver, es que no hay más. No encajo en ningún lugar. Mis papeles, no te alarmes, son sumamente irregulares: en unos sitios no me aceptan por lo que he sido, en otros por haber dejado de serlo. Y te confieso que no me extraña porque a mí, conmigo mismo, me pasa lo mismo... No es retruécano, es que no me tolero dejar de ser lo que soy: he incurrido en ello más de una vez. Pero no, no te creas que soy de esos que no saben quién, digamos quiénes, porque son muchos, *son*. Yo soy tanto lo que, o quién, soy, que... imagínate uno que quiere suicidarse y sólo con querer, estalla, deja de ser... Claro que, si queda para contarlo, es que sólo dejó de estar donde estaba: eso en vez de suicidio es fuga. Cosa que me tienta...

—No te pregunto por qué: me da en la nariz.

—No hay nada que oler: es padecimiento crónico. Y tal vez mi escapismo, ¡paradoja!, sea una forma de fidelidad. En la obra de mi maestro, no en la vida, hay un frecuente titubeo. Su disciplina, su título de *docteur en lettres*, ya es cosa difusa, porque ¿qué será lo que no entre en las letras? Su adolescencia en la última década del diecinueve, cuando las letras envolvían, con amor, asfixiaban a la ciencia, él saltaba de una en otra: de la novela a la filosofía, y en las dos

llegaba a la poesía... Qué espanto, sólo comparable a lo que sería encontrar vivo un bicho prehistórico; qué forma de terror delicioso la aparición de las hojas pequeñitas, cubiertas, sin puntos ni comas, de tinta verde. Es inútil, ahí cuenta mucho el paisaje y no sabría describírtelo.
—¿Que no sabrías? ¡Ya estoy en él!
—¿Estás? ¡Magnífico! Si no tengo valor para contártelo es porque quién sabe si aquel paisaje sigue estando allí. Lo maravilloso —hay que decir milagroso— es que se haya conservado en esas hojas, en el fondo de una cartera de cuero, que ha resistido el agua —y el tiempo, cincuenta años—, todo el margen del canalillo en el verde de la tinta. ¡Dime!, dime si no ha sido el terremoto apocalipsis, juicio final al que acuden, con los mismos cuerpos y almas que tuvieron, estos conatos de juventud de mi maestro... Novela parvular, más bien fenómeno de pubertad intelectual. ¿Comprendes? Las fechas, los lugares, imposición del paisaje —circunstancia, dijo alguien—, autoridad férrea del amor, porque lo que manda es lo que pasa cuando uno «levanta los ojos libres y los baja cautivos». Fechas, ocaso y aurora de los dos siglos, fondo, sobre la colina un palacio —real aunque no regio— lo más real concebible, el Museo de Ciencias Naturales... Estas hojas que el terremoto desentierra, explican las noticias que a mí me dieron —Elena, istmo entre las dos realidades de mi historia; aquí, el posesivo desenfadado *mí*—, las noticias del tiempo en que el maestro —solo, sentado en una silla de hierro, ante un vaso de cerveza— construía una Acrópolis —menos construida que la novela... ¿Por qué? Es a mí a quien pregunto, y me digo, no sé... ¿Será que yo no sé o que él no supo?... Me cuesta trabajo creerlo. ¿Sería por estar solo? La verdad es que tan solo no estaba. No era él sólo el que no sabía. El no saber era como una enfermedad secreta, porque allí, en la silla de hierro de un aguaducho estuvo una tarde, un atardecer, hasta que se fue la luz y, aunque te parezca pasmoso, *eso* es algo que se cuenta: a mí me lo contaron y yo te lo cuento ahora, como si fuera lo de Napoleón sobre los siglos que nos contemplan. Claro que algo se parece a la imprecación

famosa, aunque sólo en el número de muertos. Los vivos de allí, de la colina y aledaños, se sumieron por diversos sistemas o accidentes o decretos... No hay razón, no queremos que haya razón para dilatar la culpa, de oriente a occidente: cada uno —de esos unos yo, tan conspicuo que no quepo en el relato—, cada uno un Robinsón —harto se habló de eso y no sirvió de nada—, cada uno, en su atardecer modificando el mundo, moldeando su mundo como si fuese manejable y no edificable... Aquí, entre los escombros, he encontrado fragmentos de los sillares de allá, sin ensambles. Historia de amor diecinuevesca, en la novela: salas luminosas del Museo de Ciencias Naturales —*belle époque* de la ciencia—, y en progreso, con orden y progreso, los dos términos gritando como perros hambrientos —eso es, como gritan los perros para hacerse entender—, gritando las dos palabras clave, CIENCIA, NATURAL. Ahí empezó mi maestro a esbozar su construcción. Si yo lograse ordenar el puzzle disperso, tal vez llegase a los cimientos: hasta ahora sólo voy encontrando —cada día un hallazgo— correcciones del diseño en el contorno de la idea o imagen concebida, la *ciencia natural*... Vamos a dejarlo, te estoy dando un latazo padre.

—No, hombre, no. Me encanta oírte, lo que no sé es si todo eso me cabe en la cabeza, pero no importa: si en la cabeza no, te aseguro que nada se pierde.

—Ya lo sé, así que vámonos.

—Mira, mira quién está en el bar.

—¡Varda! Como estábamos en la mesa del rincón, no nos ha visto al pasar.

—Seguro que no nos ha visto y seguro que le molestará que le veamos... Bebe mucho, antes no bebía.

—Claro, cuando no comía, por la misma razón. En todo caso, me extraña, no le sienta... Tipo racionalista hasta lo inaguantable, no creo que el whisky le resuelva nada.

Salen hacia Talcahuano y a las pocas cuadras Montero le da un esquinazo —así, lo que se dice un esquinazo—, cosa que, el que lo hace sabiendo que está muy mal, puede hacerla en completa inconsciencia. Un impulso tan directo como si albergase algún propósito, es lo que le hace cambiar de rumbo súbitamente, volver atrás sin explicación, con tanta naturalidad como si fuera cosa comprensible, y no lo es, pero Javier lo toma como si lo fuese, es decir que ello sucede y nada más, cada uno sigue su camino. Montero hacia el Richmond rápidamente vuelve sobre sus pasos, con una leve agitación interior, causada por la rapidez de la marcha y la rapidez por la prisa de encontrar a Varda, todavía en el bar. Allí está.

Se esboza en la mente de Montero una breve explicación, «Te vimos al salir...». Pero tal vez sea mejor aparecer sin explicación ninguna porque quién sabe si los vio o no los vio. Mejor es suponer que no los vio y empezar con otras copas, naturalmente.

—Hola... ¿qué hay? Me está pareciendo que te excedes un poco —dice Montero.

—Sí, llevo una temporada excediéndome sin parar. Pero la verdad, no sé cuándo esto empieza a ser exceso.

—Eso es lo malo porque se puede decir que empieza cuando se empieza a perder la conciencia.

—Sí, así es. Yo ya me he dado cuenta, me han hecho dar...

—¿Qui...?

—He empezado a frenar decididamente, aunque, por lo demás, no me afecta en nada.

—Ya, así parece. ¿Trabajas?

—Puesto que vivo.

—Claro, la pregunta estaba de más, pero creo recordar que tú eras uno de los que creímos —no sé si lo creíamos o si esperábamos vivir sin trabajar.

—Era nuestra más alta aspiración.

—Y, más o menos, la alcanzábamos.

—No sin esfuerzo y no sin valor. Yo a aquella etapa de mi vida le llamo la gesta telefónica.

—Mis etapas fueron más pasivas, más entorpecidas por mi estado físico: traía la carga del paludismo, difícil de eliminar. Tú, en cambio, estabas en buen uso y tan joven, entonces.

—Con una salud estupenda y una paciencia infinita. Más bien una perseverancia. No me arredraban las respuestas evasivas: me decían «Es que hay guerra en el mundo y todo está mal»... yo decía, ya pasará. Esto duró unos cuantos años. ¿Recuerdas el bar de Reconquista?... Allí uno, al fin, me dio una respuesta satisfactoria, me dijo, estoy en el Tortoni, véngase por aquí, y fui en el acto.

—¿Un benefactor? No me extraña: yo he encontrado algunos. Son raros, pero existen.

—Más de lo que uno imagina. Bueno, dejemos esto, es demasiado largo.

Ponen unos pesos en la barra y salen. Montero no se resigna a darlo por terminado, siguen a lo largo de Florida y él busca el medio de reanudar el tema, recordar una palabra, una imagen, un nombre...

—En fin, llegaste al Tortoni y pudiste gritar ¡tierra!

—Exacto, o más que exacto.

—¡Más!, eso es lo que vale.

Siguen, toman Talcahuano en silencio, caminan con cierta lentitud que Montero mantiene, dando al compás de los pasos la morosidad de una continuación vaga. Con una voz más bien opaca, como quien habla temiendo despertar, aventura:

—¿Seguiste manteniendo...?

—No con el primero. Allí mismo había un segundo que fue —también aquí tengo que decirte— más primero que el primero. Allí, en el Tortoni, había otro en el que mi benefactor se descargaba de mi asedio. Si te digo que allí mismo un tipo desconocido me ofrece un trabajo y lo acepto, comprenderás que es cosa rara.

—¡Rarísima!

—Figúrate que yo iba dibujando en el mármol de la mesa —maquinalmente, para soportar la situación— unos garabatos, y que el desconocido —los dos eran desconocidos, pero el segundo inimaginable— me dice que aquello que estoy haciendo está muy bien, que le gusta mucho y que debo sacarle partido. Le saqué que aquí me tienes, viviendo.

—¿De qué?
—De dibujar garabatos industriales: siglas, carteles de propaganda, cualquier cosa...
—¿Y cómo no se te había ocurrido a ti mismo, no sabías que tenías esa disposición?
—No la tenía ni la tengo: es un puro invento que alguien fabricó en vista de mi historia. Nadie me habría admitido como cosa aprovechable sin saber la causa de mi vagabundeo en estas tierras. Nadie, sólo Santiago pudo entender...

Montero se estremece, «¡Hemos llegado!»... Todo lo que sabe de Santiago Hernández es que no existe. Para saber algo, algo más de Varda, hay que retroceder al tiempo en que existía.

—¿Quién es Santiago, el que estaba en el Tortoni?
—Sí, allí estaba, pero prefiero no hablar de esto: es demasiado grave.
—Ya, algo me ha dicho Javier, creo que le conocía.
—Un conocimiento familiar, sin pizca de conocimiento.
—Bueno, creo que le admiraba mucho y que conserva un recuerdo.
—Sentimental, sí, muy bonito. Pero ¿qué tiene que ver con su vida, qué relación profunda?... Si crees que tiene tanta importancia para mí porque me resolvió la manducatoria, te equivocas, fue muy otra cosa la que me llevó a resolver. Me adoptó como el que admite a un obrero especializado, mediante una minuciosa investigación de sus facultades y conocimientos. Un largo interrogatorio... «¿Por qué estás aquí, por qué y para qué... qué quieres hacer, qué sabes hacer?»... Sólo si uno se siente ante un espíritu superior —superior en veracidad, por encima de lo imaginable— puede exponer —más que confesar— las cosas más arduas porque ve que el que oye va a entender, es decir, va a admitir lo que uno ya no admite, ni casi apenas cree o recuerda. ¿Comprendes?... Que a un hombre adulto le vaya uno con el cuento de una quimera —utopía se le llama— formada en los primeros años, con un carácter muy diferente de las historias que ahora abundan y que entiende

todo el mundo. La gente está cansada de entender vidas irregulares, ¿quién va a asombrarse de un chico que se escapa de su casa por incompatibilidad con su padre, por odio al padre?... imposible según la educación cristiana, fatal según la ley antigua, pero el caso es muy otro: la diferencia es colosal, digo, es microscópica porque reside en un virus que propagan los libros. Los libros rebosando de mi cuarto y revolviéndose en mi cabeza; revolviéndose como dos materias que se revuelven hasta formar un precipitado... no, no, la inteligencia y el amor no producen nada que se vaya al fondo: de su enredo se dispara la pasión y no la pasión de amor por lo que se ama, sino por la facultad de amar de la propia inteligencia, lo que se llama, en fin, endiosamiento. Fíjate bien, es un amor lleno de fe... en uno mismo, si quieres, pero fe de verdad. De esa fe es de lo que brota la utopía. Si lo entiendes, piensa que eso fue lo que me pasó a mí, a los doce o catorce años: lo deduzco por las fechas, pero lo recuerdo como si me hubiera pasado cuando andaba a gatas.

—¡Cielos! No sabes lo que acabas de decir... es exactamente lo que yo he dicho de mí mismo en momentos muy graves.

—Es la definición justa de nuestros comienzos... Los sietemesinos son nacidos antes de tiempo; los superdotados somos invasores de un tiempo que nos está demasiado grande y nos quedamos vagando hasta llegar a un tiempo a nuestra medida.

—¿Crees que llegaremos?

—Yo solo no habría llegado, porque los libros —ya sabes, todo libro es Galeoto—, ellos me transfiguraron el sino, ellos me llevaron a convertir en leyenda futurista el mito de Andrómeda y Perseo, suplantando al de Edipo, que es lo que debe ser, lo que se cae de su peso... No sé cómo darte una idea; lo único verdadero es que había un dragón, había algo que devoraba toda concordia, sencillamente, el dinero... Mi infancia solitaria en Egina, reclusión por estrechez doméstica, que mi madre escamoteaba. Mi madre no era francesa como la esposa del Bernardone, pero sí afrancesada, libresca, ansiosa de modernidades, de libertades. Ella abarrotaba mi cuarto de libros y en una de las remesas cayó en mis manos uno en el que... al dragón se le llamaba El Capital... No fue uno sólo, no, un montón, con la dosis justa de marxismo asimilable para mí, entonces. Como en el tomo principal la enjundia eran los números, choqué con su pesadez y me quedé en equilibrio inestable. Poco después apareció el seductor por antonomasia, el de la transmutación de todos los valores, que desbancó al primero y luego —después de tal revoltijo— llegó un tercero. Llegó, de paso, un español: venía en un crucero, pero con intenciones de pasar a Rusia. No sé qué caprichoso azar lo puso a mi alcance; simpatizamos y, al marcharse, me dio un libro que no debía llevar, ¡pásmate!, un libro de Rubén Darío, y ése fue mi Galeoto, el que me apadrinó en el idilio más desaforado... En primer lugar el Canto a la Argentina... Me compré un diccionario porque me había gustado la lengua, tan dura como la mía, y tardé un año en descifrar cien versos, pero con muy pocos tuve bastante para ver la pampa «Bella de honda poesía... y de grave silencio plena»... Pero el imán no estaba especialmente en la poesía; lo grande es que allí rebosaban los recursos racionales que henchían las ansias... sociales, humanas, lo que quieras llamarles, las que con tal pasión habían activado —no sólo a mí, no, sino a los más grandes de los nuestros, a los que se atrevían a lanzarse a la lucha—, yo, a estas máximas, a estas leyes que aquí —en el poema— aparecían, me entregaba porque me descubrían un mundo inédito que a la imaginación —a la pasión— le daba derecho —todos los derechos— a desbarrar... «La estepa sin nieve, el desierto sin sed cruenta»... Como la palabra poética mete en dos líneas tratados de ciencia social... y, por encima de todo esto el que sugiere las demetéricas savias... Ése es el que me hacía verla sentada, asentada, materna... Un día cogí un barco y me puse aquí, eso fue todo... No creas que vine de polizón, no, ya puedes figurarte que el dinero para el pasaje fue escamoteado por mi madre y mientras ella vivió yo pude seguir creyendo que lograría mi empresa, pero no duró mucho, no... ¿Qué puedo decirte, además del dolor sin medida? La incertidumbre, aparte de todo lo material o práctico que se plantease y que no me afectaba ni me sacaba de mi desgarramiento, la incertidumbre, en el fondo era un resquemor por no entender —por no atreverme a entender— el sentido de su benevolencia ante mi marcha, ante la separación... ¿Pudo ella —mi madre— sentirse fascinada por mi proyecto, pudo incorporárselo, hacer suyo el sueño de una ciudad en la pampa, que llevaría su nombre, Eudoxia, el nombre que excluye toda falsa opinión?...

—Pero dime, ¿tú tenías un proyecto de la ciudad o sólo un nombre?

—Pasé años de vida ascética elaborando el proyecto: ¿no crees que para concebirla y desearla basta con el nombre?

—Sí, veo y creo que basta.

—Yo lo veo ahora. Al principio creía —sentía— que el nombre esperaba... mientras podía creer que esperaba, seguía construyéndola, luego todo se derrumbó... Para entender una cosa así tienes que poner en juego las entendederas de tu adolescencia.

—Si pongo las de la mía no veo más que un caldero en ebullición.

—Pues eso, eso es. Que ahora te cuente todo esto no es por abrirte mi corazón, es porque las circunstancias nos han puesto en tal caso que si uno sigue ignorándose adquiere, como se adquiere un parásito, cualquier equívoco, que es mejor evitar. No es el caso del desconocido que pregunta exhaustivamente. Ya te he dicho que ante Santiago no existía la vergüenza de la pobreza, de la ignorancia ni de ningún género de desastre. Lo único que siempre me costó trabajo confesar —no a él, a mí mismo, en este momento, aquí, ahora— es la validez de mi quimera. Me aterraba constatar que tuvo bastante fuerza para sugestionar a mi madre, para que ella se la apropiase. En el fondo, en el último fondo del temor estaba la duda de quién se la había apropiado... ¿Comprendes? El temor, repugnancia, escrúpulo ante lo ambiguo —ni la menor concomitancia moral, sólo ansia de veracidad—, el temor de dejar ver un pensamiento femenino, esto es, afeminado por exponerse en mis palabras, por sonar en mis palabras —con mi voz, con mi tono... No creas que Santiago lo negase por liberarme del temor, al contrario, lo subrayó citando el caso más excelso de tutela materna que no chafa la sabiduría, la filosofía, la santidad, incluso, todo puede brotar de entre la leche materna, desde los albores de la mente pueril. Santiago no desautorizó mi utopía, sino que me hizo pensarla como realizada, me convenció de que era algo que existía: no fuera de mí, no, lo que existía era yo, un tipo que había pensado aquello.

—Es pasmoso que ese hombre haya podido ver que todavía sirves para algo útil.

—Él no pensó nunca en emplearme en nada útil, me tomó como tema de investigación y de explotación técnica. Se puso a intervenir en mi vida como en cualquiera de las otras cosas que se traía entre manos, que eran muchas. Él había adquirido —se había apropiado, por brillantes chiripas— muchas leguas de tierra. Chiripas llamo a relámpagos causados por la conjunción de la voluntad fría, obstinada, con el torrente del amor más caluroso. En fin, él sentía —por qué lo sentía es cosa que no tiene, ni necesita explicación—, él sentía que todo lo que tenía, tenía que ser devuelto: no a quien se lo había dado, sino a todos; a mí, por ejemplo. Ésa era su empresa y su poder... ahí estaba el enrevesamiento. Su ambición de poder era incalculable y ése era el misterio de su fórmula química, la ambición de poder contagiable —no comunicable como algo que se propugna, sino como un mal —o un bien— que se contrae en su proximidad... Un mal no podía ser porque era un combate obsesivo: el exterminio de la impotencia. El poder —para él— era el verbo, neto en su infinitivo. Lo que constituía su ambición era poder ¿qué?, simplemente, todo... ¿No te parece tan original como me parece a mí?... la clave está en el matiz especial de su magnanimidad que no era, ni mucho menos, caridad cristiana, ni consideración de los derechos, etcétera. Era una especie de fraternidad o ambición de cofradía de los potentes, de los que hacen algo —nunca decía crear, sino hacer—, era ésa su ley, hacer y poder, esto es, *poder hacer*... Pero no te lo imagines, ¡no, por favor!, como un predicador cuaqueroide, él no hablaba nunca de esas cosas: esas cosas pasaban a su alrededor.

—Comprendo, comprendo perfectamente, pero tú ¿por qué andabas a su alrededor, trabajabas con él?

—No, él trabajaba conmigo; entiéndelo. Él se tomaba el trabajo de ocuparse de mí y para eso me hacía ir... me invitaba a andar por sus tierras. ¿Cómo, por qué medios llegaba yo hasta allí? Tengo que acabar contándote que sus camiones iban y venían y yo los tomaba: así porque sí, yo me metía en ellos con naturalidad, sintiéndome como una de las materias transportables. Figúrate que los dos primeros —no creo que fuesen más de dos— encuentros en el Tortoni, se borraron en el recuerdo como meras... eso que se llama gestiones, y empezó pronto la frecuentación que lleva, paso a paso, a la confidencia que es, en verdad verídica, cuando brota o escapa como hálito del paisaje, no creas que excluyo el urbano: también era paisaje el Tortoni, pero allí imperaba el silencio —un número considerable de hectáreas no es una extensión que se pueda ver como paisaje, caben en ella las miradas de todos los que vivieron para mirar; sus nombres nos salen continuamente al paso, pero no nos detenemos a evocar: la presencia de lo nunca visto se impone. Allí había —hay— una multitud congruente... Es estúpido decirte que hay, como si fuese algo recomendable al turista. No, ya no hay lo que había. Podría darte la dirección en la inmensa provincia de Buenos Aires y encontrarías lo que no se destruye en tan poco tiempo —dos o tres años— pero lo que allí imperaba, lo que allí mandaba existir a todo lo que existía lo que organizaba... Ésa es la cosa: allí, en el proyecto, la armonía de las piezas era —podía parecer— una labor de orfebre, pero no era labor ni nada parecido, era un genio, un espíritu que planeaba —no tan espiritual—, que incubaba todo aquello y lo hermanaba con su calor vital. Todo, ¿te imaginas lo que es todo? No, no puedes imaginarte el total de lo que digo —y lo que no digo. Allí había grandes extensiones de todo lo natural: un campo de amapolas, un tambo de vacas, engastadas en lo verde... Una construcción inmensa, en fin, una fábrica que consumía lo que el campo daba, como un gigante que recibiese su justa ración... Bueno, la ración era consumida por una brigada enorme —no recuerdo el número— de sujetos que hacían el trabajo —digestión de todo lo natural.

—Me dejas bastante apabullado... Querría decirte que lo entiendo a la perfección, pero estoy más bien lejos de ello. Necesitaría ver, conocer algún resultado.

—Me conoces a mí. ¿Te parece poco?

—No, no, ya caigo: tú te crees un producto elaborado...

—Sí, más o menos —más bien más, porque si, como ya te dije, me creía material llevado por los camiones, sabía muy bien que era material de desecho. La fábrica y todos los sujetos que arrimaban el hombro se alimentaban de las cosas buenas del campo: yo llegué con un alma que era un andrajo y me rehíce, me rehízo. Santiago me transmitió el equilibrio que imponía, que hacía crecer el pasto. Cuanto más trato de enumerar cosas más te confundo. Por esta imposibilidad de describir y menos de explicar, fue por lo que Santiago soltó esa frase que atortoló a Javier, «Voy a hacer un poema»... te lo habrá contado cien veces, ¿no? No se podía decir de otro modo: quería hacer un poema y lo hizo. Un poema era cercar con alambre espinoso —símbolo de negaciones... pero espera un poco—, cercar leguas en redondo y armar, forjar, producir un mundo cerrado por la simple perfección de la concordia... Cuando Santiago dijo eso no conocía el poema revelador para mí, ¿lo conocería?... Cuando yo le conté, sonrió como si hablase de un lugar frecuentado. Es magnífico imaginar que en la mente de Rubén surgió un día la imagen de la Argentina, con todas sus promesas —potencias—, entremezcladas bellezas con leyes, productos con almas, intenciones, genes... todo eso cercado por contorno geográfico, y que se le ocurrió decirse a sí mismo, «Voy a hacer un poema». El día que Santiago y Javier volvían de La Plata, habiendo tocado todas las triquiñuelas negociables, dinero, incordios oficiales, al pasar junto a los abedules vio el recinto que tenía que cercar. Un recinto... ya te dije que tantas leguas no se abarcan en un golpe de vista, pero la mente sí las abarca. Santiago las veía enmarcadas como pudieran verlas Renoir o Van Gogh, estaba seguro de perfilarlas, de dejarlas acabadas, con la seguridad, única seguridad plena de «la obra bien hecha»...

—Ya, eso convence a cualquiera, pero parece ser que al final hubo un resultado no tan positivo.

—No puedo negártelo: fue lo peor de lo peor. El poder que se impone y no hay nada que hacer.

—¿Un nuevo amor?

—No, un amor viejísimo, el fantasma de un amor. ¿Te imaginas lo que es luchar con un fantasma?

—Creo que la única lucha posible es no creer en él, saber que es fantasma.

—No sé, tal vez lo contrario, ver claramente que es fantasma y comprobar que, fantasma y todo, tiene fuerza irresistible. Parecería que sentirse con menos fuerza es quedar anulado, pero no, el fantasma no anula, ¡todo lo contrario!, despierta. Lo grave es que el yo, el sí mismo ve que el fantasma es fantasma, pero porque lo ve, se ve a sí mismo y todo lo demás desaparece. Todo lo ideal —quiero decir lo ideado por la mente que cree poder hacer lo que idea—, toda la largueza, toda la magnanimidad se retrae y no queda en activo más que las zonas adonde apunta el fantasma. Las zonas que no hay medio de controlar ni aun negándolas porque la conciencia anula y corta por lo sano, pero para cortar hay que concentrar la atención —voluntad o lo que quieras— en el yo, al que se pretende amputar...

Varda no se interrumpe, pero se sienta, maquinalmente —Montero al mismo tiempo— en un banco, y es como si su voz se sentara: el relato no tiene cariz de ir a terminar, entra en una fase de continuación silenciosa, divisible, los dos callan, pero siguen. Montero queda lanzado —catapultado por una palabra— hacia su deserción congénita. Aquí, allá, en todas partes hay que amputar esa condensación del yo. Todo se reproduce, todo ataca —o es cosa que se inflama— en cualquier yo minúsculo, como en cualquier celoso. Se arranca, con desgarramiento, del recuerdo de su pequeñez. Varda sigue repasando el recuerdo de aquella grandeza que vio sucumbir... que no vio, que sintió, que supo sin fuerzas para detener... Acomodados en el banco de piedra a la sombra —no había ni restos de luz— de un ceibo, llega hasta ellos un grato olor de empanadas calientes y picantes... Para Montero un olor mejicano que le instala bajo la pantalla verde, con la pistola en la mano, sobre la mesa: momento crucial en el que ve sucumbir todo propósito, todo valor, emergiendo invencible el yo, que sólo la pistola podría... Varda, dice:

—El fantasma despertó al yo insumergible —puesto que hay que hablar de uno, único, determinado, hay que señalar la poderosa conciencia que no adoptó el medio tajante de llegar al fin. Adoptó otro en el que parece que la esperanza se defiende, pero es que la paciencia se impone compitiendo —competencia ciega como la fe— con la voluntad. Lucha de longitud superior a la de las fuerzas vitales... Nadie llegó a saber.

—Claro que sólo tú.

—No puedo decir que hubiera preferido no saberlo. Lo monstruoso es, sabiéndolo, no haber intervenido, no haber impedido el final... pero no había otro final posible, es decir admisible. Recurrir al término rotundo sería como agredir a la vida —una ruptura marital con la que era amante, *maîtresse* elegida—, en cambio, la entrega definitiva a su contemplación sobrepasaba lo proverbial de los achares, le decía, en fin, ¡te he amado tanto, siendo como eres!, que me quedaré contemplándote hasta que tu imagen me agote... Ante esto, después de esto, empecé a ir agotándome con el whisky y ya ves... Bueno...

Viniendo por Las Heras al llegar a Pueyrredon, se van, cada cual por su camino. Montero tarda un poco en tomar el suyo: mantiene una visible indecisión, viendo que Varda sigue por Pueyrredon y dobla la esquina de Guido.

* * *

Insinuación... como un despertador que no calla, que insiste, como si necesitase despertar al dormido, cuando no hace más que machacar el clavo clavado en el despierto, en el que desde un principio —desde antes del principio— estuvo y sigue estando despierto. Punto: hay que afrontar el silencio de la vigilia, de la costumbre o acomodación al clavo.

¿Punto?, punto final no sirve; no es concebible el final, hace falta imponer un comienzo, instalar la mente en algo de principio remoto, y hacer del comienzo adoptado como un ejercicio, un primer —inmediato, perentorio, desentumecimiento. Se empieza revolviendo papeles... sería lógico empezar por ordenar papeles, pero los miembros no están aptos para movimientos eficientes, es preferible una inmersión en el río revuelto y algo se acabará pescando: se reactivará, al menos, la impregnación, que se diría extinta. ¿Será posible hacer de la meditación, del diálogo interior —especie de respiración o latido vital— una acción, de hecho, en una palabra, vivir pensando y, al mismo tiempo, hacer algo?

El diálogo interior, con preguntas y respuestas, crea un interlocutor falso; en el diálogo interior no hay otredad, hay contradicción, eso sí, pero tan íntimamente propia que no dice jamás, ¿tú qué piensas?: preguntas y respuestas fluyen y, si se combaten, se enredan como un hilo, en un nudo de él mismo. Sin tratar de deshacerlo, tengo que empezar —ante todo— por las cuartillas de tinta verde, reliquias que no pueden quedar en suspenso, hay que mantenerlas en permanente contemplación y escarbar —excavar a profundidades insondables... Por el momento, escarbar es lo que apetece, revolver papeles, pero para lograr algo que se imponga hay que buscar lo que tuvo tal fuerza... tan verdadera, tan fatal como infalible fuerza. Bueno, fatal es lo seguro, lo fatal es lo que le deja a uno sin discusión posible, sin siquiera dar al diálogo el fantasma contendiente —un nombre es, muy relativamente, fantasma. Decir «nunca, Elena, nunca lo sabrás» es establecer una relación sin repercusión; es dar por seguro, por conocido, el reducto interior del que no sabe lo que sabemos y, sólo con nuestro conocimiento de su ignorancia, incorporamos su existencia virtual a nuestro diálogo. Luego cambian las cosas y nos encontramos a solas con nuestro no saber; el nombre, por sí mismo se excluye, pierde su condición fantasmal, se escapa de su presencia, se encierra en su realidad impenetrable.

No puede ser, esto no puede ser. ¿Respecto a qué ley o moral o lógica resulta absurdo? Respecto a nada, no es más que la imposición del absurdo fatal que mc lleva —a mí solo— a olvidar nuestra ley o moral —*nuestra*, ésa es la cosa—, nuestra era la conexión y me revuelvo en la soledad sin dialéctica, ¿por?... No puede ser, esto sí que tiene que quedar en suspenso como reliquia, pero es difícil, muy difícil; porque no tiene la herrumbre del tiempo. Una reliquia que palpita en el insomnio no se queda colgando como las uvas de invierno, su ausencia actúa, se interpone en la búsqueda —ausencia pertinaz— y hay que atravesarla para encontrar lo que fue... Surge —por el prurito dialéctico— la forma inquisitiva, ¿qué es lo que fue? ¿Qué y quiénes fuimos —o somos— nosotros?... Nuestra conexión, tejida de momentos —los momentos ¿son textiles?, creerlo sería ignorar su singularidad absoluta y no, no—, las rimas se tejen, su resonancia consonante, que de muchas hace lo que es uno, un poema, por ejemplo. Nuestra conexión fue algo tan inútil —es decir, innecesario— como una composición poética. ¿No es idiota que yo considere y opine sobre nuestra conexión? Mi opinión establece el diálogo puro, sin fantasma: el diálogo ensimismado que va, por sus pasos contados, hasta formar el nudo; y la tarea de su disolución, de su paciente desenredar hasta ver el hilo exento, libre, puede tener la utilidad —es decir, sensatez, movimiento que no es vano—, puede llevarme hasta considerar y no precisamente opinar, sino aceptar, asumir la conclusión de que sea por lo que sea, somos —qué o quiénes— seamos.

Revolver papeles es delicioso, ordenarlos es difícil porque lo lógico es contar con las fechas y la atención se dispara hacia los especiales, sobresalientes; se aferra a los de enjundia intemporal, a los originarios que explican —sin pretenderlo— la razón de ser de esto que encontramos inclasificable. ¿Qué es —o puede haber sido— lo que queremos llamar *grupo* y que, de hecho, nunca se mantuvo agrupado? La razón de ser, si el ser implica una razón: la implique o no, más vale descartarla y atenernos al ser: así todo queda explicado por un ser —persona— como causa... Muy tranquilizadora esta idea, que no quiero proponer por su desproporción descabellada. No, la idea de esas causas personales que mueven —movieron y moverán— el mundo es incontestable. Dejemos en paz la de Cristo —no fuera malo que en paz quedase—, contemos sólo con los innumerables, grandes y chicos, buenos y malos... Personas, seres singulares que mandaron —crear es la forma genuina y lícita de mandar—, crearon grupos —pueblos o compañías, sociedades o consorcios—, los crearon, los parieron, puesto que vivos los echaron al mundo y el mundo se hizo *de eso*... Bueno, pues así fue lo que arbitrariamente llamamos grupo; *nuestro grupo*... ¿A dónde se remontan, qué lazos existían de Zamora a Madrid; es concebible aquí, en este continente, en la mitad del siglo, pensar en Madrid y Zamora para constatar que eso que delimitamos porque tenemos como cosa existente, ocurrió dentro o fuera de Madrid y Zamora? ¡Dentro y fuera!, o tan dentro de cada uno como la energía de dos radios que partiesen del mismo centro de la umbela del mundo... No sé a dónde voy a parar con todo esto... La persona, el lazo establecido: yo fui el mensajero, yo constaté y propagué la correspondencia del uno al otro. Uno y otro *uno* en la unicidad fraternal. Yo, mandado por —o desde— el gran maestro hacia la pequeña ¡inmensa! maestrita, maestra del barrio... Los contornos del grupo se difunden, se niegan, afirmándose en otra distinta realidad: el grupo no se delimita por contorno alguno; su extensión es la de un aura. Yo sé —o siento, sin comprobación pero con certeza para poder jurarlo— que el aura de su voz, de aquella voz que oí tan poco, pero que sé que la oyeron —no sé quiénes; el tendero de la esquina, el viejo portero, seres minúsculos que no imagino, pero que sé... allí donde llegó el aura de su voz —el aura, no el sonido— allí brotó, se suscitó, se difundió el grupo, el grupo más inútil que se pueda concebir, siendo —esto es lo inconcebible— pura acción-negación —si se quiere acción negadora como reducto de pureza... ¿Qué puede importarnos a nosotros, poniendo como lo más difuso el *nosotros*, la difamación de la palabra pureza?... Divago persiguiendo la vaguedad, cuando lo que buscaba —lo que busco— es la firmeza de principio. Tendría que empezar por plantearme la pregunta, ¿de dónde hemos salido?, y claro, reducida al singular porque yo, el peor, el réprobo, desertor por naturaleza, tuve el papel, el cargo —pesadísimo— de apóstol o pastor. Lo pesado, lo más pesado es lo que pesa en la conciencia —no en la conciencia, sino la conciencia—, ser la conciencia pesa tanto que se anhela a veces creer que es delirio... Y no lo es. En un principio, la disciplina consistía en llegar a saber la verdad —nuestra verdad—; nuestra, quiere decir absolutamente nuestra, porque al principio, cuando lo que empezaba —el que empezaba— era yo solo, eso es, yo solo, ante aquella sucesión de chopos, aquella doble custodia de un camino... ¿Puedo entender algo sin situarme ante aquel camino —lateral escurridura de la calzada, ancha carretera en el llano, árido?—, el camino custodiado ceñido por árboles conductores, me hace pensar —me detiene ante su imagen, porque no se puede pensar sin saber dónde se está pensando... sólo volviendo allá, sobrepasando, tachando el destierro, porque para pensar hay que acotar en el mapa una región y pensar desde ella... partir de ella, llegar —desde ella— a las calles, caminos urbanos de Madrid. Eso es, al difundirse, al disiparse en esas calles, se condensó el grupo. Ahora lo veo claro y ¿de qué me sirve verlo claro?... porque aunque esté claro, su misterio —cimarrón, habría que decir— yo, pura contradicción, «Hago lo que no quiero y lo que quiero no hago»... esto ya suena a lugar común. Lo que se trataba de buscar era el motor, el deseo ¡siempre el deseo y su realidad!, es decir, que resultase la realidad si el deseo brotara como fuerza natural hacia la idea —hacia lo ideado, no, en absoluto hacia

el —o un— ideal, sino hacia lo laboriosamente ideado...
¡Me asaltan las notas de tinta verde!, porque fue allí —en
la colina— donde se formuló el intríngulis del deseo natural. No puedo contener mis excavaciones y me dejo ir a la
región remota donde se ideaba mientras se vivía. Tuvo que
ocurrir la muerte —para mí liberación, tanto como pérdida
del norte, eso no importa, no me importa a mí ahora—
para entender, nada de lo que a mí me pasase; lo que quiero ver claro es cómo se dilató sobre sí misma —como la
planta sobre la semilla— la idea, condensación o enjundia
de todo. Tuvo que ocurrir la muerte. Para entender lo que
llamo persona —persona no es un lugar; es un YO que se
irradia hacia —o desde— todos los lugares. Persona es lo
que llamo causa, que existía antes de ser idea. La causa
—el maestro, el que iba a mandar, crear su mandato con su
fuerza irresistible— tuvo que pasar —afrontar lo que no
pasa, acontece y permanece— desde un principio, irradiando su poder —el que pudo hacerme y capacitarme para seguir haciendo, es decir que el grupo era antes de existir, y
yo dejé de ser, pero no de hacer. Tuvo que acontecer la
muerte para que el maestro, el promotor —motor simplemente— asumiese la muerte, se encontrase con ella y viese
que si el alma —el hombre—, si pierde el hontanar de su
deseo, ve lo difícil que es mantener el acto magnánimo más
fuerte que el yo. Parece que sería todo lo contrario, pero
no. Cuando el alma —el hombre— reprime su «eros deseante» para dilatarse en el acto magnánimo; cuando el
hombre se arranca algo —o todo— para dar, el arrancamiento es glorioso. Cuando se encuentra en la pobreza
—miseria del deseo muerto— su voz ya no resuena más
que como negación... Y eso es lo que pasó: el maestro,
arrancado de la región mortuoria —región convertida en
tumba —tumba, negación real, si esto es posible—, tumba
en la que yo, ¡yo mismo!, planté la hiedra, tumba en la que
quedó convertida Zamora... El maestro, deambulando por
caminos urbanos, refugiado en el cobijo sororal, anduvo
distraído, anulado, hasta que descubrió —se le apareció
como cuando se encuentra en la calle una moneda perdi-

da— y recobró el camino custodiado por árboles. Eso fue lo que pasó, un reencuentro: no la emoción turbadora del *déjà vu*, sino la certeza aplacadora de «la repetición», volver a lo mismo... no siendo lo mismo. Un retoño, cosa pequeña, verde, tierna, que rompe la tierra dura y apunta, un retoño de fe. La fe que atortola es la fe en lo que vemos, en lo que estamos viendo y temblamos de tanto creerlo. La fe brotaba ante aquello que, siendo lo mismo, un camino custodiado por árboles, era o custodiaba o encerraba lo que no se puede encerrar porque no es un camino para ir por él, sino un camino que él es el que viene y va.

Las notas, incompletas, medio borradas por el agua, me relatan el encuentro salvador de la corriente —líquida, pura corriente de agua, si no encerrada, encauzada al margen de la ciudad... Las notas fueron tal vez una especie de diario, de confesión o confidencia. No encuentro en ellas nada que parezca apuntes para algo coherente. Diría, más bien, canto —cántico— poético al lujo o adorno madrileño, fluyente regato de la sierra, el canalillo que aparece en la colina, viniendo de sabe Dios dónde y no se sabe adónde irá. Lo que el maestro encontró fue la sedante coherencia de todo proceso natural. ¡Natural es el abracadabra! No hay un sistema visible en sus apuntes, no se ve en ellos un plan teórico: hay chispazos, figuraciones, «salvaciones» diría. La aparición de los chopos custodios le llevó hacia atrás, al recuerdo —si puede ser recuerdo lo siempre presente— de *aquel* camino distante y le cautivó con la fluyente presencia de *éste* próximo. Alguna alusión, alguna evocación tal vez de aquel que conducía hacia cualquier posesión rural: ante éste, que no daba acceso a portón o cancela ninguna, que conducía... no se veía su fin, es decir, su término, pero sí resultaba que viniendo de donde viniese, llegaba a la colina, y, en la colina había un palacio. En el palacio reinaba la realeza de múltiples hermanas, más numerosas que las musas, MUSEO DE CIENCIAS NATURALES.

Ante esto, el maestro entona su cántico, porque no hay en sus notas nada que pretenda ir por «el seguro camino de la ciencia». Él, allí respiraba o más bien aspiraba a concebir una que fuese *ciencia de las ciencias*, anhelaba alcanzar una visión antigua —como en Lesbos la música era todo lo que cae en el ámbito de las musas... Lo que el maestro cantaba, sentado en el aguaducho, era la belleza de las formas logradas por el artificio natural... Hay hojas arrancadas de la espiral del cuaderno, que comentan las minuciosas láminas, en que aparecen los imperceptibles conatos, entes unicelulares, delatores de la potente multiplicación. Su belleza resplandecía, trayéndole el recuerdo escolar, primera intuición del misterio. Luego, olvidando las láminas, contempla y canta a las criaturas logradas, corroboradoras: pólipos, medusas suspensas en el líquido inmóvil, sustraídas al ritmo de las olas, en el que las imagina saliendo de su núcleo germinal, desenvolviéndose ya con leves túnicas de volantes traslúcidos... de ahí parte a imaginar cómo irían vestidas las oceánidas, amigas de Prometeo.

Pródigas hojas de tinta verde, con la largueza feliz de perder el tiempo, de vagar en los alrededores del museo y, al mismo tiempo perdido, condensado en la búsqueda de lo siempre buscado. Su perder el tiempo era identificarse con el principio de los tiempos y pasmarse ante las formas duras que, en este tiempo sin lejanía, el taxidermista atrapa y cubre de plumas, de pieles atigradas o leoninas. Ante éstas canta con tono de aterrizaje, con la sorpresa del despertar a lo patente. Canta, con esmero, al toro español, a su ojo fiero aunque de vidrio y retrocede... El toro, belleza parecida, le había ocupado antaño en vagos clamores —pro o contra— por campos de Zamora, queriendo entender lo que ahora contemplaba, esto que aquí no era más que una forma dura y neta, ¡natural!... Toda reflexión de antaño —consideración pragmática— se borra ante la visión de lo divino... el paso lento y seguro con que la materia asume las formas: todas, cada una haciéndose tan preciosa, tan adorable...

Hay notas en las que el canto se impone un orden, acude a las grandes palabras, cita incluso a alguno de sus genios tutelares, los que siempre, sin ser nombrados, saltan a la vista ante la belleza que «tanta sangre e ignominia» costó consagrar. Nota, deambulando por la colina, los pabellones que la parra virgen recubre y señala con timbres magistrales, delatando la acción de algo que fue instituido a la sombra —a la luz— de algún nombre germánico... Y todo ello tan bien arraigado, tan demostrativo de la fertilidad del suelo que acaba concentrándose en una definitiva y universal aspiración. Trae a la mente —sus citas son vagas comillas arbitrariamente abiertas o cerradas— algo espigado en un ámbito, que no puede sentir como otro, sino como efecto de lo mismo... Revive el anhelo de encontrar un ¿compendio, síntesis?, no, visión que todos quisieron ver, «La ciencia —las ciencias— reunidas en una fórmula o ley neta, simple, incontestable como el peso de la manzana»... Ante esto, que está en la base del más viejo pensar, se calla largo rato, sus notas se pierden en la búsqueda de un nuevo sendero, en el que encuentra huellas inidentificables... Por la señal de una pezuña se ve el animal de pie hendido, caprino, porcino, las que ahora aparecían —animal, puesto que vivo— dimensiones de megaterio, arrastrando el peso colosal de una cumbre de razón humana... Suspende su anhelo de constataciones, se abandona a la pura, vaga y certera imaginación y en ella —poblada por los grandes mitos— surge el caballero andante en su hazaña fallida; liberar al león que un hombre lleva en una jaula... Sigue el camino y no repite el intento porque el mandadero es muy otro; hombre pobre y sufrido, ojos semíticos que cruzaron todos los desiertos transportando algo colosal... Las huellas tan profundas como si algo hubiera sido arrastrado por una yunta de megaterios. Las huellas son de un hombre pobre y sufrido, un hombre *solo*, que lleva a Dios en una jaula de números.

No es un apólogo lo que traza el maestro, se queda más o menos tranquilo con su imaginación, con su salvación-homenaje, perplejo ante el camino recorrido por el hombre pobre que extraía riquezas de la naturaleza natural... La fisonomía del sujeto se borra y queda el empeño. Empeño de conjunto, concordia total que no es la «academia sublime» de Copenhague sino una excelencia incontestable de...

¿Por qué y para qué ha de haber algo que se juzgue, sobre todas las cosas, excelente?... Nuevamente la pureza como única boya en el piélago, pero no una pureza —disciplina cátara— que execre lo impuro, sino una fe pura que tantee, una fe en el tacto que busque el pulso de la vida natural.

No queda en esto: páginas o trozos de páginas que no pueden parar. Si la pureza no es nada abstracto, si lo que buscamos buscándola es la quintaesencia de la naturaleza natural, no puede ser que antes —en cualquier antes— no le hayan dado otro nombre. El nombre más viejo y común sirve, por el momento —momento de siglos— pero, ¡cuidado!, que el nombre no sea mote convencional sino resultante; porque si le damos el nombre satisfactorio, «Hombre de buena voluntad» sirve, claro que sirve, pero es sometiéndole al parangón de la naturaleza con el bien, que no es natural. En cambio, la pureza, dato contrastable, como potencia... No es como para sacar patente de novedad: algo aproximado ya se hizo, algo muy semejante, grotesco, a más de trágico. Lo grotesco es lo falso. Si cuando se habla de potencia se alude a lo que es —o se llama— poder, se arma el *calembour*. Si se habla de pureza lo que se produce es otra cosa... se producen cosas... Aquí se producirá un día —nada nuevo o novedoso—, lo que se producirá, se repetirá, aquí se edificará un día nuestra ACRÓPOLIS.

Vuelve a aparecer el andante, el inevitable que rezuma como el humus nutricio de todo pensamiento. El del maestro no adopta la andadura del caballero; le sigue a pie como andariego por los «Campos de andar y ver», le sigue igualmente, barruntando el entuerto que pide solución y se dilata en evocación dilecta: «*Deux champs au tuf profond et riche, qu'il faut qu'il remue et défriche avec le fer de la raison*»... Lo contempla un rato y lo niega, sin lastimarlo...

No, no con el hierro, no con el número. Los grandes que padecieron amorosamente la razón, que la aplicaban a la naturaleza natural, preciosamente sin duda, pero... Algo en esta región de las ciencias, germinando como la parra virgen... Virgen la juventud que pulula disponiéndose a ser.

Hay por aquí, por esta colina, una voz que manda, que mira las formas unicelulares —unidad, unicidad de cada uno— con firmeza, con vaticinio o fe en cada uno de los varios únicos que apuntan por allí, no informes, sino bien formados por la vital potencia que los delineará un día como los que la —por supuesto— la vida, formó con pelos y señales. Un día ¿próximo o lejano? los conformará fieros o sutiles, torvos o risueños, sin posible error porque la voz que los manda, les manda, ante todo, vivir —todo mandato manda hacia..., el mandato manda hacia y desde la vida... La empresa es encontrar el instrumento, *avec le fer de la raison?*... No, pero sin ella... —¿Por qué calificarla de *bêche* o bisturí? ¿Por qué no sentirla como es, como todo lo que es, nacido del mismo vientre? ¿Por qué, si la vida es dura e inexorable, no sentir que la razón es, igual que ella, dúctil e invencible, que nada opuesto puede haber en su fraternidad univitelina? ¡Qué difícil, qué arduo es llegar a saber lo que siempre se supo! Repetir por milésima vez el acto de contrición; lo que yo hice, lo que anhelé hacer... ¿Llegué a hacer algo? ¿A dónde fueron a parar los míos? ¿Es que pude conseguir que ellos fueran suyos, íntegros, libres y, al mismo tiempo, unidos en una perfección inmarcesible, seguros, como sólo es «El seguro camino de la ciencia»? Ejemplo... ejemplo de pureza sólo en el número y, sin embargo, no nos sirve porque la vida... Una ciencia de la vida que abarca sus impurezas, que depure la impureza, tomándola en su pura razón de ser, de ser vital. Cadena que jamás ¡jamás! se romperá en un hiato que aleje a los que una vez se unieron, se agarraron con pasión de amor a la vida, a los que jamás negaron...

Vagas alusiones al presente, con obstinada certeza de futuro. Vaga contrición por no haber formulado sistemas netos. Válidos, funcionales... Una especie de desánimo, ajeno a toda decepción, afincado ante la magia —esplendor natural— de la posibilidad no cumplida. Desesperación ante la seguridad del acierto, que no llegó nunca a ser más que un puñado de gérmenes dejados caer por los surcos de Zamora... Y, después de todo, sólo se afirma lo que se niega, ni cansancio ni desánimo como residuo, una infinita paciencia rural.

Se acabaron los vestigios de la tinta verde. Si desecharlos era imposible, no lo es guardarlos bien guardados en una carpeta. La fragmentación de su pensamiento —preciosa, luminosa— es para mí —para el que sepa recogerlo— como pizcas de los escombros que apenas sirven para constatar, tal vez recomponer, algo de lo derruido. ¿Qué puedo añadir? Guardados quedan, puesto que soy yo quien lo guarda. ¿Cómo queda tan?... ¿Puedo preguntarme yo a mí mismo —sin contendiente fantasmal, pura dialéctica en la cerrazón del nudo inextricable— cómo quedo, cómo afronto el hecho de quedar, de vivir?... ¿Puedo saber qué es lo que permanece en mí de aquello que aceptamos, que acepté yo, el más adepto, por encima o por debajo de toda adhesión, ¡por debajo!, puesto que mi concordia era un principio ¡mi principio!, cómo quedó?... Repaso la lección que tan bien me sabía y de la que tan pronto deserté. Cuanto más clara, cuanto más incontestable la veo, más siento mi propia negación, mi negación natural...

¿Qué era —sin interrogación, mera reflexión sobre lo que era y no puede dejar de ser— lo que pretendíamos y manteníamos todos? Lo que se plantea con la misma superflua interrogación es quiénes éramos, tan dudoso como qué éramos, qué pretendíamos ser, y concluyo que no éramos más que buscadores de la verdad natural, tan difícil de dilucidar como un postulado científico, como una ciencia de la vida. El intríngulis estaba en que, siendo un tema o elemento o empresa o *métier*... oficio personal, alcanzaba al todo, a la totalidad del hombre, es decir que, si se concebía y se adoptaba una idea —forma interna— del hombre quedaba patente la concordia como conducta y en ésta iba implícita la aceptación, quedaba excluida la reclusión, encastillamiento en la ciudadela del yo... del *yo no*.

Lo más grave fue que el brote de obstrucción en el alma surgió, imponiéndose como el más afirmativo *yo sí*. Fue en la forma tácita e irresistible del deseo, casi informulado. Lo patente era la imposibilidad de conceder, de aceptar la vida con el deseo estrangulado, desear la muerte del deseo, que sólo la muerte del objeto deseado podría zanjar y tener que huir llevando la imagen de muerte imborrable.

Tan efímera y artificial había sido la vieja solución: ir quemando etapas, saltando los pequeños artilugios y al fin cayendo en el mismo piélago, en el mismo clima del deseo que, inculpando al cuerpo, a la juventud de la carne se cree poder romper con un hacha y no se puede y se huye otra vez.

¿No es indigna la flaqueza del ¡qué, Dios mío!, el yo, este que soy yo, alejado del cuerpo por los años y con la misma fuerza, con la misma pasión que la angustia del deseo hace imposible la vida... con el mismo furor del perro al que arrebatan la pitanza, con la misma oclusión del horizonte, sólo por la insinuación...? ¿Qué es lo que fue insinuado?... Simplemente que debo ceder, que un orbe humano que tiene para mí la dimensión del universo es invadido lícitamente por un poder pertinente, natural.

No hay una región de naturaleza transitable para el que es por naturaleza fugitivo.

21 de mayo

Recobro la sólita costumbre de apuntar mis hazañas en el cuaderno... Sólita, aunque inconstante. Si la hubiera mantenido ordinariamente, la constancia se demostraría, pero no, cedo a una aparición que se repite como un renuevo de algo que no es dolencia —aunque lo parezca— sino más bien una necesidad de descanso. Claro que puede que resulte lo contrario, una nueva y apremiante actividad. No es, ni mucho menos, la fatal toma de posesión, «El rey ha muerto, ¡viva el rey!». No, no es eso porque aunque algo —no alguien— ha muerto, no puedo decir que haya habido sepelio. El cuerpo insepulto e incorrupto de un montón de años sigue ¡existiendo!... sin disiparse las reminiscencias de su *fue*. Fue es suficiente oración fúnebre. Fue es palabra harto investida de tremendismo. Más modesto y demostrativo sería un pequeño recuento que sirva de tablado para la escena donde las cosas se irán representando.

Un largo tiempo se ha hecho mil pedazos; lo compruebo, pero no estoy segura de entenderlo, lo que no quiere decir que no lo vea claro como el agua. Sus motivos no son en absoluto aparentes: son reales porque son reales los hechos, pero ¿a quién podría yo convencer de que los hechos, no siendo triviales, siendo profundos y esencialmente vitales, hayan podido romper, disolver, macular la armonía?...

Esto no tiene sentido. Se me ocurre volver al cuaderno, movimiento espontáneo, apuntar las cosas que pasan y lo pongo en práctica porque pasan cosas. Pero no es como antes cuando las cosas pasaban contestándose, sin hiatos, sin consecuencias oscuras. También es estúpido decir que esto no tiene sentido porque ¿para quién no lo tiene? Yo lo conozco hasta el último fondo, ninguna oscuridad, ninguna indecisión en mi juicio —lo tonto es la pertinacia del juicio—, costarme tanto anotar, relatar —ahí está el intríngulis— las cosas que surgen huérfanas, sin progenitores responsables, ¿puede ser? ¿Puede acaecer la generación espontánea? No, no puede acaecer: quede la suposición demostrando la torpeza de la búsqueda. ¿Y si en vez de torpeza fuese pretensión necia innecesaria? Si digo, ésa es la verdad del caso, lo que tengo que hacer es dejarlo, desistir de la esmerada edificación de la estupidez. No puedo dejarlo y me debato en explicaciones que rebosan efervescentes, y es que el hiato, la indiscutible solución de continuidad está henchida de no digamos un gas, pero sí un aliento.

Hablando en plata —mi habitual estribillo— si me pongo a apuntar la aparición de la mensajera y las dimensiones del mensaje, llegaré a encarecer su oportuna irrupción en el silencio... es decir que si no fuese yo sola a encarecerlo, si la aparición hubiera podido ser coreada por *todos*... No es posible silenciar el hecho de que yo tengo que apuntarlo porque faltan *todos*. Pero, ¿es que no se puede llamar acontecimiento a la disolución? No se puede decir que acontezca lo que insensiblemente demuestra que se disgrega a causa de su unidad resquebrajada... No, no es esto: si me empeño en saber lo que es, tengo que señalar lo que se pudo llamar —y no se llamó— acontecimiento porque yo no accedí a registrar su novedad. Bueno, lo que, callando, pretendí negar es su diferencia. ¿Qué hago ahora? ¿Es que puesto sobre un papel ya no queda envuelto en el atolondrado, incontenible, ansioso atropello de *todo* y queda a la vista su interna diferencia singular, intolerable —¿inalcanzable?— para *todos*?

No repito lo de hablando en plata, porque esa frase indica que lo que damos con nuestro hablar tiene algún valor y ahora, lo que diga aquí, en este simulacro coloquial, no tiene para mí —su oyente— ningún valor, estoy harta de saberlo. ¿Harta de haberlo vivido? No tanto como para dejar de vivir... Dejar, sería un acontecimiento que yo no registraría. Mi necesidad de coherencia me lleva a revisar lo que no registré a tiempo.

¿Qué es lo que pasó en nuestro mundo de amistad? Se puede decir que pasó lo más sencillo y natural: ingresó uno más. No había entre nosotros, los que habíamos formado... no, no, nosotros, los que pasivamente —pasión apasionada y pasiva— éramos unos cuantos. ¿Qué porción numérica es unos cuantos? Es —o era— unos cuantos sobre los que un clima de afecto, de casual coincidencia se había posado, envolviéndonos en comunidad: azares de vidas muy diferentes que —lo más contingente, el exilio— como invitados espontáneos —nosotros dos, los exiliados, y los nativos, generosos guías por la tierra desconocida, y así, unos cuantos años conociéndola. Un grupo estrecho, mantenido por su genuina concordia, sin que hábitos o ejercicios profesionales lo ciñesen. No es que estuviera la puerta abierta, es que no había puerta. La cohesión nos agrupaba o definía como un color. Y eso fue todo, alguien entró porque podía entrar, porque era un simple matiz del color común.

No puedo seguir manteniendo, ni siquiera como cosa pasada, la supuesta igualdad porque no es cierto; no existió nunca. Ahora lo escribo, cometo esta pueril y ridícula faena de contarme a mí misma el cuento y descubro mi falsa aceptación, presentación, imposición... Eso es lo evidente, yo impuse, con una astucia envuelta en teoría, en alegoría del deseo... Cuando el fenómeno arrollador ilumina y ofusca y brotan los apólogos, las límpidas metáforas, mientras la cosa está pasando y es aceptada, constatada y —bajo la astucia— celebrada como una gloriosa eclosión... Eso es lo que pasó y sin embargo se pudo decir, aquí no ha pasado nada.

¿Por qué, vamos a ver, por qué un sentimiento, si lo traigo aquí, ante el juez —como si algo, una entelequia que llamamos sentimiento, hubiera podido no estar en mí, ante mí, como ante el juez? ¿Puedo admitirlo ahora, despojada de la astucia? No, no puedo porque la astucia está —estuvo— obstruyendo... todo menos la actuación. ¡Qué palabra indigna! Y si la rechazo, ¿cómo le llamo al acto... si también es intolerable decir el acto de amor? Lo intolerable es —no diré jamás dicotomía, palabrota periodística, preferiría un término de sala de autopsias, algún testimonio sangriento para explicar —explicarme, sin sentar cátedra— la diferencia de dos cosas que son, en cierto modo, la misma... no en cierto modo, no, ¡basta de darle vueltas!, la diferencia entre la amistad y el amor. ¿Dónde está la diferencia? Tengo que volver a hablar del acto, ¿no hay en toda amistad una tendencia mística que presupone el acto de la unión... y queda como frustrada ante la fácil consecución que el amor ejecuta? Eso es, una simple mirada ejecuta el amor y no hay astucia que lo disimule y bueno, no lo soportaron.

31 de mayo

¡Qué lata!, qué cobardía esta incapacidad de guardar el silencio. Y precisamente ahora que se ha presentado la ocasión magnífica de poder hablar desde una cierta distancia. Bueno, no está claro lo de la distancia. Dije ayer, ha llegado la mensajera y no quise seguir hablando de ella porque no podía decir lo que habría dicho antes. Lo que habría dicho habría sido lo espontáneo, ha llegado, ha ingresado en nuestro mundo la mensajera. El mensaje habría producido a todos terror, pero la ocasión es muy otra: dejo asentado aquí que ha llegado Esperanza Montes y su aparición me lleva a señalarlo porque es una novedad, de gran calibre. No sólo porque sus méritos, valores y encantos se destaquen en mi actual soledad. ¿Hay algo más inusual que una amistad femenina, en el momento en que la confidencia —no el comentario de la Madre Celestina, tal cosa hice o tal me hicieron, no, el comentario que no sirve más que para constatar la realidad de lo que es demasiado valioso, vitalmente precioso— y hacer creer lo que se cree increíble? En fin, ha llegado Esperanza, y hablamos, hablamos. Si es su llegada lo que me lleva a señalar hechos, tengo que dejar a un lado las cosas viejas que se empeñan en demostrar su ausencia y anotar lo actual, así como suena. Ha llegado Esperanza y ha irrumpido con un simple telefonazo, con el derecho que le da ser alguien que trae un encargo. Siempre es grato recibir lo que anuncia una voz simpática, cordial, que no descubre la calidad del obsequio por saber que es valioso. Al fin confiesa que se trata simplemente de una carta y, cediendo a mis súplicas lee el remitente, profesor Martín Vélez. ¡Martín en Boston! ¡Martín!, grité en el fondo de mi alma... al mismo tiempo oí una voz —otra voz— que gritaba, ¡Profesor!... Martín, una carta de Martín, que no había sido olvidado entre el arrumbamiento de lo que no se quiere recordar. Martín había quedado en un limbo de abstención y al aparecer ahora despertaba en mí un dolor de algo así como injusticia: mi rechazo habitual unido al aprecio evidente, empeño de conservación, posesión vergonzosa de crueldad inconfesable... Todo esto —y más— brotaba en su carta magnífica. Su carta es tan breve, temerosa o precavida como para hacer imposible toda negativa. Carta exquisita, que ya contesté con la misma precaución, infame por mi parte, certera y sutil por la suya... También delicioso el efecto de percibir en Esperanza la longitud de la carta proyectada ante ella. Delicioso el relato de su encuentro en Boston, clima académico que les había hecho coincidir y simpatizar, tanto como para confiarse historias íntimas. Maravilloso el tacto de Esperanza.

¡Qué salto atrás! Lo que he llamado amistad femenina anula... no, suspende como un emparrado bajo cuya sombra de aconteceres fatales prevalece la infancia... No la niñez, la infancia de la mujer que fuimos. La infancia del sexo. ¿Por qué somos tan torpes para hablar de lo sublime? Definir este término, saber estrictamente lo que quiere decir la palabra *sublime*, puedo recurrir a los textos prestigiosos, lo buscaré en el Cobarruvias, pero cuando la empleamos —no en literatura sino en el hablar cotidiano... más aún, cuando la empleamos en el pensamiento, ya que no se piensa sin palabras—, en fin, cuando el henchimiento —sensación invasora— que exige no explicación sino designación, apelativo que la designe por su nombre y se dice

—la mente dice— ¡sublime!, ¿qué pasa, puede uno quedarse contento, seguro de haber dicho algo?

La verdad es que mi amistad con Esperanza hace innecesario este soliloquio del cuaderno, pero hasta cierto punto: a ella le cuento lo que pasó y —en gran parte— cómo pasó. Queda por consignar lo que tengo que explicarme a mí misma, lo que ocurrió cuando irrumpió en nuestro mundo uno más. Lo que en verdad pasó no es que llegase uno más sino que el que llegaba era *algo más*. Desde un principio, sin ningún mérito, sin visible diferencia, llegó, entró, se introdujo por sus semejanzas, por sus credenciales de identidad. ¿Quién habría dudado? No dudó nadie... Llegó y fue recibido como si fuera esperado. ¿Por qué razón o causa o motivo fue, desde un principio, temido?... así es la cosa: llegó como si fuese el desde antes, el desde siempre temido.

Que fuese Máximo, Máximo Montero guarda forestal de toda la salvajina, aventura, miseria, lejanía de tierras de ambos mundos; que fuera él que había vivido una lejana historia de trotamundos con Gregorio Varda, mientras aquí permanecía una suerte de distancia, de diferencia... Después de nuestro reencuentro en esta tierra, en el que se había reanudado nuestra amistad, como si ni un solo día nos hubiera distanciado, ¿por qué en mi rendir cuentas, en mi entrega de memorias, que parecía llevarnos al cuento de hadas, a la Casa del Pobre y el Rico, atando cabos de incalculables andanzas, por qué hubo, por mi parte, el escamoteo de un tiempo pasado en ciertas tierras áticas? ¿Es que yo no le hablé... se puede no hablar de aquella tierra? Claro que hablé, claro que le dije que había subido al Partenón, que había bebido agua en Delfos, pero no le dije nada de la actualidad —actuación— de aquel tiempo que actuaba sin borrar el tiempo antiguo, manteniendo su aura o substrato de espíritu hecho carne. ¿Fue por la dificultad que ni un filósofo —sin fecha— abarcaría en peregrina síntesis? No, fue por mi infancia —¿católica?, tal vez—, por mi falta de valor para describir aquel tiempo —digamos tiempo de guerra— que agitaba y agarraba a la vida. Las vidas convulsas en el placer, en el alcohol proveedor de olvido. Bueno, por todo esto, el caso es que no le conté.

5 de junio

Me canso de ensartar estas disculpas que ni siquiera supe dar a tiempo. Ahora ya en este que tantas guerras deformó —deformando y conformando— me dedico a asimilar —degustar sería cínico— las disculpas correspondientes. Es cierto que aquellos días silenciados revivieron al aparecer Gregorio: revivieron completándose, realizándose como si encontrasen la pieza del puzzle perdida, como si mostrasen que en aquello había un hueco... Claro que el hueco de una pieza es un hueco, pero su vacío delimita la falta, la dibuja con su contorno, la delata y demuestra que es aquélla y ninguna otra. Lo que faltaba en aquellos días delirantes en que se borraba o confundía la derrota segura con la presencia real de la tierra adorada desde siempre, a la que habíamos llegado buscando ayudas probables, prácticas, económicas, basadas en la evidente correspondencia del común anhelo de libertad y que... ¿en qué quedaba? ¿qué era lo permanente? La libertad atrapada en lo inmediato... placer. Hay que confesarlo, sin contrición, sin lamentación, con la firmeza del espigar lo bello, lo que se escapa por sí mismo como producto inagotable y se ofrece y se entrega como fuego, como consuelo, ¡no!, como compensación vital de tanta muerte.

Eso es lo que revivió y se patentizó en Gregorio, perfeccionándose, completándose porque en él estaba lo que daba al juego seriedad. ¿Quién podría entender —ni qué importa— la delicia del juego serio? El lustre —el esplendor se da por sentado—, el lustre de la superficie —nunca superficial, pero sí externo— de las palabras que se revisten de ágil cinismo, que siendo intensas, apasionadas siempre, destacan con líneas tiernamente burlonas el absurdo de un amor eterno en su fatal desproporción. ¡Qué fraternal ironía! No, la concordia de la amistad no tiene la forzosidad del clan fraterno: es libertad de elección amorosa en la que dos concurren y se entienden —entienden y consideran su unión y la juzgan al unísono. Esta proximidad que, habría que decir lo que ya no se dice, unión de alma y cuerpo, se dice cuando la amistad deriva a la unión de los cuerpos, se dice, desde la sensatez la sensata amistad... Qué absurdo, qué irrazonable este amor que salta sobre la distancia —la diferencia— de los años, considerando que no hay que pedir el amor eterno, que hay que mirarlo como fenómeno imponderable y contemplar con cariño... *cariño* hay que decir, palabra que se emplea con los niños y con los animalitos queridos. Hay que mirarse mutuamente como los animales que somos y no reprimimos, ¡ni lamentamos!, como los dichosos animales que nos pertenecen y que sabemos contemplar como un momento radiante, sin encadenarlo a la prosa de la promesa.

Me dejo ir a la teoría, resbaladero que pone en evidencia la futilidad de escribir lo sabido, tan sabido. Podría limitarme a apuntar las cosas que pasan —lo he dicho cien veces— pero para eso está la prensa: las fechas quedan ahí para los que leen los periódicos y saben que en tal año ruidosos cambios de regímenes determinaron las trayectorias individuales y, naturalmente, los que conocen y consideran los sistemas de cada cual deducen... Forzosamente habrá habido una separación en aquella pasión tan ostentosa, tan recluida como algo inexpugnable y ¡velay! así fue. Ha habido repatriación del que parecía tan íntegro de ella, el que nunca fue exiliado, sino emboscado o renegado en un desplante edípico, que cualquier azar, simplemente, ejecutó. En fin, partió, nos separamos, no alegres, pero sí ecuánimes como ante lo que siempre se admitió porque jamás se imaginó como marital despeñadero. ¿Qué es para mí su partida, que no puedo ver con el riesgo esperanzado de la madre que larga al hijo a su gloriosa aventura? No, nada de eso; no ha habido en mi alma —o lo que sea— sentimiento maternal, ha habido más bien una camaradería espartana. En nuestro amor había un equilibrio de fuerzas regido por la Venus Urania.

¿Vanidad? No precisamente, pero sí ambición desmedida que un nuevo azar —interruptor que se enciende inopinado— viene a ponerme en mi lugar. Esperanza surge y me invade, me trae el mensaje que me hace retroceder: noticia de un lejano afecto —ahora, al reaparecer, destellando una verdad muy pura y mal cultivada—, un afecto que una vez más pongo en un rango digno pero distante... en cambio la aparición de Esperanza me reinstala en el mundo femenino. ¡Qué extraño artefacto mecánico es el recuerdo! Porque la memoria es como un lugar sagrado en el que todo *duerme vigilante*. Sus resortes impalpables actualizan con un chispazo lo remoto y sigue guardándolo en su unidad secreta. El recuerdo produce una especie de aviso cuando algo se presenta y dice, ahí está. Y luego repite otro hecho y no se produce conexión entre ellos pero ¿quién puede saber? Esperanza me lleva a la confidencia más íntima. En ella he dejado, por supuesto, caer el desgarramiento de la separación, porque ante ella el desgarramiento es real, lo otro —supremamente real— lo que va confundido —¡no!, fundido en luminosa fusión—, lo que hace de una criatura humana una imagen —cargada, rebosante de amor humano— lo dejo en mi cámara oscura, aunque la inteligencia de Esperanza es más que suficiente, pero es que ante ella surge el recuerdo —los recuerdos—, el montón o rosario de cosas ¿olvidadas? Jamás, mantenidas en ese ámbito de lo que se sabe intacto y la nueva presencia queda incorporada a ello. No sé qué habría pasado si Esperanza hubiera aparecido en el tiempo en que la unión de TODOS, aquel grupo disperso... ¿habría ingresado ella sin más mérito o condición tácita de ser uno más? No sé, lo dudo y ¿qué importa?... Falso, falso: importa mucho porque si Esperanza se hubiera presentado —no representando sino encarnando en aquel tiempo que les era ajeno— la habrían temido, habrían sentido que con ella yo recobraba mi virginidad... virginidad vulnerable, muy distinta del estado o grado o entidad virginal en que me veían instalada, inalcanzable. En fin, el caso es que es ahora cuando aparece Esperanza, que me lleva a sus tierras, a sus pastos ilimitados, a sus casas confortables con sus perros elegantes.

10 de junio

Una nueva carta de Martín; breve y calurosa como un abrazo efusivo. Me conmueve su alegría por mi respuesta. Claro que, conociéndome, tenía motivos para no esperarla, pero llegó y su entusiasmo es tal que casi le impide escribir: en toda la carta no hace más que repetir que no me dice nada de lo que necesita decirme. Creo que tiene una vaga esperanza de mantener correspondencia y la verdad es que lo merece, pero yo dudo de mí... Se tiene o no se tiene carácter epistolar y yo no lo tengo, no sé por qué, pero no. Esperanza, por el contrario, creo que sabrá mantenerlo. Con Martín me parece que lo sostiene. Me dijo ayer, de pronto, que ha tenido de él una larga carta en la que dice que me anuncia a mí una brevísima.

Si empleo la palabra dolor es sola y estrictamente como cuando se habla de un batacazo con fractura. Es un dolor el que experimento al hablar de *aquello*, más bien como un descoyuntamiento, como tocar o doblar lo que no se puede... No, no podré mantener una correspondencia con Martín, aunque negarme a ello es infame, le dejaré suspenso en la zona de los imprevistos *recuerdos* que aparecen de cuando en cuando y la *memoria* seguirá hermética.

No sé a qué región —lugar estable— pertenece mi desorden actual; hablo con Esperanza de las cosas recientes que hice ayer y anteayer, en fin, los años que llevo aquí y no son relatables. Los que se fueron veloces, atropellados por mi pasión feliz. ¿Cómo la califico, normal, natural y absurda en su desequilibrio de años? Normal es la palabra, natural, la conciencia. Terminó, de hecho, porque era algo que se hacía y ese hacer —hacer el amor se dice, aunque es torpe definición— anulaba cualquier otro hacer, absorbía el tiempo, acaparaba la atención debida a cualquier otra cosa atenta, es decir que todo se fue al diablo. Yo me absorbí en eso, y lo otro —los otros— se disgregaron como niños abandonados a la Inclusa. El más grave, el que parece imposible que quedase incluido en el abandono, ¿por qué quedó? La verdad es que no quise averiguarlo... No pude, la revelación de su secreto habría destruido... Aquí no era cosa de recuerdo en reserva, era el total de la inmensa, de la infinita memoria. Averiguar algo de lo que estaba pasando era descubrir lo que siempre fue, lo que se creía saber en total, y era mejor no saber: estaba demasiado claro. Recurrir a las viejas autoacusaciones de deserción, padecimiento crónico de su naturaleza, era salirse por la tangente y claro que los hechos —el hecho— podía parecer tangencial. No, no lo era, era sustancial. ¿Desde cuándo? Desde siempre. ¡Qué dolorosa, qué incomprensible —tan forzosa y fatal— separación, desgarramiento o disolución en la distancia!, en mi despiadada inmersión en lo inmediato, ¿placentero? No, no sólo eso: mi entrega a la presencia que abarca mi más remota lejanía —ruptura de una confluencia amorosa— no me dejaba en completa desolación porque sabía —los dos sabíamos— que el ausente fuera a reintegrarse, a completar lo que fue fútil, no así la desaparición de lo que fue larga unión, pura, ¡purísima, como es puro el misterio!

Basta de desenredar lo pasado permanente. Esperanza me acompaña ahora y recobro con ella, no lo secreto indescriptible, sino los secretillos femeninos, el secreto de la era gloriosa concedida por el azar ¡tan bien elaborada a la medida justa de mi estricto deseo!

25 de junio

Otra carta de Martín a Esperanza. No sé por qué Esperanza me habla de una larga carta y no se le ocurre leérmela. No hay —estoy completamente segura— nada íntimo entre ellos, es decir que no hay nada que no se pueda contar, sino precisamente una gran comunicación de intimidades. Deduzco que, además, hay algún proyecto y por ahí anda lo que se me oculta, aunque tal vez se trate de noticias. Tal vez Martín haya mantenido contacto epistolar con lo que quedó allá. Sí, debe de ser eso, porque dice Esperanza que hay en Martín un leve reproche de mi conducta que no mantuvo —ni procuró— la menor noticia. Él, por el contrario, siempre estuvo pendiente de las criaturas fraternas de su infancia... ¡Profesor!... esa palabra, esta voz me saltó al recuerdo. ¿No es esa voz el clamor más profundo de la memoria?... Lo dejo, esperaré otra carta y no creo que siga entreteniéndome con sutilezas. Le obligaré a hablar claro o no hablar.

28 de junio

Carta rigurosamente, supremamente explicativa. Ha tardado mucho en decidirse a hablar claro por dos motivos —dos para él— de idéntica importancia. Para mí uno solo que me impide seguir anotando. En efecto, su correspondencia con Ágata se mantuvo desde los días más graves, desde el derrumbe. Él, en su primera carta, me había dicho vagamente que, en su exilio, había salido derecho a Venezuela sin más explicación. Había callado, por falta de valor, que desde un principio había recibido, por vía diplomática, cartas, no de España *hélas!*, cartas de Rusia. El exilio de Ágata había sido ése y lo más grave, lo más atroz no era el exilio. Ésa había sido la causa de nuestro distanciamiento. ¿Cómo se puede comprender? Dejar pasar el tiempo —años— admitiendo como causa suficiente una oposición planteada como un movimiento de tierras... ¡Qué claro, qué patente el desastre de San Juan! Tiembla la tierra, se derrumban las casas como naipes y se abre una zanja que deja media ciudad a un lado y media a otro... Un todo, un algo que era uno, queda partido en dos, sin posible reunión... ¿Cómo se puede comprender que un padre y un hijo se dividan por una zanja que se llama *idea* o *tierra* o *pueblo*? Ése fue el engaño, una idea que distancia, algo tan impalpable, tan abstracto e inamovible, pero —mentalmente— susceptible de acceso o penetración o modificación. El engaño, la oclusión del horizonte, era ignorar, olvidar por la cómoda idealización...

Martín, con su certero escepticismo, sabía que poco antes del estallido —mes de julio del 36— Ágata había tenido un hijo —el hijo aquel, de plástico, que amamantaba en La Granja—, el hijo aquel engendrado a la vista de todos, por su libérrima voluntad y que, en los primeros días de julio, dejando su embrión de plástico, se había presentado radiante, en carne y hueso. Martín le había visto, le había tenido en sus brazos —agosto, septiembre, octubre—, otoño en el que yo, flamante secretaria, salía hacia el Oriente... Belleza, placer inaugurado como un rito mortuorio, como uno de esos de los pueblos que cantan y danzan ante la muerte. Así se bailaba y se bebía en Atenas, celebrando el hecho de estar vivos, lejos de los que morían, porque el sentimiento de deserción, de escapada que nos conturbaba a veces, siempre se presentaba en forma alternativa, ¿si en vez de esto, hubiéramos hecho lo otro? Lo otro —digno y práctico— sólo podía haber sido morir, y no, no morimos, ellos sí. Ése era el secreto que Martín y Esperanza me guardaban: no tenían valor para contarme... yo no lo tengo para apuntar.

31 de junio

Un telegrama, anunciando larga carta, es todo lo que se puede hacer. No hay otro modo de comunicarnos y ¡es tan necesario!, que entre Martín y yo se haya creado este vínculo incomparable con lo que fue nuestra amistad, casi hostil por mi parte, aunque, la verdad... La verdad rebosa de su profundidad ignorada. Es magnífico, en todo caso, hasta en un caso tan dramático, tan desolador como éste. Tengo que hablar, hablar sin límites: escribir es penoso, pero no hay otro medio. Martín ha visto morir a todos y nacer a uno... Ágata muerta en Rusia, Ramón... no se sabe dónde, pero se sabe que cayó en algún bombardeo. A qué grado de rencor

—mortífero, asesino—, grado tan positivo como un hecho, grado que asume una palabra, una frase ¡tan común!, «Para mí ha muerto»... es una sentencia de muerte porque desde ese instante —pronunciada o pensada— es igual de eficiente y los dos, el excelso, el impecable maestro... y yo, ¿qué calificativo me sienta a la medida? No lo sé, no hay ninguno que marque mi microexistencia, y yo, yo también... Porque en el maestro una razón, cargada del dinamismo más irracional, sentenciaba al réprobo, en un arranque de incomprensión sorpresiva como si de un huevo de cisne saliera un carroñero. Sí, eso es, como cisne le había empollado y al levantar el vuelo se había volado a la —para él— carroña marxista... ésta era su razón, y la mía ¿cuál? No había habido entre Ramón y yo más que una incubación tácita, cobarde. Sólo ahora alcanzo a ver su profundidad, su verdad. Martín la ve y la teme —la temió siempre—, la conoce tanto que me pone a la vista la existencia del viviente... No puede incurrir en ese error, no puede pensar que se despierte en mí algún sentimiento atragantado que me aproxime a la repugnante Tía Tula...

5 de julio

Tres días en casa de Esperanza. La pampa me reconforta porque con tantas noticias que he recibido, su vacío es el espacio donde puedo extenderlas, sin que nada me distraiga. Haber vivido ignorando tanto ha sido algo como echar mal las cuentas, era —o pretendía ser— una táctica egoísta, salvarnos: ya que estamos vivos, vivamos. Pues no, no hemos vivido porque, hasta en lo mejor —lo más real— no hemos estado —quiero decir, asistido— más que con una parte, fracción o perspectiva de nuestra integridad. Ahora tenemos una idea clara de lo que nos falta allá, y es inútil creer que aquí estamos completos. ¿De quién o quiénes hablo? Ello mismo, lo que quisimos defender o salvar, se ha —nos hemos— fragmentado, dividido... Eso es, es lo que puedo ver tan claro como cuando se ve que sale mal la cuenta. Nos hemos dividido, creyendo habernos reintegrado; ése fue el error cuando recobré, después de tantos años a Montero, fue un retroceso tan glorioso como para decir —y yo lo dije— aquí no ha pasado nada. Lo dije, lo dijimos al sentirnos dos, los dos de antes. Hasta después de lo de San Juan, habiendo sucumbido el que componía y regentaba el trío... Tantos años, tantas traiciones dentro de un amor tan grande, como si la traición fuese un mal endémico del amor. Un mal, una dolencia terrible y al mismo tiempo, en cierto modo, un juego que tuviese su regla de perder y ganar... ahora caes tú, mañana yo... Esta vez he sido yo la que he causado la fractura... ¿Puede ser, verdaderamente puede ser que yo no haya perdonado? Demostración palpable del egoísmo ingénito... Elementos, trapos viejos, residuos amalgamados en la mezcla de lo más valioso... La sospecha sólo surge a la medida del interés, del deseo: yo no sospeché nunca, yo no percibí lo que pudiera haber de amor, en aquel amor tan manifiesto. Porque no es cuestión de grado, sino de índole... no, no, tampoco es índole, es... ¿Puede haber en el amor una zona privada, una zona en la que no es posible lo que el amor tiene de más inherente, la dádiva? Y eso es lo que uno no puede exigir del amante —amante, participio activo, no epíteto o título práctico—. No, no se puede exigir, por eso no se percibe lo que es por sí mismo excluyente... ¿Y qué?... El cúmulo de horrores que cometimos, entregados al amor a la vida, dejándonos vivir ciegamente y creyendo ser tan llenos de amor, tan *amantes*... Montero desapareció; le veo ahora en aquel peñasco, «Del ancho mar en la escabrosa orilla». También desapareció Gregorio, pero a ése le veo completamente en el punto de fusión, dando a la mezcla —a su mezcla ancestral— la dureza flexible —ironía o astucia de Ulises— sin arrepentimiento. ¡Qué feliz nuestra separación, como la despedida del pirata al pirata! Nos amamos tanto, tan libremente porque piratas somos y en los caminos del mar nos encontraremos. ¿Nos encontraremos?, quién sabe. Lo seguro es que ahora recobro a Martín, otro amor antiguo, negado, sofocado y tenaz por intacto... Mi amistad es-

partana con ellos, los hombres que conquisto y poseo...
¡Oh Dios! ¿Por qué no conseguiré yo un poco de modestia?

10 de julio

Diez de julio, pasó una vez más el nueve, Día de la Patria, muy lejos ya el recuerdo de Luján.

Esperanza, más joven que yo, me trata como una hermana mayor; tiene una comprensión infinita de todas mis torpezas. Comprende mi historia porque conoce la historia. Me ve como un producto del caos. Ella entiende, como cosa comprensible, la confusión. Tal vez porque ella no fue nunca confusa: ella vivió siempre sobre la base —hecho real, permanente— de su belleza, su clase, su elegancia —no de Christian Dior ni nada parecido—, la elegancia de sus perros que la siguen por sus tierras... y sin ningún miedo de esas propiedades que cualquier revés de ¡quién puede saber!, puede arrebatarle... No, lo suyo no es arrebatable más que en la medida en que lo es la vida, pero ni eso, porque su firmeza está en la vida que vivió, que supo vivir. Por eso me trata como a una niña inocente e imprudente, como a una virgen loca... En su amistad con Martín no hay la menor ambigüedad: se conocieron en el ambiente grave de Boston —algún congreso en el que había ciencia y arte —su materia—, decoración, fácil de desarrollar, que le permitía vagar, alternando con las grandes figuras... Martín, profesor, ilustre, la ilustraba sobre lo que todo bicho viviente —pensante— quería conocer, la guerra de España, y la información no quedó en eso.

Desde el momento del derrumbe, el mundo —grupo, coeficiente— de los exiliados había mantenido cierta —eso es— cohesión. Nosotros dos, el maestro y yo, llegamos a Buenos Aires tratando de escondernos, evitando lo que pudiera parecer presentar derechos de ayuda —no los presentamos pero los obtuvimos— y todo quedó en silencio. Sólo con el terremoto de San Juan dio la prensa el nombre del maestro, no el mío porque yo no figuré nunca en San Juan, pero al comentar Martín ese nombre, Esperanza le dijo que ella había estado muy próxima a una criatura sumamente afectada por la catástrofe. Esperanza frecuentaba el funesto clan de los Acevedo que exclavizaba a Chelo. Después de la tragedia todavía se comentaba en aquella casa el drama de la niña desaparecida, que tenía una amistad indeseable, con la que se reunía en la capilla de San Pedro Alcántara. Martín me identificó en el acto. La guerra quedó como un cañamazo —efímero, deleznable— en el que se empezó a bordar, con sutiles, incalculables detalles la lucha... Las luchas que habíamos vivido en la época de la paz. Luchas tan atroces que parecían ser —no lo parecían más que desde el punto de vista o, tal vez, desde el punto ciego de la insania pasional— las inconfesables causas de la guerra. Esperanza prometió encontrarme y me encontró, adoptando su misión de mensajera. Ahora, nuestra correspondencia es triple: así como entre ellos dos se pusieron en claro las antiguas relaciones, ahora ella se esfuerza en hacerme comprender lo que ha sido el exilio de Martín. Esperanza teme que yo censure la ambigua nacionalización adoptada por él, cuando yo sé bien en qué extremos de forzosidad pudo encontrarse. Me acosa con explicaciones y con promesas de cartas en las que Martín quiere contarme sus andanzas. Me encantará recibirlas porque sé que cualquier cosa, en él será profesionalmente perfecta, como fue su relación mantenida con Ágata; relación de niñez, de colegio, de escuela, en la más vasta extensión de la palabra.

20 de julio

Carta de Martín, con noticias increíbles. Lo increíble es mi ignorancia de las noticias que la prensa ha divulgado. Martín emplea su ironía justificante para cualquier cosa y empieza diciendo: «Yo, internacional, universal como sabes»... cita multitud de periódicos europeos y entre ellos una crítica de arte. En un breve párrafo alusión a jóvenes pintores españoles y, entre ellos, un notable *Retrato de un anticuario*. «¡Qué error! —sigue Martín—, esa niña pone en el París ocupado el retrato de un judío coloradito, ante un vaso de opalina azul... ¿Qué te parece?... el realismo español, que apenas digiere el postcezanismo de Vázquez Díaz y se aferra a la tradición...» Esta carta me ha derrumbado. ¿Qué es lo grave, qué es lo malo, qué es lo verdadero, haber vivido al tanto, conociendo y juzgando, manteniendo el hilo de la trama, con sus enganches, nudos, abrojos arrastrados, o adormecerse en un perpetuo insomnio, anulador de ensueños? No sé, ni qué importa, pero ¿qué puedo decirle? ¿Es concebible una confrontación que aclare una mínima ventaja o conveniencia o razón tolerable entre posiciones tan extrañas a las cosas más íntimas? No sé, podría decir, todo es igual, pero no, todo es diametralmente opuesto entre sí, lo uno con lo otro y es ésa la dificultad esencial que no tragamos... bueno, la que nos atraganta y por la que vivimos con un hueso atravesado que no nos deja respirar. Enfocar ahora lo irreversible es una fricción a contrapelo. Quiero ir con Martín —ir en su pensamiento, como siguiendo una página tras otra, pero no puedo. No puedo vivir con la novedad de lo que ahora sé; tengo que sumergirlo en el olvido donde estaba. Es más inhumano, más infame, pero es más posible.

27 *de julio*

Me he hartado de execrar al olvido, por lo que tiene de función económica y claro que eso no se le puede negar; su función de economía vital está místicamente administrada por el agente que tiene un solo título, *el vivir*. Claro que hay algunos que derrochan sus bienes, el bien máximo, el bien único, el tiempo de su vivir altamente rumboso. El olvido vital queda licitado entre ellos, el olvido adoptado como técnica de reposo.

Anotar aquí las fantasías que me pasen por la cabeza es activar unos minutos el reposo benigno a que me someto en casa de Esperanza. La perplejidad en que me ha puesto Martín es una continua confrontación de mi inquietud con su tranquilidad... Ya lo dije, el caso ya lo califiqué de irreversible, lo que quiere decir, no hay nada que hacer, pero siempre existe el misterio de la perspectiva, porque la perspectiva también es mística, cuanto más se conocen sus leyes, más se extasía uno ante la profundidad dilatada en el plano... Dejando lo del plano, ver algo desde aquí y saber cómo es desde allá... Esto sucede cuando se guarda la imagen en todos sus enfoques. Cuando se tiene una visión abrupta —noticia, información— y se dice ante ella, ¡yo no lo sabía!, y se ve que, sin saberlo, aquello bullía en extensiones inalcanzables, la confusión nubla toda perspectiva y no se quiere más que dormir en otra almohada... la inquietud del desvelo, en la que no hay nada que hacer.

El verde de los pastos, el olor del tambo hasta que se acaba la luz y luego la chimenea encendida; sentarme ante ella, en el suelo junto a los perros. El más viejo tiene ya algunos pelitos blancos en el belfo; se duerme con la cabeza en mi falda y juego con sus orejotas pesadas como una melena de pelos rubios. ¡Qué gran descanso hay aquí!

29 de julio

Magnífico este invierno húmedo, he esperado con verdadera impaciencia carta de Martín: él, en su junio caluroso, me ha escrito al fin una carta veraniega, larga, con la lentitud de las vacaciones y, como no tiene más noticias graves que darme, se entretiene en contarme su historia, adornada con su peculiar escepticismo. Tengo la impresión de que no me habló nunca de su casa para que no creyese que se daba tono con sus posesiones agrícolas y me dice, de entrada, que su abuelo era un indiano que había hecho la América; consecuentemente, añade: «mi abuela era *"une dame créole"*». ¡Qué sarcasmo desmedido, principalmente contra sí mismo! Para contrarrestar lo de la *dame*, me canta —defecto grave de la escritura no poder incluir la musiquita... pero él sabe que no hay copla que yo no cante y pone entera: «Si la María / bajara un día / por la montaña / de Santander / yo le diría / paloma mía / me estoy muriendo / por tu querer». Seguidamente desata el sarcasmo contra la copla: «No creas que por no haber tenido amorcillos montañeses me fui del pueblo y me titulé universal.» Claro que ya sería suficiente, pero la verdad es que lo que le crispaba los nervios eran las glosas o apólogos con que sus —nuestros— paisanos ensalzaban los encantos de la *dame créole*, y me lo demuestra con otra cancioncita abyecta: «Ay, amigo Venancio, que las hembras de allí...» Bueno, por todo esto y más se fue a la América tropical y de ésta pasó a la universitaria. Allí tampoco encontró ni la dama ni la hembra adecuada. La carta es encantadora, literaria de punta a cabo; elaborada para producir algún efecto, que seguramente veré claro en la próxima, que me promete, exposición de sus proyectos. Está bien claro que quiere volver a España. Hay dos motivos que se lo hacen casi impracticable: uno, el más grave, el que a todos nos atañe, la existencia del dictador. Martín sabe que su nombre no figuró nunca entre los combatientes, pero aparecer allí con su doble nacionalidad sería una rémora para circular entre la intelectualidad vigente. Incluso ante mí le inspira un cierto rubor y para hacerme tolerarlo, me habla de palmeras y colibríes, me describe como una tentación ancestral el impulso que le llevó a recobrar la estirpe de su abuela —nombre prestigioso, tal vez de algún caudillo de la independencia—. ¡Qué turbio y enredado ese mundo oficial, cambiante y alternante a todas horas! Martín es capaz de atolondrar con sus sofismas al más hábil diplomático.

31 de julio

Carta, que sigue delatando la ociosidad con minucias, interminables: se nota que no tiene otra cosa que hacer y lo explica porque no se encuentra en festivas vacaciones, sino en la más jubilosa jubilación. Sus años en la América universitaria fueron muy satisfactorios pero un deseo de volver a España le mantiene a la expectativa como una cita dudosa y deseada sobremanera. Lo entiendo muy bien, es la cita consigo mismo que cuando se realice será una eclosión gloriosa. Sí, estoy segura de que en él queda una voluntad fragante; ese júbilo que encuentra al clausurar un tiempo, sin desgaste de ningún género de anhelos.

Ha crecido mucho Martín en estos años: es como cuando se deja de ver a un chavalillo y un día se le encuentra hecho un hombre barbado. Antes, cuando Ágata le llamaba profesor para ridiculizar la seriedad de sus pocos años, él usaba de sus sentencias brutales para imponer su autoridad. Ahora se pone discreto para apoyarse en cosas serias. Me parece extraño verle aproximado al mundo oficial —tendencias de ciertos partidos, más o menos tolerables, que conservan un vago o artificial contacto con lo de allá—, amistades con gentes poderosas —ambiguas— que van y vienen. Me repite a cada paso: «No debería hablarte de estas cosas, pero necesito tu aprobación.» Y, claro está, no se la niego sobre todo porque veo la intensa, podría decir apasionada, necesidad que tiene de volver a España. De esto me habla continuamente y yo le contesto con el tono más positivo que puedo; le digo, yo también, yo igual, completamente igual. Mi afirmación no me parece falsa porque no es mentir negar lo que se sabe imposible, y ahí estamos. Peregrina contradicción, ahora que le veo como un hombre serio, le trato con la fácil complacencia que se dedica a los niños.

10 de agosto

Días sin anotar nada porque el epistolario ha perdido toda literatura: ya no tengo que poner frases típicas entre comillas, ahora se trata de una discusión tan clara como un trato profesional. Pero, ¿por qué he interrumpido mis reflexiones, cuando era a mí a quien tocaba hablar en este silencio? Una vez más he percibido en Esperanza no un secreto, pero sí un miedo a la indiscreción. ¡Qué mal ha hecho! ¿Cómo no ha visto que hay que agarrar y llevar por el buen camino al que tiene la particular obcecación de no saber nunca por dónde anda? Tal vez no supiera cuál era el buen camino para mí. Al fin, sin poder contenerse, me dijo: «¿No te acuerdas de la copla? Eso es lo único que tenía que decirte.» Yo seguí sin comprender y ella, deseando llamarme imbécil, siguió: «Si tú bajaras por la montaña de Santander, él te diría me estoy muriendo por tu querer.» Esto lo sé yo desde que le conocí, sin recurrir al folklore. Bueno, no pude negarle que también lo sabía, pero ¿qué hacer? Martín ha optado por exponer un trato discutible, basándose en las cosas pretéritas. «Tú, en la guerra, te fuiste como supuesta secretaria del maestro, ahora, en la paz yo podría —marcando el condicional—, podría ser mandado como *attaché* cultural y tú si quisieras, podrías tener un cargo oficial de secretaria. ¿No te urge volver a España tanto como a mí? Mi cargo, que estoy trabajando con habilidad imponderable, depende de tu decisión»... Esperanza me mira angustiada y pone en la balanza su amistad por mí y por Martín... Silencio por mi parte. Al fin me decido a poner un telegrama ambiguo, «Pronto escribiré», y pasan unos cuantos días más. Espero, angustiada, otra carta y lo que llega es otro telegrama: «Supongo sabes por prensa caída gobierno desastre proyecto.» ¡Qué alivio! Esperanza y yo casi lloramos; nos reunimos, nos aproximamos más por esa condición de nuestro carácter, infrecuente en las mujeres si son liberadas, por azar, del asedio del hombre. Las dos dedicamos un largo rato a nuestro sentimiento conmovido por su fracaso.

15 de agosto

Si me digo, esto tenía que suceder, es evidente, pero ¡qué tiempo y qué lucha, qué astucia y qué disimulo han sido necesarios para que esto llegase a pasar! No es cosa de poner nada entre comillas ni es sensato comentar una carta, puesto que la carta existe, sin literatura. ¿Sin literatura? La literatura es la que ha inmortalizado las grandes cartas de amor. Sin literatura, sin retórica, sin ironía. ¿Es eso Martín? Sí, esto es Martín desnudo... ¿Por qué nunca pude imaginar cómo será Martín desnudo?... Es raro, porque yo lo primero que pienso de todo ser humano es cómo será —cómo es, porque para mí eso es patente—, cómo será este ser que conozco en los más secretos rincones de su alma. No he pensado nunca en su cuerpo sin que haya en él defecto notable. Ya el apodo de ¡profesor!, puesto por su antigua amiga —con la perfidia infantil, «Por hacerle rabiar»— le marcaba como diferente de ella y de sus compañeros institucionistas, montañeros del Guadarrama. Martín, no podíamos suponer que fuese de la montaña: castellano, por supuesto, pero no de esa Castilla que se encarama hasta ver el mar por encima de los montes. Pienso que recurrió a la copla por investirse de algo airoso, ajeno a la biblioteca que es su mundo. ¡Qué análisis, qué reflexiones inhumanas! La carta es desgarradora. Con toda su rectitud, su circunspección habitual, se desata describiendo un amor «de las dimensiones de su vida»... Y así, esperando durante años, y ahora tengo que decirle que no quiero ir con él a España, lo que significa que no le quiero. ¡Cuando le quiero tanto!

Esto no es un análisis despiadado, es un examen de conciencia. ¿Por qué no le quiero? Es falso decir que no pensé nunca en su cuerpo, el hecho es que pensé desde el primer momento en que le vi —como es mi costumbre—, pensé —o noté— que bajo su americana pulcra, seria de profesor, no había la firmeza —firmeza sí que había, pero del hueso o del pensamiento o de la voluntad que mantiene una estructura firme—, lo que no había era la morbidez carnal. ¡Esto es estúpido! ¿Es el músculo lo único apetecible? En la cara no predomina el músculo y en la cara no había... lo que no había. Había una barba bien afeitada, espesa, varonil, pero no había... ¿Quién puede saber lo que había? Bien pensado, puede que sea en mí en la que no había... no había esa condición por la que las mujeres se dejan conquistar. Defecto o exceso, yo necesito —en cuanto las veo las deseo— esas cosas a las que se van las manos y, ¿qué importa en este caso, aunque sea ésa la madre del cordero? Si no hubiera un gran sentimiento, una profunda correspondencia que excluye todo subterfugio, si pudiera mandarle al diablo con su pasión... pero no puedo. Yo he vivido con él su pasión, en todas sus etapas, las artísticas, las sociales, las bélicas, o sea la desbandada de unos cuantos ¡notables, como nosotros! Ahora hay que contestar sin el antifaz de la ignorancia, hay que decir que se sabe todo, lo que exige decir la verdad... No, todo menos la verdad porque yo misma no la soporto, de tanto como la entiendo. No, no le diré nunca la verdad, ¿cómo podría decirla, en tal envoltorio de ternura?...

23 de agosto

Maravilloso atuendo de profesor. Es su voz la que responde ¡presente! y la ironía matiza los improperios contra el destino fatal que derriba los proyectos... Más ironía, más sarcasmos sobre sus libros, que ya no tienen nada que hacer en Boston, en tan jubilosa situación: «Voluminosos, carísimos para ir por vía aérea, exigen cruzar el mar proceloso en un barco lleno de mediocre clase media, medianamente poderosa.» ¡Martín, éste es Martín!, y mi gratitud es infinita por esta esquivez antipática, que me permite tocarle sin miedo a lastimarle. Al fin se va a España y no escatima la ironía sobre su «irresistible ansiedad de volver»... Creo que su naturaleza memoriosa tiene verdadera necesidad de «repetición». ¿Será posible que encuentre rastros? Lo sabré algún día. Yo nunca quise mantener un epistolario y, sin embargo, lo he mantenido unos meses...

25 de agosto

Me encuentro en perfecta soledad y no sé por qué dudo de su perfección. Siempre adoré la soledad y ahora veo que lo imperfecto es mi modo de procurarla... o producirla. Estoy por decir, que la merezco, que me la adjudican como castigo, como las indigestiones de los chicos glotones. ¿Querías más?, pues toma, ya tienes bastante. Proverbios de abuela, «El que mucho abarca, poco aprieta.» Sí, pero lo peor es que no cedo al escarmiento, por eso me quedo incómoda, mal sentada, «¡culo de mal asiento!», en la soledad. Explicación tan razonable parece dejar zanjado el asunto, pero no; las dimensiones de la lógica empequeñecen el sujeto —los múltiples seres, hechos, casos, sentimientos— sujetos de mi meditación. No, esto no sirve; hay que volver a la encrucijada para reconocer el primer paso mal dado. Mi memoria, tan dada a rehacer situaciones remotas desde el entresueño arrullado... la nana, siempre el piano, acompañando a las divas o a las pequeñas en sus escalas cromáticas. No es tan lejos, basta partir del cuartucho de arriba, de la tronera, de mi invitación a Isabel, «¿Quieres ver mi jardín?»... Esto es para morir, para no poder comprender el no haber muerto... el no tener seguridad de si morimos o no morimos... Creo que le ando muy cerca: basta de detalles.

¡¿Quién vive?!, pregunta el vigía y uno ¿qué contesta? ¿espera un poco, vamos a ver? No, con eso no se pasa y el caso es que uno no puede estar seguro de quién vive. ¿Vive el que —o lo que— entonces quería vivir? ¿Es vivir, vivir sin querer? No es eso, no es eso; hay que volver allá. Mi amistad con Isabel —vista por alguien, no por mí—, uno de esos hábitos de haber compartido juegos y golosinas, que duran toda la vida... No fue eso. Yo la saqué de su pobreza, bueno, no la saqué, ni era necesario, pero desde un principio suscité su ambición, que estimulaba la mía ejemplarmente. ¿Quién se apoya en quién? No está claro, arrimábamos nuestros ladrillos a la pirámide —es un decir, pase—, no fuimos nunca eso que puede ver cualquiera, dos niñas que juegan, que se quieren o se odian... ¿No es estúpido creer que no somos lo que puede ver cualquiera? No, no es estúpido porque los hechos —que tienen el criterio de cualquiera— demuestran que fue muy otra cosa. En resumen, ¿qué fue nuestro vivir? Proyecto... La conciencia como existencia, bueno, es decir, notar la existencia de la conciencia como vocación; notarla como presión —no opresión—, presión que manda —con la que mandamos— porque lo que queremos es presionar al entorno para atravesarlo y ser conscientes de que empujamos y echamos a un lado todo lo que nos salga al paso. Parece ridículo, los seres superdotados resultan tan anormales como los minusválidos. Con la ventaja —para éstos— de que se les nota y se les admite, se les perdona, se les compadece... Orgullo necio no querer ser compadecido, cuando el padecer es, en cierto modo, glorioso. La palma del martirio demuestra, tanto como la rama de roble, la potencia del que padece... Bueno, allí bajo la tronera, la luz restallaba sobre nuestro proyecto. Las horas que pasábamos allí encerradas se ampliaron luego en la Escuela y en tantas otras cosas, porque también pasaban cosas normales, a mí ¿me pasaban?... de modo muy especial, muy imperfecto, tanto que no puedo decir que, en realidad, me pasasen. La repartición del trabajo —como en un taller—, correspondía a las facultades personales. Yo mandaba, los otros vivían. Isabel inspiró una pasión cuando todavía no tenía pechos y vivió un largo amor hasta la muerte del que estaba sentenciado desde antes de nacer. Yo, ¿qué hice yo? Yo hice lo peor que se puede hacer, porque el que no hace nada queda en nada, pero yo creí haber hecho, un momento, ¿se puede hacer un momento?... Vivir años manteniendo una tensión... como un cable invisible pero sensible, palpable la tensión, tendida de un punto a otro y creer —sentir— que va a estallar y, sin estampido, sin más que una vibración inmensurable, creer —sentir— que ha pasado algo.

La tarde en La Granja, donde pasó lo único que es algo y que no pasa. La vuelta a casa en silencio hostil que duró varios días y al fin —fin sin principio— la noche en Sakusca. Noche de San Juan del 35, noche calurosa, terrazas, puestos de horchata, pero en Sakusca, divanes afelpados, luces de faroles moriscos o algo así. Gentío en la barra, sólo posible coger un vaso y traerlo al diván... También en el diván agolpada la gente; Ramón me trajo un vaso, no sé de qué, pero enorme, como para durar horas y, en aquel tiempo indecible el contacto de nuestros hombros, de los dos brazos oprimidos por la presión de... del mundo, del tiempo, de los años vividos en estúpida incomprensión, con un disimulo delator, como una confesión de algo que era y nunca dejaría de ser... ¿A eso se le puede llamar posesión, entrega? No; no sé qué es lo que se le puede llamar, pero eso fue todo y luego la muerte porque eso es la muerte, la separación.

30 de agosto

¿De qué sirve negar o modificar el sistema de lo que se nos inculcó a los creyentes, cuando lo éramos y que, cuando ya no somos, lo echamos de menos como un alimento reconfortante, la confesión? La dignidad picajosa del hombre, que no quiere deber nada a nadie, cuando el sistema tenía un método tan eficaz. El inventor —bien sea Loyola, bien don Sigmund Freud— lo dejó sentado y ahora, sólo con la tranquilidad de que nadie lo manda, obedecemos, nos dejamos ir a ello como corderos. De nada sirve —bien claro está— esta confesión, pero tal vez sea la ruta para llegar a conocer las dimensiones de lo fragmentado. Nuestra juventud excepcional, nuestra vida, ¿qué tenía de excepcional el ser lo que toda vida debe ser, proyecto? ¿Quién vivió ese proyecto vital, sin anular la parte germinante —durmiente, como duermen las flores, abriendo y cerrando a tiempo—, la parte muy propia y a un tiempo compartida, sin dejar caer lo enhiesto —erección del ánima generadora—? ¿Quién vivió sin aflojar? Isabel, sólo Isabel. Su sino, amalgama de misterio, miseria, deshonra... grandeza, riqueza, trastrueque de casa ¡y nombre! Sólo ella supo —sin saber— seguir intacta. ¡Verdadera, invencible, incuestionable virginidad de su ser, el ser que es! Y yo, protectora, yo la traje a un clima *superior*; refinamiento, cultura, porque yo podía organizar, u ofrecer puesto que tenía... Yo tenía de

todo —de todo lo más lícitamente deseable—, yo dejé...
¿Por qué no puede dejarme el recuerdo?... que se olvide lo
que se piensa bien está, pero un contacto, la arcilla en las
manos, el arcón donde la agarraba, la manoseaba hasta dejarla en el punto de consistencia debida y componer con
ella la forma —¿por qué el recuerdo de una forma se impone y se convierte en la forma de nuestra vida?... ¿Cómo
es posible que, habiendo aceptado la esclavitud a la forma... mi obsesión de belleza, mi necesidad de tocar —y
amar— el cuerpo que sólo por su forma es deseable y no
poder desear otra cosa... ni ceder al deseo de los otros que
de mí desean lo mismo y nada, nada, jamás poder conceder? Hasta aquí la reflexión es correcta; lo que no lo es, es
que siendo más que correcto incontestable, por no sé qué
causa, yo haya faltado... no a la regla sino a la causa misma.
Yo seguí fiel a la forma y ¿qué forma salió de mis manos?
Mi deseo de tocar —reducido a ver y aceptar, que es tocar— no ha tenido la fuerza necesaria para el trabajo de hacer. Ésta es la conclusión, yo no he hecho ni —por lo tanto— he vivido. Arrastro esta vida no hecha porque la conciencia de que aquello era mi vida —la conciencia perdura
como regla— no me deja vivir cualquiera vida provisoria.

2 de septiembre

Andando por aquí, entre el pasto, queriendo no pensar
en nada, me queda entre ceja y ceja algo que —sin ser directo— me quedó sugerido por todo lo que escribí ayer. La
forma, la que estudiamos en la Escuela, me trajo a la memoria los mármoles de la Recoleta, vigilados por mí, desde
mi balcón por la noche. No dejo de pensar en ellos y no sin
motivo; tienen más de lo que parece, relación con mi conducta —dicho sin acusación ni exculpación—. El mármol
de Carrara asume la inmortalidad; las formas del Partenón
duran más que las piedras, pero estas de la Recoleta, escapan... bueno, se desentienden de la forma infiel a sí misma,
cambiante en la mente del hombre... El cambio ¿es perdu-

ración? No sé pero el caso es que el hombre cambia y en su mente cambia la forma. Sólo el mármol de Carrara carga con el peso esencial de la inmortalidad, su entraña —no tiene entrañas, tiene miga como el pan; su blancura parecería que se pudiese morder como el terrón de azúcar... Bueno, esa blancura secreta está ahí, velando entre lo mortuorio, por la inmortalidad de la forma arrasada. ¿Qué importa que piedras y cemento mantengan la degradación en chalets sepulcrales? Lo interno, la blancura invisible guarda la forma invisible... Esto resulta demasiado ridículo, si se toma —nadie va a leerlo, pero yo leo su ridiculez— como una justificación de lo invisibles que han resultado las formas, no ha habido obra; ha habido una pulverización de un proyecto. ¿Por qué? Imposible saberlo. Busco algún parangón, algún tipo o ejemplar humano de semejanza razonable y no encuentro, porque entre los que han hecho cosas, por malas o insignificantes que sean, las cosas quedan, puesto que las han hecho y mi deseo de hacer me sitúa entre los operarios, por ejemplo, el que se propuso ejecutar *El oficio de vivir*. Claro que ése remató bien la obra; eso es, matarse es el remate justo... Y resulta que ni eso me es posible. ¿Por qué? Porque eso mismo es hacer algo con la vida y a mí lo que me pasa es que no sé qué hacer con ella. Estoy ante ella como ante un laberinto —no perdida en el cretense— sin saber por dónde salir, como ante uno de esos que ofrecen para distracción; pasmada ante su intríngulis ingenioso, no me canso de mirarlo, no me canso de vivir —es vergonzoso, pero no me canso—, no me canso de leer las vidas enredadas en la vida. He devorado ahora, en mi ociosidad, los grandes libros actuales —los antiguos tenían circunstancias hoy extintas— y tal vez sea el que me es más próximo —siéndome tan ajena su circunstancia—, tal vez sea *Bajo el volcán* porque significa una esclavitud... No sé cuál es mi cadena, creo que soy esclava de mí misma. Envidio el epíteto de Sartre a Flaubert, *L'idiot de la famille*. Si algún día llegase a escribir algo, lo tomaría como sinónimo.

5 de septiembre

Carta con sellos de España. ¡Martín en Barcelona!... Carta deliciosa, el profesor olvida las asignaturas perdidas y se dispone a explicar las próximas... «Barcelona es un monumento al XIX. ¿Retroceso?, todo lo contrario. El siglo diecinueve es el ¡Adelante!» Se detiene un poco sobre su cargamento de libros: alquilará una camioneta para llevarlos a Madrid, y sigue sobre Barcelona: «El modernismo es el canto de cisne de la belleza; luego llega el jazz, el arte negro y todo se va a hacer gárgaras, léase el caos.» La carta es casi ilegible, aunque su letra menuda es clarísima. Para que no crea que le tiembla la mano, explica que, por la impaciencia de contarme lo que ve, tiene el papel sobre el respaldo de un sillón, en una sala donde «Las deidades musicales salen por las paredes, no es descriptible». Está fascinado y con deseos de quedarse, pero me tranquiliza y me asegura que se irá a revisar todas las cosas, «Mis cosas, tus cosas». Su ánimo parece magnífico. Hasta ahora no ha sufrido ningún choque.

6 de septiembre

No puedo dejar de preguntarme a qué cosas llama Martín «tus cosas, mis cosas». A cuarenta años de distancia, veo un atardecer junto al Ángel Caído... Sí, aquellas cosas eran nuestras, eran de los dos. Nuestras, sería decir que las compartíamos y no, no en modo manifiesto, pero sí en profunda propiedad. Yo las siento palpitantes como mías, en la misma medida que él las siente suyas; y la verdad es que ¿qué hemos hecho los dos con ellas? De Martín no se ve nada impreso —tal vez esté inédito— pero su tarea diaria de repartir la sabiduría universal entre los chicos de ambos mundos ya es bastante. Yo... claro que no tengo sus conocimientos pero, de oídas, lo suficiente para no estarme cruzada de brazos. Yo creo que lo que me pasa es que sé demasiado, así como suena. Y lo que hay que hacer es hacer algo con el instrumento apropiado a cada cual: hay que elegir entre el telescopio o el microscopio. El tele —o la tele— es lo que manda hoy día, pero el anteojo de larga vista no apuntado al cielo —ya tan revisado— sino paseándolo por encima del ancho mundo, porque el mundo está como un reloj desarmado; todas las piececillas sueltas. Yo prefiero —me gusta más o creo mejor o más urgente o único objeto imprescindible— revisar cada una en su pequeñez, proporción justa de mi pereza, de mi inutilidad, egoísmo, donjuanismo... Tema tan elevado, enfangado en la estupidez que me complace degradarlo con la cancioncilla de abyecta mediocridad. Yo «soy caminante que, al pasar...».

8 de septiembre

Se acabó el descanso, hay que volver a la librería, a las traducciones, a las correcciones de pruebas, al trabajo, en fin. La casa de Esperanza, su habilidad para conseguirme estas vacaciones ha sido mágica. Esperanza es uno de esos seres cuya compañía la hace a uno sentirse invitado al mundo. No tengo tiempo para detenerme en evocaciones.

10 de septiembre

Una postal de Martín. Una postal. ¡Qué parco! O no tiene ganas de escribir —cosa rara— o no ha encontrado nada comunicable... Escribir cosas raras en una postal es como para que no la dejen salir, en aquel mundo carcelario. No sé si es alarmante: «Madrid está aquí. Yo estoy aquí, Martín.» ¿Habrá en el correo español alguien que quede intrigado por esta escapatoria? Cualquiera puede ver que no quiere hablar y me extraña: yo esperaba una carta optimista, no porque creyese que iba a darme buenas noticias, sino porque me parecía que mi última carta habría llevado cierto bienestar a su ánimo... Es todo lo que se me podía ocurrir, que su ánimo dependiese exclusivamente de mi carta.

12 de septiembre

Cansancio enorme, poco tiempo para leer. Se me ocurre traducir *La route de Flandres*, de un autor, Claude Simon, poco conocido. Es admirable, caótico y riguroso; muy a propósito para sumergirme en su misterioso furor: pasión, laberinto de un alma, soledad de un jefe en el horror bélico, realista... No sé si debo atreverme, es muy difícil, exige la perfección de un léxico que temo no poseer. Bueno, como algo tendré que hacer, tal vez tenga que aceptar algo aburrido, mortífero.

15 de septiembre

Justo, realmente justo, la carta que yo esperaba. Conmovido por haber notado en la mía el enternecimiento que me causó el fracaso de su plan, y la verdad es que me había enternecido. Para mí resultó ser liberador; yo no sabía por dónde salir, qué motivo razonable encontrar para negarme a aceptar un plan tan bueno. ¿Cómo decirle por qué me era imposible? Como no se lo dije, le dejé ver mi tristeza ante el fracaso de su plan, naufragado en el azar de un desgobierno imprevisto. Me promete, sin pérdida de tiempo, una kilométrica. Todavía no me manda dirección, escribe desde el Café de Roma y dice que espera quedarse por *ese barrio*, subraya temblorosamente. No sé qué habrá por ese barrio. Se dispone a recorrer los lugares que en mi carta le indico como los más persistentes en mi memoria, además de «el Retiro, jardín de nuestra casa», dice.

20 de septiembre

La prometida ha llegado rápida y, en resumen ¡atroz!... Se dispone a contarme todo su recorrido y lo primero que deplora es la desaparición de La Granja, pero lo que en verdad le angustia es que muchos jóvenes le preguntan, La Granja El Henar, ¿qué era, dónde estaba?... Les describe lo que para ellos no es asimilable... Hay grandes innovaciones urbanísticas, que no le parecen mal, pero muchas gentes nostálgicas añoran su aire antiguo. Recalca que, como yo le indicaba, fue a ver la colina de los chopos y buscó, sin encontrar, el canalillo. Yo se lo había nombrado sólo como sitio adorable, pero él... ¿Qué intuición o transmisión de pensamiento o patencia, o presencia de lo que aquello fue y anhelaba ser o era, sin disputa? Martín se dilata sobre la inmersión en la tierra de aquella corriente, que él bien conocía, pero que nunca supo de dónde podía venir. Es increíble, es misterioso, ¡es natural!, como es natural ver que un pez se muere fuera del agua. Martín, perplejo ante la desaparición, vaga por aquel lugar, rodea los pabellones cubiertos de hiedra —de lúpulo o parra virgen— y todo lo demás que recuerda, como el auditorio, sobre todo. No hay destrucción por esa zona, al contrario, hay nuevas construcciones más bien pretenciosas. No censura nada de lo que ve, sólo lamenta lo que ya no se puede ver, la corriente del canalillo que queda sofocada, «acogotada» dice, «como un enterrado vivo». Noto en Martín un ánimo en equilibrio inestable, veo que piensa en lo absurdo, en lo «invivible» que habría sido su plan si hubiese triunfado. «Invivible» es la palabra que repite, intercalada a breves y comunes detalles sobre su género de vida. A cada rato dice: «Por lo demás, todo va muy bien.» Creo que se refiere a las cosas de su casa, a lo que pueda llamarse sus bienes —nunca supe lo que son—, en resumen, me asegura que puede vivir muy bien esa vida invivible. Esta carta me deja, a mí también, tambaleante; no sé si mi negativa fue también para él liberación o si es el copete del cúmulo de desastres que afronta en España; lucha contra el pesimismo, se devana los sesos

—lo veo claramente— buscando ideas posibles. Lo *posible* no quiere decir lo futuro, pero eso es lo que le obsesiona y, como no encuentra tendencias —ni siquiera síntomas— de renovación, apela a los fenómenos naturales, alude al Guadiana y sus consabidas desapariciones y dice que eso es lo infalible: la corriente existe, está ahí y nunca dejará de estar, pero ¿dónde? Encuentra razones de peso para señalar la diferencia, el suave abandono, «olvido de sí mismo», dice, que sufre el río infiltrándose en la tierra, «en su tierra», poseyéndola, sin desvío. Su visión es perfecta, afirma que nada ni nadie podrá dejar de sentir su derechura hasta el lugar donde aflora y trasparece sin esfuerzo, y ahí es donde él ve la trágica, «brutal por humana, oclusión, compresión de la corriente acogotada» que parece terminar —no lo parece, porque no hay un final visible— y el caso es que allí se acaba y, claro, no se infiltra porque queda opresa por cemento y bloques de piedra, «construcción de un *finis terre finis vida*». Me pasma, me admira y me conmueve la aceptación, sin optimismo; con una confianza en una ley natural, que no es en absoluto sentimental; no es que él no pueda desechar el apasionado impulso que le hizo volver; es más bien un raciocinio, podría decir casi científico: algo así como intuición de una ciencia natural que hubiese aprendido... No, aprendido no, practicado en un mundo —grupo, clase, escuela— que vivimos no sé quiénes ni cuántos, pero que formó un todo arborescente de conocimientos vívidos y dispuestos a vivir. Su confianza es una especie de paciencia; la paciencia del científico seguro de una ley: él sabe que la corriente trasparecerá un día «Cuando la tierra sea permeable a la mente». No cree haber perdido el tiempo; no está contento, pero está en sí mismo.

25 de septiembre

De pronto, me paro a pensar en lo que estoy haciendo: no soy epistolar y, sin embargo, llevo ya meses manteniendo una correspondencia con Martín. Bueno, es como concederle que, en esto al menos, él gane. Yo, sosteniendo un esfuerzo tan leve, no pierdo nada, sino que gano bastante —reconociendo que lo que gano también es esfuerzo, ampliación de mi punto de vista, casi operación quirúrgica que me devuelve la visión perdida por... apatía, pereza, desfallecimiento mental. Hablando en plata ¡ahora sí!, apatía moral. Llego a definirlo porque veo que es incurable. Sigo carteándome con Martín como un novio: ni nunca tuve un novio ni Martín pudo jamás serlo, pero ¿por qué le escribo con premura, sobre sus estados de alma, sus impresiones del retorno, las facilidades prácticas de su vida?... Sabiendo todo lo que él me ha hecho saber, la asfixia intelectual en que viven; la vida, real o proyectada en el cine, sometida a todo falseamiento... Sí, claro que todo esto me quita el sueño, pero creo sentir que Martín espera en mis cartas un eco más... más amplio o extenso, en fin, algo que no sea el *leit motiv* impertérrito, una especie de cuchicheo entre tú y yo. No hay nada que hacer, es cosa incurable; allí donde sea y con quien sea, no puedo salir del tú y yo; las otras cosas, las grandes cosas sólo me atormentan en el entresueño y me debato contra ellas como contra una pesadilla.

30 de septiembre

Al fin decisión; me avengo a cometer un refrito vergonzoso y latoso en extremo, pero no podía seguir en la ociosidad. Acepto la traducción francesa de un libro alemán que no puedo juzgar: dicen que es bueno y ¿por qué no? En todo caso, no tiene mucha importancia literaria, no es un libro, bueno, no es un libro sino catorce... obra científica, psicoanálisis, creo, acumulación de casos clínicos. ¿Paciencia de Job? Sí, no me faltará paciencia, es muy oportuno, me acercará o me igualará un poco a los de *allá*, que están viviendo con la paciencia de los labriegos, pendientes de lo que les caiga del cielo. Treintaitantos años esperando que caiga, ¡y no cae! Este berenjenal en que me meto me disculpará de la brevedad de mis cartas. Aunque a mí, por mi parte, no me quitará la impaciencia de esperarlas... También tendré que abandonar a Esperanza, aunque alguna vez daré un salto a su casa.

VII

Una presentación; dos nombres pronunciados por un tercero no son más que un intercambio de sonidos comunes —cada uno, diez páginas en la guía telefónica—, caseros, típicos del vecindario madrileño, y el conocimiento de dos se establece, con ganas o sin ellas. Hay un primer momento de reflexión expectante que puede ser banal, apenas curiosa, y puede ser inquisitiva, trabajosa, huidiza como un recuerdo. Pero no es un recuerdo; aunque tanto se le asemeja que provoca cadenas de recuerdos muy próximos, de frases premonitorias que, al partir —unidas al «Buen viaje»— evocan el anhelo supremo de aquel que vivió la angustia, «La Repetición»... Ahora, ante la situación creada, se alza el fantasma de lo *posible*... y es ejemplar su recuerdo de «Una chica que toca al piano el último vals de Weber»... ¿Seguirá tocándolo?, o será como hablar de que «el soltero empedernido se casó»... Es tontería dilapidar el recuerdo en sucesos sucedidos. No, no es eso lo medroso en lo *posible*...

Ante la situación creada se adoptan precauciones... Parece fiable, parece ser del gremio de los que están en difícil equilibrio, con la vaga aprensión —francamente, pánico— de que los documentos, que hasta ahora han servido para circular y pretender un establecimiento, tal vez feliz, tal vez poderoso, quién sabe...

De un lado y de otro lo recordado, lo temido, lo deseado, lo proyectado en fin, todo —tumultuoso— espera lo que haya de pasar. Es tan enorme el cúmulo de suposiciones que se difunden en el humo... trasunto del espíritu, degradación ¡dicen! del aliento. Digan lo que digan, aliento y espíritu, se difunden en el humo, y el humo —no muy denso— llena la distancia. El bar, que está a la entrada, a mano izquierda, y en medio las dos columnitas blancas, ligeras, caseras, como las de los gabinetes con alcoba a la italiana... Todo es casero, pero no agobiante, no chinchorrero, de *femme de ménage*, sino al contrario, liberador, lo libertario se expande por los divanes rojos del Café Gijón.

Los recién conocidos se repiten sus nombres, que dan por apenas entendidos y que al reafirmarse siguen quedando en el anónimo de la multitud. Entonces hablan de sus andanzas de exiliados y de por qué salieron y de lo de antes de salir. Alguien, en la mesa, comenta los avances que se van consiguiendo en lo cultural; libros recibidos en secreto, exposiciones anunciadas fuera de España, en París, ante todo, el gran número de nombres españoles, alguno femenino, Isabel Sotillo o algo así... Los recién conocidos se abalanzan a ese nombre y se entregan apresuradamente, uno a otro, un envoltorio —cúmulo, amalgama comprimida y revuelta—, unas cosas tras otras, en la más caótica confusión de fechas, pero lo suficiente claras para quedar unidos por interés común. Al despedirse se repiten sus nombres, Martín Vélez, Máximo Montero. En un rápido aparte, Montero dice a Vélez: venga mañana un poco más temprano para hablar antes del lleno de la tertulia.

El primer café lo consumen casi en silencio, calibrando lo difícil de la confidencia... necesaria, por el mero hecho de ser quienes son. Eso lo supieron al primer golpe de vista; que eran ¿dudosos temibles?, positivamente importantes, el uno para el otro y, después de meditar un rato, después de llegar a la conclusión de que confidencias pueriles no servirían para conocerse en su categoría intelectual, social, etcétera, sólo lo pueril, primordial, etc. Si se enfoca hacia lo esencial, de fondo insondable, sólo allá donde yacen —no yacen, laten agitadas, sin descanso, las pueriles esencias— se toca la verdad y se pierde, se borra la sospecha y queda la posible, fatal amistad. Un segundo café, un tercero y el pájaro que picaba las uvas del fresco... y la cabra... y el Ángel Caído... el demonio tan bien jorobado... y el aroma del boj cortado, en el Parterre.

Un camino entre chopos, en Zamora... hacia quién sabe qué hacienda o posesión... Un camino para ir conducido —no de la mano porque la mano se emplea en otras cosas—, para ir conducido por fe... Hay que decir, por la fe en el maestro, que era tangible, que es indisoluble y entre tanto —tanto tiempo— esperar que la Parca siegue con su guadaña. ¿Qué es lo que hay que segar?... Bueno, *eso* es sabido, pero *eso*... ¿con *eso* basta? No, no basta porque no vemos... Vemos que las grullas pasan.

No, no es por ahí, eso ya ni en el cine, nadie repetiría ese truco. No es que no seamos grullas, es que no nos gusta volar en ángulo y sí volar...

Otro truco, esta manía de volar. El truco de la gaviota, ¡vomitivo!... Las grullas van tan cómodas y uno no va porque tiene en el buche, ¿en qué buche?... Nos creemos que en el de la mollera y sí, claro que sí, pero hay otro buche; no el de la manducatoria, no, otro más de uso interno, que pugna con una fuerza que se siente infalible, como se siente —no sé si se siente, creo que no— la pugna del instinto y ¿a dónde vamos a parar?

Eso es lo que no sé, pero algo podemos, podríamos si hiciéramos uso de la razón estancada.

Había una grulla que no volaba; tenía su charco propio en el jardín de la señora Smith.

¡Oh, la grulla! No la vi, pero hablaban tanto de ella, de su laguna de Ruidera, al fondo del jardín, cueva de Montesinos para la infancia de dos almas. Tú, en cambio, no conociste al Tino Smith, rojo por esnobismo, en la *mêlée*.

Smith and Beltran —suena bien sin acento— le conocí a mi vuelta, di con él. Forzosamente nos conocimos en nuestra casta de emboscados. Yo, con mi trayectoria de lo peor, de lo más execrado por el régimen vigente. Yo, con mi pasaporte de aquella Sudamérica del paludismo, que cogí —que me acogió, bendita sea...— Tino Smith...

No hay que olvidarle. De aquel jardín quién sabe si dimana un poder... ¿Sabes su paradero?

Conozco su escondrijo, dichosamente público, bajo el almud del mando. La paz bajo la guerra... el dinero. Ahora Alberto Smith nadie sabe su apodo de militante.

Ah, claro, no hay que decirlo, pero en el apodo está la fuerza del conjuro, Tino, hijo de Tina. ¿Querrá encontrar un ámbito totalmente secreto en el que pueda ser llamado Tino?

Peligroso, él acomete empresas. Agazapado, achantadito en Valencia, el capital considerable del respetado señor Smith, ahora será una firma, transformará los enseres de la industria paterna en sociedad impresora.

Ya está en nuestro terreno. El capital brilla por el menor resquicio y no para su acción. Le encontraremos.

¿En qué piensas?

En lo mismo que tú.

¡Oh, la constelación!, que crece y se amplía en pléyade contingente y se establece el pequeño clan... ligazón de secretos ideales... ideas entremezcladas con pasiones... ¿Hubo jamás pasión por las ideas? Sí, es cierto que la hubo, pero hasta cuando no, ideas y pasiones vivían juntas, moraban en la vida y su lazo no se rompe jamás... Se habló de Tina... luminosa, materna, loca perdida en dádivas, en empresas, en idas y venidas y el proyecto de la nueva sociedad impresora... Sólo queda esperar que la Parca siegue, como es su deber... Cuando llegue ese caso, se podrá, se podría, si no hubiera que vencer otra dificultad, acaso indomable...

Dos libretas muestran el mismo número de un teléfono que corresponde a una casa, Guido, 3, en Buenos Aires... Hay que buscar a Tino, ése es el primer paso que hay que dar. Y se da el primer paso, y se le encuentra...

El trío se une en una risueña conspiración de colegiales, un huracán de juventud arrasa la realidad ambiente, con todos sus peligros. ¿Podrá ser, podrá llevarse a cabo un retroceso? Recordar ¿es retroceder? No, recordar es revivir, simplemente. La vida no retrocede, avanza partiendo de sí misma. La memoria —en la ameba— engendra vida. El olvido, borrón y cuenta nueva, crea monstruos deformes...

amorfos, estériles, y no, no. Hay que alargar el tentáculo racional, miembro de la vida y seguir proyectando...

Y siguen los tres, poniendo en claro lo que será esa sociedad escondida en Valencia, a la espera de lo que ha de suceder. Es seguro que ha de suceder y pasa el tiempo y no se comunica nada, no se promete nada porque se teme que la promesa no incite, no encuentre eco proyectístico, no suscite respuestas. La corriente epistolar interrumpida por causas externas, laborales: ocho horas de jornada, no hay tiempo para escribir cartas. Ni siquiera hay valor para comunicar el ingreso en la pléyade de los tan perdidos, tan inverosímilmente encontrados. Y se pasa el tiempo esperando y anticipando lo que se hará cuando pase lo que ha de pasar. Y sigue el otoño, se sufre, se carga con el tiempo perdido, por inevitable ya pasado.

Hasta que un día *aquello* pasa.

La comunicación se establece de nuevo, pero no por correo, no hay tiempo ni paciencia para esperar respuestas. Suena el teléfono en Guido, 3.

El teléfono va de una mano a otra, las manos son tres, por supuesto, tres las imágenes brotadas... ¡No se puede abrazar a imágenes!, pero el impacto en un corazón indómito, no ofusca la mente. Las imágenes se dibujan al detalle y se revisa una por una, Martín el primer repatriado, ya inmerso en Madrid... impermeable de Boston, elegante, discreto. ¡Montero!, difícil de creer pero cierto. No la gabardina verde, otra cualquiera, descuidada, de atorrante y ¡Tino! Tino Smith, hijo de Tina... ¿Cómo es Tino Smith, cómo es ahora, qué queda en él de la adorada Tina?... Tino es el que manda, el que arrebata el teléfono a los otros, pero ¿cómo es ahora el que fue... corpulento, no atlético, no deportivo, arrollador por su volumen, que la era opresora no hizo achantar? Tino, dispuesto al porvenir, exige la presencia. Las tres voces telefónicas, las tres imágenes, que no es posible abrazar, eso es lo que piden, ir, llegar y lograr el choque de los cuerpos, el calor, olor y presión de los brazos. Las tres imágenes, presencias que demuestran ¡no es esto! lo que necesitas es respirar el aire que ha enhebrado esta conjunción increíble. ¿Qué corriente magnética les ha reunido? ¿Cómo es, cómo será ahora ese lugar viejamente conocido como algo viejo; por el viejo desatendido en la juventud? Con precaución inútil —tapar con la mano el rubor de la cara—, contener el aliento, para ocultar el desenfreno del pecho. Todo queda en el ámbito de la emoción.

Suena otro teléfono inquisitivo: es una orden. La orden es tierna, apremiante, corroborada por la noticia. ¡Ya puede ser! ¡Ya ha ocurrido lo tan esperado! Ya todo es posible y no hay que perder el tiempo. El momento es confuso, la euforia va por dentro sigilosa. El otoño, en su segundo tercio, va a inaugurar el invierno-primavera del 1975... La orden es rogativa a la que endosa su mantilla de madrina... «va por correo un pasaje de IBERIA». No es un pasaje a la ventura, oye la madrina, la voz amiga de Martín y otra desconocida, y otra imperiosa, que expone un plan de trabajo... barrio de Salamanca, Librería de casi lujo, en fin, clase. Tal vez Castelló, ya invadida por *boutiques* y casas de discos, clima intelectual, libre horario... Martín, conociendo el terreno, insiste. Hay que marcar, hacer entender que ahora o nunca. Hacer valer, hacer vivir —*in mente*— lo que es, lo que sería el NUNCA... sin recurrir al cuervo, claro está, aunque sin dejar de evocarle, porque la voz del cuervo no es susceptible de olvido ni de magnificación, de modo que hay que hacerle pensar en el NUNCA... Del lado práctico no hay más que marcar un asiento de ventanilla, llevarle un cojín, una píldora tal vez...

La no respuesta, la vaga y anhelante voz queda en suspenso y la imagen de lo propuesto proyecta su sombra en lo que no fue, en lo que acaso habría sido si la huida, la salvación, la vida en fin, no se hubiera pasado en la libre... libérrima libertad. Ahora, la otra orilla pide cruzar el charco o entrar en el NUNCA... Hay que entrar, vivir, pensar en el NUNCA no es lo que se dice pensar en la muerte, más bien es pensar en el morir, en el morir como acto, como aceptación o riesgo emprendido, ejecutado, práctica consecuentemente, desechando el fue, inherente a la vida, tan atroz como el NUNCA JAMÁS... Ahora, en la otra orilla, el tiempo ha pasado y juran que se traslucen sus primicias, su hora de la siembra, ¿será verdad? ¿Habrá allá, en aquel allá, una luz —la luz paciente de Millet— en la que se pueda caminar despacio y seguro? ¿Valdrá la pena de cruzar el océano? De un lado y de otro de las dos orillas, «La Repetición», porque alguien lo dijo para siempre y en toda tierra, sobre todos los mares. ¿Qué es la repetición? Cuando se pone el terror y el amor en los platillos de la balanza que funciona con curvas de sube y baja... Curvas no, ángulos tan violentos, tan terroríficos como los de la Bolsa o los de la fiebre. Terror del hundimiento, terror de no encontrar la elevación a lo excelso; la verdad, la vuelta, porque volver es volver a lo mismo, y ¿qué es lo mismo? ¿Es la resurrección de la carne? Eso es lo deseado por las dos orillas —por todas las orillas de la tierra—, haber muerto, haber sentido —vivido— la muerte, la separación, y volver a tocar, a apretar entre los brazos *aquello*... Saber que *aquello* existe y que la distancia es mensurable, que sólo consiste en ir o venir...

La ejecutora de la orden sortea los riscos de la orilla, que no pone obstáculos, pone cavernas, simas infranqueables. Al fin no pone ni opone nada: se esquiva y se deja caer en la apatía para que el tiempo pase y no llegue el día en que haya que cruzar el charco... No es tan penoso cruzarlo, es pavoroso, pero se cruza, los que lo cruzan no son héroes, los que van y vienen cómodamente y cuando van desde aquí, van hacia el Oriente y ven la primera franja de luz indecible después del alba. Tú lo cruzaste, lo correteaste por allá y ahora la cosa, el acto que vas a hacer es llegar allá, no tan lejos como fuiste en tu escapada; no verás las venas de fuego *dello Stromboli*, te quedarás en la primera parada, en la base del puente que une un mundo con otro, tu base es España. ¿Te acuerdas? Si no te acuerdas, aunque no te acuerdes, vas... o acaso no vas porque siempre estuviste... o no estuviste porque siempre fuiste y eres. ¿Te acuerdas de lo que eres?

Ir, decidirse a ir y ya no poder retroceder. ¡Eso es lo atroz! Si se llega... Lo atroz es no llegar, eso es lo prácticamente indecible, inenarrable. Lo atroz es ir poco a poco, tan despacio doce horas poco a poco... La angustia de la decisión tomada y, una vez tomada posesora. La angustia de haber caído en su posesión.

La angustia se vence con una droga benigna —no contra el mareo, cosa de los débiles—, píldora somnífera, que puede sumir las doce horas en un sueño anulador que borra, sin dejar rastros, la impaciencia tanto como el temor. La decisión, una vez lograda, tal vez las cosas materiales, las cosas apersonadas por el tacto; lana o seda, dobleces que ajustan el volumen... La orden va suscitando un pequeño ardid de seducción por la fisonomía de lo que siempre es volátil, de lo que siempre tiene un gesto fugitivo.

Y el tiempo pasa, pero... su capitán detiene al sol, la batalla parece interminable y la otra orilla —la batalla es batalla de orillas sobre el mar o el tiempo—, la otra orilla se siente otra, la lucha es más que poseer, destruir la otredad: es lucha de absorción, de anhelo vital, de unión.

El que manda no es el más anhelante, es el más poderoso, el que bajo el almud conservó, incandescente, reluciente, ejecutante el dinero. El que hace posible... en el lado de allá, donde se va a efectuar todo o casi todo, porque a su poder ejecutante se une el magnetismo de su nombre, Tino, hijo de Tina, alma magnánima, infinitamente...

En verdad, en estricta verdad, el capitán que para al sol es magnético o mágico, es un amor que espera sin esperanza, un amor que fue constitutivo desde... y como... sin posible disolución. En cada paciente —del glorioso mal— mantenido en su cultivo, sin necesidad de riego, por su índole natural simplemente, así son, así se sienten... Él, prófugo por naturaleza, se siente tan esclavo de su deserción, de su incapacidad para vivir viendo la vida de los otros, de verles amar ¡amándoles tanto!, de tanto amarles sin poder poseerles —poseerles sería empaparlos como esponja... y sólo poder huir, sin poder vivir y pudiendo pensar invocando a la ley que pretende encauzar cada latido, que colea como escuerzo en el agua —en la sangre— que nutre al pensamiento. Igual el profesor repitiendo el programa de las múltiples ciencias que la naturaleza da al hombre al nacer, para que las sistematice, las administre... y tanto las disipa.

Al fin se pone el sol, llega la medianoche y ya no hay ni rastros de él. ¿Dónde andará, estará cumpliendo el largo viaje? Quedó de este lado la impaciencia para los que despegan con el prodigio del pájaro sobre el mar. Es el momento de ir hacia *allá*, la batalla culminó en el triunfo de las dos orillas.

Al despertar, la santa protectora, cumpliendo órdenes lleva el cojín, la píldora somnífera —rechazada—, aceptada a la fuerza por si acaso... Despedida al fin, adiós a la amistad femenina... No es femenino el abrazo, es rudo, axial como el masculino. El adiós femenino —confidencia o abrazo, juego de «Bilitis»— queda en su asentimiento vital, de lo más serio de la vida; las zonas habitadas por la fe —confianza— y la piedad. Separación, trasunto de la muerte en la amistad, y valor compartido... Entregado como el cojín de seda y el consejo —casi mandato— ¡duerme!, olvida el peligro y soporta la tardanza, la lentitud, piensa en lo remoto de ti misma, en el que este amor —amores— a que vas a entregarte es tan remoto en ti que sigue siendo y va a seguir... Duerme, sin distraerte por pequeñas molestias. Duerme hasta que hayan pasado las doce horas y oigas, de pronto, una voz gatuna, ¡señoras, señores!... tomaremos tierra en el aeropuerto de Barajas, MADRID.

Impreso en el mes de mayo de 1988
en Romanyà/Valls
Verdaguer, 1
Capellades
(Barcelona)